Fundraising: Spenden, Sponsoring, Stiftungen

Marita Haibach, Dr. phil., arbeitet als selbständige Beraterin für Organisationsentwicklung und Fundraising; sie ist sowohl in Deutschland wie auch in der Schweiz und Österreich eine anerkannte und gefragte Expertin zum Thema Fundraising.

Marita Haibach

Fundraising: Spenden, Sponsoring, Stiftungen

Ein Wegweiser für Vereine, Initiativen
und andere Nonprofit-Organisationen

Campus Verlag
Frankfurt/New York

Die Deutsche Bibliothek – CIP-Einheitsaufnahme

Haibach, Marita:
Fundraising : Spenden, Sponsoring, Stiftungen ; ein Wegweiser
für Vereine, Initiativen und andere Nonprofit-Organisationen /
Marita Haibach. – 3., durchges. Aufl. – Frankfurt/Main ; New York :
Campus Verlag, 1997
ISBN 3-593-35476-4

3., durchgesehene Auflage 1997

Das Werk einschließlich aller seiner Teile ist urheberrechtlich geschützt. Jede
Verwertung ist ohne Zustimmung des Verlags unzulässig. Das gilt insbesondere für
Vervielfältigungen, Übersetzungen, Mikroverfilmungen und die Einspeicherung und
Verarbeitung in elektronischen Systemen.
Copyright © 1996 Campus Verlag GmbH, Frankfurt/Main
Umschlaggestaltung: Guido Klütsch, Köln
Umschlagmotiv: © Mauritius
Satz: Fotosatz L. Huhn, Maintal-Bischofsheim
Druck und Bindung: Druckhaus Beltz, Hemsbach
Gedruckt auf säurefreiem und chlorfrei gebleichtem Papier
Printed in Germany

Für meinen Sohn Pablo Walter

Inhalt

Einleitung 13

Teil I
Private Finanzquellen für Frauenorganisationen in den USA

1 *Die Institution Philanthropie* 23
   Ein Überblick 23 · Die Kritik 26 · Die Demokratisierung 27

2 *Einzelpersonen – das »Stammkapital« von Frauenorganisationen* 31
   Frauen erkämpften sich Anteile am Spendenmarkt 33 · Fundraising am Arbeitsplatz 35 · Reiche Frauen 38

3 *Stiftungen und Frauenbewegung* 43
   Stiftungen im Überblick 44
   Etablierte Stiftungen als Förderer von Frauenprojekten . 47
   Die Interessengruppe *Women and Philanthropy* 52
   Frauen finanzieren Frauenprojekte: Die *women's funds* . . 54
      Einnahmequellen 56 · Mittelvergabe 57 · Die Entwicklung der women's funds 58 · Das Problem der Rassen- und Klassengegensätze 61

4 *Wirtschaftsunternehmen als Förderer von Frauenprojekten* 63
>   Die Institutionalisierung von Spendenprogrammen 63 · Warum Unternehmen Frauenprojekte unterstützen 64 · Politische Kontroversen und Probleme 66

Teil II
Private Finanzquellen für gemeinnützige Zwecke in Deutschland

1 *Die Institution Philanthropie – ein noch nicht entdecktes Wesen* 73
2 *Einzelpersonen – das wichtigste Segment des Spendenmarktes* 75
>   Vage Datenlage 75 · Rückläufige Spendenbereitschaft? 76 · Tabu Reichtum 77 · Die Monopolstellung der Großorganisationen 78 · Spendenanlässe, Spendenzwecke, Spendenzielgruppen 79

Frauenprojekte – eine Randgruppe in der Spendenpräferenzhierarchie? 81
>   Spendenbereitschaft der Frauen in Deutschland 82 · Goldrausch – ein feministisches Finanzierungsnetzwerk 83 · Fundraising-Chancen und -probleme von Frauenprojekten 84

3 *Stiftungen – vom Schattendasein zur öffentlichen Institution* 86
>   Informationsmöglichkeiten 86 · Rechtsformen 88 · StiftungsgründerInnen 91 · Stiftungszwecke 92

Stiftungen – ein zu eroberndes Terrain für Frauen 93
>   Frauenstiftungen in Deutschland 95 · Gesucht: Organisatorinnen 97

4 *Wirtschaftsunternehmen – vom Klassenfeind zum Wunschpartner* 99
>   Unterschiede zwischen Spenden und Sponsoring 100 · Die Sponsoringarten 102 · Sozial- und Umweltsponsoring 104 · Sponsoring – ja oder nein? 105

Frauenprojekte – eine schwierige Zielgruppe für Unternehmen? 107
: Die Konsumentinnen-Macht 107 · Sponsoringbeispiele aus dem Frauenbereich 109 · Politische Strategien 112

Teil III
Voraussetzungen für erfolgreiches Fundraising

1 Fundraising – eine vernachlässigte Organisationsaufgabe 117

Fundraising in den USA: Kulturtechnik und professionelle Organisationsaufgabe 119
: Das Boomen der Fundraising-Branche 120

Die beginnende Professionalisierung des Fundraising in Deutschland 121
: Die Bundesarbeitsgemeinschaft Sozialmarketing (BSM) 122 · Publikationen, Spezialdienstleister 123

2 Organisationsaufgabe Fundraising konkret 125

Organisationsaufgabe Fundraising: ein Problem für kleine Nonprofit-Organisationen 127
: Verantwortlichkeiten festlegen 127 · Kooperationsstrategien entwickeln 128

3 FundraiserInnen – Status, Aufgaben und Fähigkeiten ... 131
: Ehrenamtliche in kleinen Organisationen 132

Was FundraiserInnen können sollten 133
: Eine positive Einstellung 133 · Soziale und kommunikative Fähigkeiten 134 · Gespür für politische Problemlagen 134 · Organisationstalent 135 · Fachkenntnisse 136 · Nicht jede muß alles können 137

Frauen – die besseren Fundraiserinnen? 138
: Männerdomäne Fundraising 138 · Fundraising in den USA – von der Männer- zur Frauendomäne 139 · Die Feminisierung von Fundraising 140 · Warum sich Frauen als Fundraiserinnen gut eignen 142 · Die Fundraising-Profession in Deutschland 143

4 Fundraising bedeutet Marketing 145
  Fundraising – eine besondere Variante des Beschaffungsmarketings 147
  Die Entwicklung einer Fundraising-Konzeption 148
    Organisationsanalyse: Corporate identity und Organisation der Ressourcenbeschaffung 148 · Marktanalyse 151

Teil IV
Fundraising-Methodik

1 Das Hegen und Pflegen der Förderer 155
  Spendenmotive 155
  Was Förderer erwarten 158
    Lösungen 158 · Vertrauen 158 · Information 160· Anerkennung 160 · Wahrnehmung als Persönlichkeit 161 · Einfluß auf die Mittelverwendung 161
  Die Förderkartei 162
  Die Segmentierung der SpenderInnen 164
  Die Kommunikation mit der Zielgruppe Frauen 167

2 Der Weg zu den Individuen 171
  Wie sich SpenderInnen finden lassen 172
    Personen mit direktem Eigeninteresse 173 · Der persönliche Kontakthof 173 · Ehemalige 174 · (Fach-)Interessierte, GeschäftspartnerInnen 174 · Adressenkauf 174 · GroßspenderInnen 175 · ErblasserInnen und ErbInnen 176
  Das Fundraising-Gespräch 177
  Der Spendenbrief 181
    Ein Mailing pro Jahr ist zu wenig 182 · Wann ist ein Mailing sinnvoll? 183 · Der Umgang mit Beschwerden 184 · Das Versandstück 185 · Das Anschreiben 185 · Nach dem Versand 187
  Die Benefizveranstaltung 188

Weitere Fundraising-Methoden 190
  Spendenaufrufe in den Medien 191 · Haus- und Straßensammlungen 192 · Fundraising per Telefon 193 · Fundraising über Computernetzwerke 194 · Verkauf von Waren mit Spendenaufschlag 194 · Spenden aufgrund besonderer Anlässe 195

3 *Der Weg zu den Stiftungen* 196
  Kommt Stiftungsförderung überhaupt in Frage? 196 · Die passende Stiftung 197 · Von der Kontaktaufnahme zur Förderung 199

4 *Der Weg zu Wirtschaftsunternehmen* 202
  Empfängerorientierte Kommunikation des Leistungsprofils 203 · Zielgruppendefinition 204 · Spende oder Sponsoring? 205 · Die Auswahl der Unternehmen 205 · Die Projektskizze 207 · Der Kontakt mit dem Unternehmen 210 · Frauen und Sponsoren 212

Schlußbetrachtung 213
Literaturverzeichnis 218
Anschriften 227

Einleitung

> Fundraising is the principle of asking,
> asking again, and asking for more.
> *Kim Klein*

Seit Beginn der neunziger Jahre hat der finanzielle Druck in vielen gemeinnützigen Organisationen im Westen Deutschlands zugenommen. Die Konkurrenz um die klassischen Finanztöpfe ist härter geworden; Tag für Tag berichten die Medien von geplanten oder bereits in Kraft gesetzten Kürzungen der öffentlichen Finanzmittel. Gerade bei Dienstleistungen für gesellschaftliche Gruppierungen, die keinen großen Einfluß oder keine starke Lobby haben, setzt die Rotstiftpolitik am schnellsten an. Viele autonome Frauenprojekte müssen inzwischen um ihre Existenz bangen; für die Finanzierung neuer Projektideen fehlen die Mittel erst recht. Auch in den neuen Bundesländern gibt es Anzeichen dafür, daß der Umfang der öffentlichen Sondermittel, die für den Aufbau freier Träger zur Verfügung gestellt werden, abnimmt.

In jüngster Zeit zeichnet sich in Deutschland ein neuer Trend ab: Um die Finanzlöcher zu stopfen, sind gemeinnützige Organisationen zunehmend auf der Suche nach staatsunabhängigen Finanziers. Gegenwärtig besitzen große Hilfsorganisationen und etablierte Träger eine Monopolstellung auf dem deutschen Fundraising-Markt (auch wenn viele dieser Organisationen Fundraising nicht gerade professionell, sondern eher nach dem Zufallsprinzip betreiben). Frauenprojekte, aber auch viele andere dem alternativen, gesellschaftskritischen Spektrum entstammende Vereine (denen die Großen viele innovative Impulse zu verdanken haben) profitieren kaum vom bundesdeutschen Spenden- und Sponsoringkuchen. Der Grund dafür ist, daß es vielen Projekten an Know-how und Erfahrung in Sachen Fundraising fehlt. Hinzu kommen ideologische, aber auch geschlechtsspezifische Barrieren, sowohl auf seiten der Frauenprojekte als auch bei den potentiellen privaten GeldgeberInnen.

Ziel meines Buches ist, gemeinnützige Organisationen in Deutschland, insbesondere Frauen- und Mädchenprojekte, aber auch Einzelpersonen (wie beispielsweise KünstlerInnen oder WissenschaftlerInnen) zu ermutigen, sich aktiv und professionell um die Förderung durch Einzelpersonen, Stiftungen und Unternehmen zu bemühen, denn verstärktes Fundraising vergrößert den Fundraising-Kuchen, so die Erfahrungen aus den USA. Dieses Buches dient zum einen der Vermittlung von Basiswissen über private Finanzquellen für gemeinnützige Organisationen (unter besonderer Berücksichtigung von Frauenprojekten) in den USA und in Deutschland. Im Zentrum aber stehen Antworten auf die Frage, wie Nonprofit-Organisationen diese privaten Finanzquellen besser »anzapfen« können. Fundraising-Interessierte erhalten einen praxisorientierten Einstieg in die Grundlagen und Methoden von Fundraising. Dabei wird der Erörterung der Fundraising-Chancen und - probleme von Frauenprojekten und anderen kleinen Organisationen besondere Aufmerksamkeit gewidmet.

Fundraising: eine Kulturtechnik in den USA

Der Begriff *Fundraising* kommt aus den USA. Er setzt sich zusammen aus dem Substantiv *fund* und dem Verb *to raise*. *Fund* bedeutet *Geld, Kapital; to raise* heißt *etwas (z.B. Geld) aufbringen*. *Fundraising* bedeutet demnach wörtlich Geldbeschaffung. Doch das amerikanische Konzept von Fundraising umfaßt mehr. Es geht um die Erstellung einer Marketing-Strategie für die Beschaffung von Finanzmitteln, und zwar vor allen Dingen für Mittel, die nicht nach klaren Förderkriterien vergeben werden und nicht regelmäßig fließen. Für den Begriff *Fundraising* gibt es kein treffendes Wort im Deutschen. Begriffe wie Finanzmittelakquisition oder Geldbeschaffung greifen zu kurz, denn sie beinhalten den Marketing-Aspekt nicht. Aus diesem Grunde wird im deutschen Sprachgebrauch zunehmend der amerikanische Begriff verwendet, zumal auch bei uns Methoden und Verhaltensweisen eingesetzt werden, die sich an Vorbildern in den USA orientieren.

Der eingangs zitierte Satz, der von einer gewieften Fundraiserin aus den USA stammt, bringt das zentrale Prinzip von Fundraising auf den Punkt. Die eigene Leistung bzw. das Produkt muß immer wieder potentiellen Kunden (= Förderern) angeboten werden, und zwar auf eine Weise, die diese verstehen. Ein Kardinalfehler in Deutschland ist, daß sich weder oft noch regelmäßig genug um die Unterstützung von privaten Förderern bemüht wird. Selbst wenn genügend Menschen gefragt werden, lautet die häufigste Antwort im Fundraising »Nein«. Dies ist normal; wichtig ist, daß die nötige »Schnittmenge« bleibt. Leider reagieren viele gemeinnützige Organisationen falsch: Sie geben ihre Bemühungen um private UnterstützerInnen auf oder verfolgen diese nur auf Sparflamme weiter. Die Aktiven empfinden Ablehnungen als persönliche Kränkungen und sehen sich in ihrer Einschätzung bestätigt, daß sie wenig Chancen auf dem privaten Fundraising-Markt besitzen.

Fundraising wird in den USA, im Gegensatz zu Deutschland, nicht als Betteln diffamiert. Vielmehr ist Fundraising eine »Kulturtechnik« ohne anrüchigen Makel. Die Einstellungsunterschiede zum Fundraising basieren auf dem unterschiedlichen Staatsverständnis in den USA und Deutschland. Bei uns wird die Verantwortung für das Gemeinwohl in starkem Maße an den Staat delegiert, die Erwartungen an den Staat sind hoch. In Amerika hingegen wird dem Prinzip des freiwilligen Handelns für das Gemeinwohl Vorrang eingeräumt gegenüber staatlicher Tätigkeit. Die Erwartungen an den Staat sind geringer. Staatsferne sowie die Begrenzung und Kontrolle staatlicher Macht sind Grundwerte; die zivile Verantwortung der BürgerInnen für das Gemeinwohl hat einen hohen Stellenwert.

Philanthropie, Staatsverständnis und die Finanzierung von Nonprofit-Organisationen

Das andere Staatsverständnis in den USA findet seinen Ausdruck auch in der Tatsache, daß dort *Philanthropie* ein positiver Wert ist und hohes Ansehen genießt. Das Wort *Philanthropie* kommt aus dem Griechischen und bedeutet wörtlich *Menschenliebe*. Unter Philanthropie wird das freiwillige, nicht gewinnorientierte Geben von Zeit oder Wertgegenständen (Geld, Wertpapiere, Sachgüter) für öffentliche Zwecke verstanden. Philanthropie ist eine Grundhaltung, eine Tradition und eine Institution in den USA. In der Praxis bedeutet dies: Alle, ob Arm oder Reich, ob Individuum, Stiftung oder Unternehmen, verstehen es als soziale Verpflichtung, ihren freiwilligen Beitrag zum Gemeinwohl zu leisten, ob in Form von Spenden oder ehrenamtlicher Arbeit. Philanthropie steht in Amerika für Werte wie Eigenverantwortlichkeit, Solidarität, Selbsthilfe und stärkt die zivile Gesellschaft quasi von unten her. Dies bedeutet allerdings auch, daß das Netz des Sozialstaates nicht so umfassend ist wie bei uns. In Deutschland hingegen ist der Begriff Philanthropie weitgehend unbekannt. Ehrenamtliche Arbeit und Spenden geraten schnell in Verruf, denn es gilt der Grundsatz: »Eigentlich müßte ja der Staat ...«

Ein weiterer, ebenfalls aus den USA stammender Begriff findet seit einiger Zeit auch im deutschsprachigen Raum Verwendung: *Nonprofit-Organisationen* (NPOs) bzw. *Nonprofit-Sektor*. Der Begriff Nonprofit-Sektor (der auch als *Dritter Sektor* bezeichnet wird) dient als Sammelbezeichnung für diejenigen Organisationen, die weder den Bereichen Wirtschaft, Staat noch dem informellen Privatbereich zugeordnet werden können. Der Zweck von NPOs ist nicht die Erzielung von Gewinnen; sie dienen dem Wohl der Allgemeinheit bzw. Teilen davon. Es gibt unterschiedliche Formen von Nonprofit-Organisationen: Vereine, Verbände, Stiftungen, Genossenschaften, Gewerkschaften (und andere mehr). Ein wesentliches Merkmal des Dritten Sektors ist seine heterogene Zusammensetzung. Das inhaltliche Spektrum umfaßt u.a. die Bereiche Soziales, Gesundheit, Kultur, Umwelt, Tierschutz, Sport. Charakteristisch für den Nonprofit-Sektor in

Deutschland ist die Dominanz großer, etablierter Wohlfahrtsverbände (wie Caritas, Diakonisches Werk, Rotes Kreuz). Seit den siebziger Jahren sind vor dem Hintergrund der sozialen Bewegungen (allen voran der Frauenbewegung) neue, kleinere Vereine entstanden, deren Arbeit Themenbereichen gewidmet ist, die bislang vernachlässigt worden waren oder aber noch keine Anerkennung als öffentliche Anliegen besaßen (z.B. Frauendiskriminierung, Rassismus, Umwelt, Probleme der Entwicklungsländer). Nach der Vereinigung entstand auch in den neuen Bundesländer ein Nonprofit-Sektor, der in seinen Grundstrukturen stark seinem westdeutschen Pendant ähnelt.

Gemeinnützige Organisationen sind in der Regel finanziell nicht autark, es sei denn es handelt sich um Stiftungen. Die benötigten Finanzmittel müssen daher aus externen Quellen beschafft werden. Folgende Finanzierungsmöglichkeiten lassen sich unterscheiden:

- öffentliche Förderung (Kommune, Land, Bund, Europäische Union),
- Spenden (Privatpersonen, Firmenspenden, Bußgelder und andere öffentliche »Spenden«),
- Sponsoring durch Wirtschaftsunternehmen,
- Stiftungen,
- Förderung über Kooperation mit Verbänden und Institutionen (wie Wohlfahrtsverbände, Kirchen, Gewerkschaften, Parteien) und
- selbsterwirtschaftete Mittel (Leistungsentgelte).

Wie die nachfolgende Tabelle belegt, verlassen sich Nonprofit-Organisationen in Deutschland bei ihrer Finanzierung stark auf öffentliche Geldgeber. Im Unterschied zu Amerika spielen private Spenden, aber auch Gebühren von NutzerInnen der Leistungen eine geringere Rolle.

Einnahmequellen von Nonprofit-Organisationen

Land	Private Gebühren	Öffentliche Mittel	Private Spenden
BRD	28 %	68 %	4 %
USA	51 %	30 %	19 %

Quelle: Salamon/Anheier 1994

Auch für die zahlreichen bundesdeutschen Frauenprojekte, die ursprünglich zumeist aus der Kritik an staatlichen Handlungsdefiziten, an der Entmündigung von Frauen oder am bürokratischen Umgang der Behörden mit Frauen entstanden sind, ist der Staat bis heute Hauptadressat für Geldforderungen.

Aus der Philanthropie-Tradition leitet sich ab, daß in den USA, im Unterschied zur Bundesrepublik und zu anderen europäischen Ländern, private Geldgeber (Individuen, Stiftungen, Unternehmen) eine größere Bedeutung bei der Finanzierung von Nonprofit-Organisationen haben. Dies hat mit der Entstehungsgeschichte des dortigen Nonprofit-Sektors zu tun. Die frühen Gemeinwesen in Amerika waren auf freiwilliger Basis organisiert. Der Staat trat erst viel später in Aktion. Er füllte traditionell nur die Lücken, welche die Philanthropie ließ. Wohltätigkeit ist in den USA eine öffentliche Tugend. In Deutschland und Europa hingegen ist Philanthropie eine private Tugend, die, auch historisch gesehen, nur die Lücken füllt, welche der Staat läßt. Nun aber werden diese Lücken größer; Philanthropie ist auch in Deutschland gefordert, eine öffentlichere Rolle zu spielen.

Inhalte, Quellen und Lesehinweise

Im Zentrum von *Teil I* steht der Blick in die USA: Welche philanthropischen Finanzierungsmöglichkeiten gibt es dort und wie partizipieren Frauen daran? In *Teil II* werden die einzelnen Segmente der Institution Philanthropie in Deutschland - Individuen, Stiftungen, Unternehmen - im Hinblick auf ihr Förderverhalten analysiert. Ein Problem dieser Analyse ist, daß dabei aufgrund der mangelnden Daten nicht zwischen den alten und den neuen

Bundesländern differenziert werden konnte. Auch im Osten Deutschlands ist ein privater Fundraising-Markt in der Entwicklung begriffen; viele Trends ähneln sich in Ost und West. Dennoch sitzen die wohlhabenderen Deutschen, die finanzkräftigeren Unternehmen und auch die überwiegende Mehrheit der Stiftungen bisher im Westen. – Nach einem allgemeinen Überblick über die drei verschiedenen privaten Förderquellen folgt jeweils ein Abschnitt, in dem die Fördermöglichkeiten für Frauenprojekte beleuchtet werden.

Teil III stellt dar, daß sich Fundraising-Erfolge nur dann einstellen, wenn Fundraising als professionelle Organisationsaufgabe angesehen wird. Nach einem Überblick über die Fundraising-Branchen in den USA und Deutschland wird erläutert, wie Fundraising konkret organisiert werden kann und welche Qualifikationen FundraiserInnen besitzen sollten. Dabei wird auch die Frage erörtert, warum sich Frauen besonders gut als Fundraiserinnen eignen. Schließlich erfolgt eine Beschreibung der Grundschritte einer Fundraising-Konzeption.

Im Zentrum von *Teil IV* stehen die Methoden – Fundraising-Gespräche, Spendenbriefe, Benefizveranstaltungen, Anträge an Stiftungen, Spenden und Sponsoring von Unternehmen –, mit denen private Förderer gewonnen werden können. Zunächst aber steht eine wesentliche Voraussetzung von Fundraising-Erfolgen im Vordergrund: das Hegen und Pflegen der Förderer.

In der *Schlußbetrachtung* wird begründet, warum Philanthropie auch in Deutschland als ein positiver Wert begriffen werden sollte.

Ausgangspunkt dieses Buches war mein zweijähriger Forschungsaufenthalt (1988-1990) als *visiting research fellow* an der American University in Washington, D.C. In dieser Zeit konnte ich mir durch mehr als 150 Interviews mit ExpertInnen aus der Fundraisingbranche und der Stiftungswelt, Mitarbeiterinnen von Frauenorganisationen und Wirtschaftsunternehmen, reichen Erbinnen, prominenten Feministinnen wie Gloria Steinem, Ellie Smeal und Patricia Ireland sowie durch Teilnahme an Tagungen und Konferenzen ein umfassendes Bild über die Vergangenheit und Gegenwart der Institution Philanthropie machen, insbesondere darüber, wie Frauen in den USA sich diese Institution erobert haben und wie Fundraising in der Praxis funktioniert. Meine Recherchen bildeten die Grundlage für meine Dissertation *Frauenbewegung in der Philanthropie: Frauen verändern die Stiftungswelt in den USA*, die 1994 vom Fachbereich Politische Wissenschaft der FU Berlin angenommen wurde.

Seit meiner Rückkehr aus den USA beschäftige ich mit damit, Fundraising in Deutschland voranzutreiben und private Finanzquellen (vorrangig für Frauenprojekte und andere kleine Organisationen) zu erschließen. Meine Seminare und Beratungen zum Thema gewähren mir umfassende Einblicke in den Fundraising-Alltag von Nonprofit-Organisationen in Deutschland. Viele der geschilderten Beispiele und der Tips für die Praxis verdanke ich den TeilnehmerInnen meiner Veranstaltungen. Zudem führte ich zahlreiche Gespräche mit Personen, die in irgendeiner Weise mit den Themen Fundraising, Spenden, Sponsoring und Stiftungen in Deutschland zu tun haben. Schließlich habe ich die mir zugänglichen Veröffentlichungen und Informationen ausgewertet. Allen, die mich im Verlaufe dieses Buchprojektes unterstützt haben, danke ich herzlich.

Ich bin eine langjährige Verfechterin einer inklusiven Sprache, die Frauen sichtbar macht. Daher wird in diesem Buch meist das »Binnen-I« verwendet, wenn mit einem Begriff Frauen und Männer bezeichnet werden sollen. An Stellen, wo dadurch ein Wort entstanden wäre, das in unserem Sprachgebrauch nicht existiert oder wo dies holprig klang, habe ich jedoch darauf verzichtet und, je nach Textzusammenhang, nur die weibliche bzw. nur die männliche Form gebraucht.

Teil I

Private Finanzquellen für Frauenorganisationen in den USA

1
Die Institution Philanthropie

Philanthropie ist eine Grundhaltung, eine Tradition und eine Institution in den USA. In seiner Grundbedeutung dient der Begriff der Bezeichnung einer sozialen Handlung, dem freiwilligen, nicht gewinnorientierten Handeln für das Gemeinwohl. Philanthropie ist eine Tradition in den USA, die bis in die Zeit der ersten Kolonisation zurückreicht. Die sich auf dem Boden der heutigen USA entwickelnden Gemeinschaften (*communities*) basierten auf freiwilligen Aktivitäten ihrer Mitglieder für die Gemeinschaft. Der Begriff Philanthropie dient auch der Bezeichnung einer Institution, die sich seit Beginn des 20. Jahrhunderts in den USA entwickelt hat. Es bildeten sich Organisationen, die das Prinzip verkörpern, da ihr Zweck das Sammeln und/oder Verteilen von Geldern für gemeinnützige Zwecke ist. Ausgangspunkt dieser Entwicklung war die Gründung der ersten Großstiftungen durch die Industriellen Carnegie und Rockefeller.

Ein Überblick

Die US-amerikanische Philanthropie gilt in ihren Ausmaßen und in ihrer Vielfalt als einzigartig in der Welt. Die drei Hauptgruppen der philanthropischen Geldgeber in den USA sind Individuen, Stiftungen und Unternehmen. Der *Trust for Philanthropy* der *American Association of Fund-Raising Counsel, Inc. (AAFRC)*, führt alljährlich eine Erhebung über den finanziellen Umfang der Philanthropie in den USA durch. Die Daten werden in dem Bericht *Giving USA: The Annual Report on Philanthropy for the Year xx* veröffentlicht. Im Jahr 1995 lag das gesamte Spendenvolumen in den USA bei 143,9 Milliarden Dollar (AAFRC 1996). Über 80% der Spenden in den USA kommen von Einzelpersonen. Ein weiterer Posten, der ebenfalls weitgehend dem Bereich Einzelspenden zuzuordnen ist, sind Erbschaften. Von den verbleibenden 12% des Spendenkuchens entfällt etwa je die Hälfte auf Stiftungen und Wirtschaftsunternehmen.

Das Vergabevolumen der Philanthropie in den USA im Jahr 1995

Quellen der Spenden	Gesamtsumme:	Prozentanteil
	$ 143,9 Milliarden	Gesamtvolumen
Einzelpersonen	$ 116,2 Milliarden	80,8 %
Erbschaften	$ 9,8 Milliarden	6,8 %
Stiftungen	$ 10,5 Milliarden	7,3 %
Wirtschaftsunternehmen	$ 7,4 Milliarden	5,1 %

Quelle: AAFRC 1996

Auch Sponsoring wird in den USA in umfangreichem Maße betrieben, doch es zählt nicht zur Philanthropie im eigentlichen Sinne und geht daher nicht in die Zahlen ein. Das Gesamtvolumen des Sponsoring wird auf 25 – 100 Milliarden Dollar pro Jahr geschätzt.

Das Vergabevolumen der Philanthropie in den USA hat sich im Zeitraum von 1961 bis 1991 nahezu verzehnfacht. Selbst wenn man die Unterschiede in der Kaufkraft berücksichtigt, so liegt immerhin eine Verdoppelung vor. Der größte Anstieg in der Wachstumskurve war in den sechziger und in den achtziger Jahren zu verzeichnen (AAFRC 1996).

Da es in den USA keine Kirchensteuer gibt, wird fast die Hälfte der philanthropischen Mittel für religiöse Zwecke verwendet. Allerdings treten die Kirchen selbst oft als Geldgeber für gemeinnützige Organisationen auf. Der zweitgrößte Posten bei der Verwendung der philanthropischen Mitteln ist der Bereich Bildung. Hierbei nimmt die Unterstützung der großen Privatuniversitäten (z.B. Harvard) und privater Eliteschulen einen großen Raum ein. Es folgen die Bereiche Gesundheitsfürsorge und soziale Dienstleistungen sowie Kunst und Kultur. Anders als in Deutschland spielen private Mittel eine bedeutsame Rolle bei der Förderung von Museen und Theatern.

Förderschwerpunkte der Philanthropie in den USA im Jahr 1992

Zweck	Summe in Mrd. Dollar	Prozentanteil
Religion	56,71	45,6 %
Bildung	14,02	11,3 %
Gesundheit	10,24	8,2 %
Soz. Dienstleistgen	11,57	9,3 %
Kunst und Kultur	9,32	7,5 %
Allgem. gesell. Nutzen	5,04	4,1 %
Umwelt/Natur	3,12	2,5 %
Internationales	1,71	1,4 %
Diverses	12,56	10,1 %

Quelle: AAFRC 1993

Um die philanthropischen Organisationen, die Vermögen verwalten und Gelder vergeben, hat sich eine ganze Infrastruktur von Organisationen gebildet, deren Aufgabe es ist, interessierten Personen detaillierte Informationen über die FinanzgeberInnen und deren Förderschwerpunkte zu vermitteln. Von besonderer Bedeutung ist das *Foundation Center*, eine unabhängige, von Stiftungen finanzierte Service-Organisation, die in New York ihren Hauptsitz hat. Das Foundation Center sammelt und veröffentlicht fortlaufend umfangreiche, nach verschiedensten Gesichtspunkten aufbereitete Daten über Stiftungen und Unternehmensspenden in den USA. In vielen Städten gibt es Niederlassungen des Foundation Centers, in denen sich insbesondere *grantseekers* (Geldsuchende) kundig machen und Fördermöglichkeiten herausfinden können. Die bedeutsamste Publikation des Foundation Centers ist das jährlich erscheinende *Foundation Directory*.

Teil der Philanthropie sind auch Interessenverbände von privaten Geldgebern. Der bedeutendste ist der *Council on Founda-*

tions, in dem sich über 1100 Stiftungen zusammengeschlossen haben. Die vom Council gesammelten Daten dienen in erster Linie der Information und Beratung der Mitgliedsstiftungen. Eine wichtige Veröffentlichung ist der im Abstand von zwei Jahren erscheinende *Foundation Management Report*. Die Jahresversammlung des Council on Foundations ist ein vielseits beachtetes Großereignis.

Es gibt eine Reihe weiterer Organisationen, die sich nicht nur mit der Institution Philanthropie, sondern mit dem Nonprofit-Sektor insgesamt befassen. Von besonderer Bedeutung ist *Independent Sector*, eine Mitgliedsorganisation, in der sich über 800 Organisationen (Unternehmen, Stiftungen sowie weitere Nonprofit-Organisationen) zusammengeschlossen haben. Das Ziel von Independent Sector ist die Schaffung eines nationalen Forums, das sich für die Ermutigung zum Spenden, zu Freiwilligenarbeit und zu nicht-gewinnorientierten Aktivitäten einsetzt. Independent Sector spielt seit seiner Gründung eine zentrale Rolle bei der Initiierung und Vernetzung der wissenschaftlichen Erforschung des Dritten Sektors.

Die Kritik

Die Institution Philanthropie war lange Zeit politisch umstritten. Sie wurde meist ausschließlich mit den Reichen und Mächtigen identifiziert. Die Vorwürfe lauteten: soziale Kontrolle der Armen durch die Wohlhabenden; Geld, das in die Hände der Öffentlichkeit gehört, wird von den Reichen der Kontrolle demokratischer Institutionen entzogen; Bestimmung öffentlicher Politik durch private Gruppen; Sauberwaschen schmutzigen Geldes; Bevorzugung von Elite-Institutionen. Die Neugründung von Großstiftungen nach dem 2. Weltkrieg trug dazu bei, daß die öffentliche Kritik an der Institution Philanthropie in den fünfziger und sechziger Jahren stark zunahm. So griffen linke KritikerInnen Stiftungen als Bastionen einer Elite von weißen, angelsächsischen, protestantischen Managern an, welche die Entwicklung einer pluralistischen Gesellschaft verhinderten, während rechte KritikerInnen diese als Zentren liberaler Subversion bekämpften.

Dieser schlechte Ruf hat seinen Ursprung in den historischen Erfahrungen mit der Philanthropie in den USA. Seit der Unabhängigkeitserklärung der Vereinigten Staaten üben soziale Eliten mittels Wohltätigkeit einen gewichtigen Einfluß auf das öffentliche Geschehen in Amerika aus. Bis Ende der sechziger Jahre läßt sich die US-amerikanische Philanthropie als Institution charakterisieren, die der Stabilisierung der bestehenden gesellschaftlichen und politischen Machtverhältnisse diente. Stiftungen entstanden als Mittel zur materiellen und ideologischen Kompensation der negativen Folgen der Industrialisierung. Das Stiftungskapital kam in erster Linie von Industriellen; das Personal rekrutierte sich aus männlichen weißen Bildungsbürgern. Ein kleiner Kreis von Personen nutzte die Finanzmacht von Stiftungen, um – steuerbegünstigt – jenseits demokratischer Kontrolle die Formulierung von Politik und die Bereitstellung von Dienstleistungsangeboten (in den Bereichen Forschung, Bildung, Gesundheitswesen, Kunst und Kultur) zu beeinflussen. Frauen insgesamt und die unterprivilegierten Schichten der amerikanischen Gesellschaft hatten an der Institutionalisierung der Philanthropie kaum Anteil; ihnen war der Zugang zu Finanzmitteln und Machtpositionen in der Stiftungswelt weitgehend versperrt. Die von ihnen praktizierte Philanthropie bestand meist aus *mutual aid* (wechselseitiger Hilfe). Die Hilfe untereinander erfolgte nicht in Gestalt von Geld, sondern freiwilliger Arbeits- oder Sachleistungen.

Die Demokratisierung

Auch wenn es nach wie vor kritische Stimmen gibt, so hat sich der Ruf der Institution Philanthropie doch inzwischen erheblich verbessert. Sie befindet sich seit Anfang der siebziger Jahre in einem weiterhin anhaltenden Demokratisierungsprozeß. Ausgangspunkt der Umgestaltung der Philanthropie war die Institutionenkritik, die von den großen sozialen Bewegungen der sechziger und siebziger Jahre (insbesondere von Bürgerrechtsbewegung und Frauenbewegung) ausging. Aus dem früheren »Geheimzirkel« Philanthropie ist eine öffentliche Institution geworden. Mit dem *Tax Reform Act* von 1969 war Stiftungen erstmals die Pflicht zur öffentlichen Rechenschaftsablegung auferlegt. 1973 wurde die aus privaten Mitteln finanzierte *Commission on Public Philanthropy and Private Needs* (Kurzbezeichnung: *Filer commission*, nach ihrem Vorsitzenden) gebildet, deren Ziel es war, eine verläßliche empirische Datenbasis über die Philanthropie zu erstellen. Philanthropie und der Dritte Sektor insgesamt erleben seit der Veröffentlichung des Berichtes der Filer-Kommission im Jahre 1975 einen enormen Forschungs- und Veröffentlichungsboom. So sind inzwischen 26 akademische Zentren entstanden, die sich mit dem Themenkomplex Nonprofit-Sektor befassen. Für viele, wenn auch nicht alle Nonprofit-Organisationen, insbesondere Stiftungen, sind Transparenz und öffentliche Rechenschaftspflicht zu positiven Werten geworden. Allerdings hängt dies auch damit zusammen, daß KritikerInnen dies immer wieder einforderten.

Die geschlechtsspezifische Arbeitsteilung in der Philanthropie hat seit den siebziger Jahren erhebliche Veränderungen erfahren; Stiftungen werden in wachsendem Maße von Frauen gegründet; aus der Männermehrheit unter den Stiftungs-*professionals* ist eine Frauenmajorität geworden. An die Stelle der freiwilligen und unbezahlten Arbeit von Frauen tritt zunehmend die Feminisierung des Berufsfeldes Philanthropie; dennoch blieben die obersten Führungspositionen bisher weitgehend von diesem Trend ausgeklammert. Diese Öffnung von Berufswegen, die Frauen in der Vergangenheit versperrt waren, bedeutet die Verfolgung und Einlösung eines wichtigen Zieles der Frauenrechtsbewegung. Im Gegensatz zur Geschlechteraufteilung hat sich allerdings an der ethnischen Zusammensetzung des Stiftungspersonals nichts geändert: Der Anteil ethnischer Minderheiten liegt weit unter ihrem Bevölkerungsanteil. Von den personellen Veränderungen in der traditionellen Philanthropie profitierten Frauen aus der gebildeten weißen Mittelschicht am meisten.

Die Steigerung des Frauenanteils in der Philanthropie (Frauen waren früher faktisch von den meisten öffentlichen Institutionen ausgeschlossen) bedeutet für Frauen (insbesondere aus dem weißen Bildungsbürgertum) zunehmend eine Erweiterung ihrer öffentlichen Handlungsspielräume und ihres politischen Einflusses. Es gibt inzwischen auch Frauen, die wie ihre männlichen Kollegen zwischen Philanthropie, Interessengruppe, Politik und Hochschulen »wandern«. Darin kommt einerseits zum Ausdruck, daß auch Frauen gesellschaftliche und politische Machtpositionen besetzen, gleichzeitig wird jedoch das traditionelle, vormals männerdominierte Muster des Ausschlusses weiter Bevölkerungsteile reproduziert. Frauennetzwerke als Gegengewicht zu *old boys' networks* bedeuten per se noch keine Veränderung der bestehenden Machtverhältnisse, zumal die Zunahme der Zahl von Politikerinnen weit hinter die Zunahme des Frauenanteils in der Philanthropie zurückfällt.

Der Demokratisierungsprozeß, indem sich die Institution Philanthropie befindet, umfaßt weit mehr als die Punkte Transparenz und personelle Umgestaltung. Nonprofit-Organisationen aus dem gesellschaftskritischen Spektrum (wie beispielsweise *National Organization for Women*) haben mittels neuer Fundraising-Methoden dazu beigetragen, daß die Bedeutung von individuellen Kleinspenden zugenommen hat. Alternative Fundraising-Zusammenschlüsse sind entstanden. Einzelne Großstiftungen besitzen längst nicht mehr den gleichen Einfluß auf das politische Geschehen wie früher. Die Stiftungslandschaft ist vielfältiger und heterogener geworden, öffentliche Stiftungen und Unternehmensphilanthropie haben gegenüber Privatstiftungen an Gewicht gewonnen.

Philanthropische Mittel dienen nicht mehr länger nur der Festigung des gesellschaftlichen Status quo (auch wenn der Großteil nach wie vor dieser Kategorie zuzuordnen ist). Aus den sozialen Bewegungen der sechziger und siebziger Jahre entwickelte sich ein Netzwerk von *progressive social change funders*, GeldgeberInnen, die sich mit ihren Spenden für grundlegende Gesellschaftsveränderungen einsetzen und sich aktiv für politisch kontroverse Themenbereiche – wie Frauen, Umwelt, Frieden – engagieren. Ihr Leitmotiv lautet *Change, not Charity* (Veränderung, nicht Wohltätigkeit). Sie werfen der traditionellen Philanthropie vor, sie diene lediglich der Abmilderung von gesellschaftlichen Problemen, ohne sich um die Ursachen zu kümmern. Im Gegensatz dazu wollen die *social change funders* durch ihre Förderprogramme Menschen, die sich in einer machtlosen Situation befinden, in die Lage versetzen, ihre eigenen Stärken zu erkennen und sich selbst zu organisieren. Ihr Ziel ist die Abschaffung aller Vorurteilsstrukturen, ob Rassismus, Sexismus, Heterosexismus, Diskriminierung aufgrund von Alter oder Behinderung und die Schaffung einer Welt, in der soziale Gerechtigkeit herrscht. Teil der *social change philanthropy* sind auch die über 60 *women's funds* (Frauenstiftungen), die in Abschnitt I.3. näher behandelt werden.

Die Arbeit der *social change funders* hat den Legitimationsdruck für die traditionelle Philanthropie erhöht und auch dort ein Klima der Veränderung erzeugt. Trotz der Tatsache, daß nach wie vor auch Eliteuniversitäten und Forschungseinrichtungen unterstützt werden, hat sich das Spektrum der Förderinhalte erheblich verbreitert. Auch Teile der etablierten Stiftungswelt bemühen sich darum, den Bedürfnissen benachteiligter Bevölkerungsgruppen gerecht zu werden.

2
Einzelpersonen – das »Stammkapital« von Frauenorganisationen

Die wichtigste philanthropische Finanzquelle in den USA sind Individuen. 1995 kamen über 126 Milliarden Dollar zusammen. Fast drei Viertel aller Haushalte spenden (1993: 73,4%). Die durchschnittliche Jahresspendenhöhe lag 1993 bei 880 Dollar und 2,1% des Haushaltseinkommens. Der Anteil der Frauen (76,2%), die spenden, ist höher als der Anteil der Männer (70,3%). Diese Kluft hat sich in den vergangenen Jahren vergrößert. Was den Prozentanteil des Einkommens anbetrifft, so liegen die Werte für Männer und Frauen in etwa gleich, allerdings ist die Jahresdurchschnittssumme bei den Männern höher. Letzteres ist auf das Ungleichgewicht bei Einkommen und Vermögen zurückzuführen. Immerhin aber haben Frauen bei ihrer Durchschnittssumme in den vergangenen zwei Jahren zugelegt, während die Durchschnittssumme bei den Männern abnahm.

Die aktivsten SpenderInnen sind in der Altersgruppe von 35-64 Jahren zu finden, die höchste Durchschnittsumme entfällt auf die 45-54jährigen. Das Einkommen spielt eine wichtige Rolle in bezug auf das Spendenverhalten: je höher das Einkommen, desto größer der Anteil der SpenderInnen. Allerdings genießen in Amerika gerade Spenden von Menschen mit geringem Einkommen eine hohe Wertschätzung, weil hiermit meist Verzicht verbunden ist, während Menschen mit höheren Einkommen lediglich einen Teil von dem weggeben, was sie übrig haben. Immerhin beträgt der Anteil derjenigen, die spenden, auch bei den Haushalten mit einem Jahreseinkommen unter 10.000 Dollar fast 50%. Bei den mittleren Einkommen liegt die SpenderInnenquote über

80%; die höchste SpenderInnenquote (92,3%), den höchsten Prozentanteil des Haushaltseinkommens (3,2%) sowie die höchste Durchschnittspendensumme (3.213 Dollar) weisen Haushalte mit Einkommen über 100.000 Dollar auf (Independent Sector 1994).

Die Einkommenshöhe korreliert in der Regel mit dem Bildungsstand. Dies wiederum zeigt sich auch im Spendenverhalten: je höher der Bildungsgrad, desto höher die Spendenbereitschaft. Die Spendenbereitschaft von Menschen in den USA, die einer Religionsgemeinschaft angehören, ist größer als die Spendenbereitschaft von Menschen außerhalb von Religionsgemeinschaften. Dies ist nicht erstaunlich, denn fast die Hälfte aller Spendenmittel in den USA fließt für religiöse Zwecke. Kirchlich engagierte Menschen sind aber auch beim Spenden für nicht-religiöse Anliegen aktiver. Auch das freiwillige Engagement, *volunteerism*, für das Gemeinwohl ist weit verbreitet, bildet jedoch keinen Gegenstand dieses Buches.

Gelder von Einzelpersonen werden sowohl von Nonprofit-Organisationen direkt, als auch von Fundraising-Zusammenschlüssen zentral eingeworben, um die Gelder an einzelne Organisationen weiterzuverteilen. Die erfolgreichste Spendenorganisation in den USA ist die *Salvation Army*, die Heilsarmee. Sie konnte 1994 Spendeneinnahmen in Höhe von 682,9 Millionen Dollar verbuchen. An zweiter Stelle folgt das Rote Kreuz mit 535,7 Millionen Dollar. Den stärksten Anteil unter den 400 größten Spendenorganisationen in den USA nehmen 141 Colleges und Universitäten ein. Spitzenreiter in dieser Kategorie ist die Harvard University mit 221,8 Millionen Dollar. Unter den *top 400* befinden sich 47 lokale *United Ways* (vgl. Abschnitt *Fundraising am Arbeitsplatz*), 36 internationale Hilfs- und Entwicklungsorganisationen (Spitzenreiter: World Vision), 23 Organisationen im Gesundheitsbereich (Spitzenreiter: American Cancer Society), je 22 Krankenhäuser und soziale Dienstleistungsorganisationen sowie 21 religiöse Organisationen. Bei den restlichen 88 handelt es sich um Organisationen aus den Bereichen Umwelt, Jugend, öffentlicher Rundfunk/TV, Kunst und Kultur (Spitzenreiter bei den Museen ist das Metropolitan Museum of Art in

New York mit 185,6 Millionen Dollar; bei der Darstellenden Kunst die Metropolitan Opera in New York mit 48,3 Millionen Dollar). Hinzu kommen Community-Stiftungen und jüdische Fundraising-Zusammenschlüsse. Mit Ausnahme von Frauen-Colleges, der traditionsreichen sozialen Dienstleistungsorganisation YWCA sowie den Jugendorganisationen Girl Scouts of America und Girls Incorporated (Mädchenclubs) sind keine Organisationen unter den *top 400* vertreten, deren Angebote sich speziell an Frauen und Mädchen richten (*Chronicle of Philanthropy* 1994). Doch außer den 400 ganz großen Spendenorganisationen betreiben noch Tausende andere Fundraising von Einzelpersonen, darunter auch viele Frauenorganisationen.

Frauen erkämpften sich Anteile am Spendenmarkt

Vor Beginn der Frauenbewegung hatten Frauenthemen in den USA keinen Anteil am Markt der philanthropischen Finanzierungsmöglichkeiten. Für die meisten frauenspezifischen Probleme gab es – wie bei uns – noch nicht einmal eine Bezeichnung. Der dortigen Frauenbewegung ist es im Laufe der Jahre gelungen, ihren Anliegen öffentliches Profil zu verschaffen und die Philanthropie für feministische Zielsetzungen zu nutzen. Ein Teil der Frauenorganisationen spezialisiert sich auf lediglich ein Segment, ein anderer Teil versucht mit einer Mischfinanzierung die unterschiedlichen philanthropischen Geldgeber zu nutzen. Viele der mischfinanzierten Frauenorganisationen erhalten auch staatliche Gelder. Allerdings sind diese nicht, wie in Deutschland, die Haupteinnahmequelle. Frauenorganisationen wie NOW (*National Organization for Women*), deren Ziel die öffentliche Kritik staatlicher Politikmaßnahmen ist, nehmen aus Prinzip keine staatlichen Zuschüsse. Sie konzentrieren sich auf die Einwerbung von individuellen Kleinspenden. Sie setzen darauf, daß viele Frauen, aber auch Männer bereit sind, für politische Anliegen, die Frauen in besonderer Weise betreffen, zu spenden, wenn entsprechend dafür geworben wird. Ein Beispiel dafür ist die Abtreibungsdebatte, die Ende der achtziger Jahre politisch hochkochte, weil die Abtreibungsgegner versuchten, das Recht auf Schwangerschaftsabbruch über den *Supreme Court* einzuschränken. Aufgrund der Mobilisierungskampagnen der Frauenbewegung wurde Abtreibung zu einem der zentralen innenpolitischen Themen in den USA. Dieses wiederum wurde erst möglich durch verstärktes Fundraising.

Nach Schätzungen von Roger Craver, einem Fundraising-Berater, dessen Büro für zahlreiche Frauenorganisationen tätig ist, verdoppelte sich im Jahr 1990 die Gesamtsumme der Jahreseinkünfte, welche die *pro choice*-Gruppen (Organisationen wie NOW, NARAL oder Planned Parenthood, die sich für das Selbstbestimmungsrecht von Frauen in der Abtreibungsfrage engagieren) alleine durch Spendenbriefaktionen an Einzelpersonen von 50 Millionen Dollar auf 100 Millionen Dollar. Ein Wermutstropfen ist allerdings, daß auch die *pro life*-Gruppen, also die Abtreibungsgegner, gewiefte Fundraiser sind und eine Massengegenbewegung auf die Beine gebracht haben. Am Beispiel der Abtreibungsdebatte zeigt sich, daß durch Fundraising die notwendigen finanziellen Mittel relativ schnell zusammen kommen, wenn der politische Kampf für eine Sache auf Hochtouren geführt werden muß. Gerade wenn sich polarisierte Positionen gegenüberstehen, spenden die Leute am meisten. Entscheidend für den Fundraising-Erfolg der *pro choice*-Kampagne war, daß die OrganisatorInnen die politische Gelegenheit beim Schopfe faßten und dabei auf die Bereitschaft vieler Frauen trafen, aktiv zu werden, sowohl in Form von Spenden als auch durch die Teilnahme an Protestaktionen. Das Identifikationssymbol (Markenzeichen) der Kampagne spielt eine wichtige Rolle. *Pro choice* signalisiert: Es geht darum, ob der Staat oder die Frau entscheidet. Damit gelang es, ein Thema der Frauenbewegung so zu formulieren, daß dies mit den liberalen politischen Grundüberzeugungen vieler AmerikanerInnen in Zusammenhang gebracht werden konnte. Der Markt der SpenderInnen wäre mit großer Wahrscheinlichkeit weitaus kleiner gewesen, wenn im Zentrum die Frage gestanden hätte, ob jemand für oder gegen Abtreibungen ist.

Die politische Großwetterlage spielt bei der Einwerbung von Spenden eine große Rolle. Der Regierungswechsel in Washington vom Abtreibungsgegner Bush zu *pro choice*-Befürworter Clinton führte zu einem Rückgang der Spendeneinnahmen von *pro choice*-Organisationen. Doch viele Stammspenderinnen sorgen auch in »Normalzeiten« für die Aufrechterhaltung der Infrastruktur von Organisationen, die Frauenforderungen öffentlich machen, Lobbying betreiben und wenn erforderlich, Protestkampagnen und Demonstrationen organisieren. Grundlage dafür sind regelmäßige Spendenbriefaktionen und andere Fundraising-Aktivitäten.

Laut einer Studie von Craver, Matthews, Smith & Company, dem von Roger Craver geleiteten Fundraising-Beratungsunternehmen, sind jüngere Frauen unter 45 Jahren das wichtigste SpenderInnen-Potential für gesellschaftskritische Anliegen in den USA. Während es in der Mehrzahl Männer waren, welche die Reformbewegungen der sechziger und siebziger Jahre mit ihren Spenden trugen, sind es nun die weiblichen *Baby-Boomers*, die für progressive Gesellschaftsveränderungen (nicht nur im Frauenbereich, sondern auch in Fragen wie Umweltschutz und der Eindämmung von Schußwaffen) kämpfen (Goss 1991).

Fundraising am Arbeitsplatz

Der direkte Abzug von Spenden vom Arbeitslohn durch den Arbeitgeber ist eine in den USA weit verbreitete Methode, kleinere Einzelspenden für gemeinnützige Organisationen zu sammeln. 1994 kamen auf diese Weise über 3 Milliarden Dollar zusammen. Die Organisation der Fundraising-Kampagnen sowie die Verteilung der Gelder erfolgte bis Ende der siebziger Jahre fast ausschließlich durch *United Way*, einer etablierten Organisation mit Sitz in Alexandria (Virginia) und lokalen Niederlassungen in Hunderten von amerikanischen Städten. United Way sperrte sich lange Jahre, auch radikalere Projekte in den Kreis seiner Geldempfänger aufzunehmen.

Während der achtziger Jahre gründeten sich zahlreiche *nontraditional funds*, Zusammenschlüsse von alternativen Geldsammelorganisationen (Gesamtzahl 1995: 183), meist mit Unterstützung des *National Committee on Responsive Philanthropy*

(NCRP), einer Interessengruppe in Washington, D.C., die sich für eine fortschrittliche, sozial und politisch engagierte Philanthropie einsetzt. Das Spektrum der *nontraditional funds* ist vielfältig. Es reicht von der *Environmental Federation of America*, den zwölf *Black United Funds* bis hin zu einigen women's *funds*. Die stärksten nicht-traditionellen funds konzentrieren ihre Tätigkeit auf eine Zielgruppe bzw. einen Problembereich: Schwarze und Umwelt. Zunehmend kommt es aber auch zu Bündnissen von Nonprofit-Organisationen auf lokaler Ebene, deren Arbeitsschwerpunkte in den Bereichen Frauen, Bildung, Wohnen, Arbeit, Minoritäten, Behinderte, Verbraucherfragen liegen. Den alternativen *funds* ist es in den vergangenen Jahren gelungen, das Monopol von United Way auf die Spendenabzüge von ArbeitnehmerInnen in einer Reihe von Unternehmen zu brechen. Insgesamt erzielten sie 1994 Spendeneinnahmen von 158 Millionen Dollar. Der größte Teil davon kam an Arbeitsplätzen im Öffentlichen Dienst zusammen (NCRP 1994).

Die alternativen Fundraising-Zusammenschlüsse sind keine Stiftungen, sondern *federations*, Zusammenschlüsse von Nonprofit-Organisationen mit dem Ziel, Gelder für ihre Mitgliedsorganisationen zu beschaffen. Das bekannteste Beispiel aus dem Frauenbereich ist *WOMENS WAY* in Philadelphia. Die Organisation hat mehrere bezahlte (ca. zehn) Mitarbeiterinnen. Die Aufgabe der Organisation besteht in der Durchführung von Spendensammelkampagnen an Arbeitsplätzen in Unternehmen und Verwaltungen, doch teilweise wird auch mit anderen Fundraising-Methoden gearbeitet. Träger dieser *federation* sind 15 Frauenprojekte in Philadelphia und Umgebung, unter denen die 1 Million Dollar, die pro Jahr zusammenkommen, zu gleichen Teilen aufgeteilt werden. Ein Teil der Mittel wird dafür verwendet, kleinere Unterstützungsbeträge für Frauenprojekte zu vergeben, die nicht Mitglied von WOMENS WAY sind.

Da die Durchführung von erfolgreichen Fundraising-Kampagnen am Arbeitsplatz eine lange Vorbereitungszeit erfordert und die Einnahmen zunächst auf sich warten lassen, handelt es sich bei den Mitgliedsorganisationen der *federations* meist um etabliertere Vereinigungen, die es sich leisten können, zwei Jahre in die Vorbereitung zu investieren. Das Zulassungsverfahren für neue Gruppen ist oft sehr restriktiv. Ein Vorzug dieses Modells ist, daß damit eine breite Basis von SpenderInnen aufgebaut werden kann. Dadurch sind die Empfängerorganisationen weniger von einer Finanzquelle abhängig. Es macht einen großen Unterschied, ob eine Stiftung ihre Bewilligung von 20.000 Dollar nicht erneuert oder ob eine Arbeitnehmerin ihre jährliche Spende von insgesamt 25 Dollar im Jahr einer anderen Organisation zukommen läßt.

Die Schaffung von *nontraditional funds* und die Öffnung der Spendenkampagnen an öffentlichen Arbeitsplätzen auch für radikalere Organisationen hat mehr Möglichkeiten für ArbeitnehmerInnen geschaffen auszuwählen, welche Gruppen sie unterstützen wollen. Dies ist ein wichtiger Schritt hin zu einer gerechteren Verteilung der Spendenmittel. Untersuchungen des NCRP zeigten, daß trotz der Tatsache, daß alternative funds Zugang zu Fundraising-Kampagnen am Arbeitsplatz erhielten, auch das Einkommen von United Way anstieg. Der Spendenkuchen wurde insgesamt größer. Probleme bei den Spendeneinnahmen von United Way tauchten erst auf, als das Image der Organisation Anfang der neunziger Jahre durch einen Finanzskandal stark angeschlagen wurde. Den Nutzen hatten die alternativen *funds*.

Für viele ArbeitnehmerInnen ist es eine Selbstverständlichkeit, sich an Spendenaktionen zu beteiligen. Ein Problem ist jedoch, daß es sich bei den am Arbeitsplatz abgeführten Spenden nicht immer um freiwillige Spenden handelt. An vielen Arbeitsplätzen besteht eine Art sozialer Zwang, Geld zu geben. Wenn eine Kollegin gibt, muß die andere auch geben. Hinzu kommt, daß auch Vorgesetzte gelegentlich Druck ausüben und direkt zum Spenden auffordern. Die verbesserten Wahlmöglichkeiten machen vielen das Spenden leichter. Durch finanzielle Unterstützung der von ihnen gewahlten Organisationen können die Arbeitnehmer zumindest indirekt an gesellschaftlichen Veränderungen mitwirken, wenn sie die entsprechenden Gruppierungen unterstützen.

Fundraising-Kampagnen am Arbeitsplatz dienen auch der Aufklärung und Information der ArbeitnehmerInnen über die Arbeit von Nonprofit-Organisationen und deren Ziele. Mit Informationsmaterialien und Veranstaltungen in den Betrieben wird versucht, das Interesse der Werktätigen an einer Sache zu wecken und ihren finanziellen Beitrag zu erhalten. Diese Kampagnen bieten so auch die Möglichkeit der politischen Mobilisierung.

Reiche Frauen

Ein wichtiges SpenderInnen-Potential in den USA sind reiche Menschen. Während Reichtum in Deutschland mit einem Tabu belegt ist und wenig über reiche Menschen und deren Spendenverhalten bekannt ist, »müssen« Reiche in den USA öffentlich Rechenschaft darüber ablegen, ob sie ihrer gesellschaftlichen Verantwortung durch Philanthropie nachkommen.

Frauen haben einen großen Anteil an den Vermögenswerten in den USA: Ihnen gehört 60% des Gesamtvermögens; 41% der 3,3 Millionen AmerikanerInnen, die von der Finanzbehörde als *top wealth owners* (SpitzenvermögensbesitzerInnen) klassifiziert werden, sind Frauen (Shaw/Taylor 1995). Dennoch spielten reiche Frauen in der Vergangenheit meist eine wenig sichtbare Rollen in der Philanthropie. Ein Grund dafür war, daß viele Frauen zwar Vermögen besaßen, aber die Verfügungsgewalt darüber in den Händen von Männern (Ehemännern, Brüdern oder männlichen Beratern) lag. Prägend für das Bild von reichen Frauen war die stereotype Figur der *Lady Bountiful*. Damit ist eine reiche weiße Frau gemeint, die ehrenamtlich gute Werke tut und den Armen hilft, weil es ihr gesellschaftlicher Status verlangt und zwar wohlmeinend, aber naiv.

Die Frauenbewegung in den USA hatte in den siebziger Jahren keinerlei Verständnis für die Probleme reicher Frauen entwickelt. Den männlichen Anführern der Anti-Vietnam- und der Bürgerrechtsbewegung, die sogar soweit gingen, die Vergewaltigung reicher Frauen als einen legitimen Weg der Konfrontation ihrer Männer zu beschreiben, setzten die feministischen Aktivistinnen nichts entgegen. Ihnen war der Beweis wichtiger, daß die Frauenbewegung nicht eine weiße Mittelklassebewegung sei, so der

Vorwurf der männlichen Bewegungsaktivisten, sondern daß sich hier Frauen aller Klassen (mit Ausnahme der Reichen) und Rassen zusammenfanden. Diese Negativhaltung gegenüber Reichen bewirkte, daß vermögende Frauen, die sich als Feministinnen verstanden, von Schuldgefühlen geplagt, über lange Zeit ihren Reichtum verheimlichten. Mit der Gründung der ersten alternativen Stiftungen brachen einige der reichen Erben und Erbinnen, die durch die sozialen Bewegungen der sechziger Jahre politisiert worden waren, als erste das Tabu und thematisierten die Probleme, die sie mit ihrem Vermögen hatten, öffentlich. Unter den Aktiven befand sich eine ganze Reihe von Frauen, die Vordenker waren jedoch Männer. Die erste Frau, die den Schritt in Richtung Frauenstiftungen (vgl. den Abschnitt über die *women's funds*) machte, war Tracy DuVivier Gary. Sie setzte mit ihrem Engagement in der *Women's Foundation* in San Francisco ein Beispiel, dem zahlreiche andere Frauen folgten. Gary entwickelte sich zum Vorbild und zur Beraterin von vielen Erbinnen in den USA. In den von ihr initiierten *Managing Inherited Wealth*-Seminaren (Seminare über den Umgang mit ererbtem Reichtum) ist die Bevormundung und Unterdrückung reicher Frauen durch ihre Ehemänner, Väter und Brüder ein zentrales Thema. Die Meßlatte für Frauen, die teilnehmen wollen, ist nicht sehr hoch gehängt. Interessierte Frauen müssen mindestens 25.000 Dollar geerbt haben.

Aus den *Managing Inherited Wealth*-Programmen hat sich, über die ganze USA verteilt, ein informelles Netzwerk von reichen Frauen gebildet, die ihre eigene Situation problematisieren und die sich mit ihren Spenden in Problembereichen engagieren, die von der Frauenbewegung thematisiert wurden. Auch die Informationsvermittlung über sozial verantwortliche Investitionen spielt eine wichtige Rolle. Es ist eine andere Art von *community* als die in den traditionellen Clubs der Reichen. Der Schritt, daß sich reiche Frauen mit ihren Rollenzwängen und auch mit ihrer Identität befassen, ist etwas, was die bisherige Situation der Unterordnung reicher Frauen unter reiche Männer potentiell destabilisiert.

Die erste reiche Erbin, die eine private Frauenstiftung, den

Windom Fund, gründete, war Ellen Malcolm. Malcolm spricht nicht über die Höhe ihres Reichtums, aber Presseberichte, daß es sich dabei um Multimillionen handelt, dementiert sie nicht. Ihr Urgroßvater war einer der Gründer von IBM. Ellen Malcolm brauchte fast 15 Jahre, um den Umgang mit ihrem Reichtum zu erlernen. Anfang der siebziger Jahre kam sie nach Washington, D.C. Sie arbeitete in politischen Organisationen, zunächst bei Common Cause und dann dem National Women's Political Caucus. Keine von Malcolms FreundInnen wußte von ihrem Reichtum. Sie spendete anonym Geld an Organisationen, die ihr politisch wichtig waren. Ellen Malcolm befürchtete, wenn die Leute wüßten, daß sie reich ist, würde niemand sie mehr als Person sehen, sondern nur noch als wandelndes Dollar-Zeichen betrachten. Mit Hilfe einer Freundin, der sie sich anvertraute, Lael Stegall, rief Malcolm den *Windom Fund* – benannt nach der Straße, in der sie wohnte – ins Leben. Während Lael Stegall die Stiftung als Geschäftsführerin nach außen vertrat, blieb Ellen Malcolm weiterhin anonym. Ein Schlüsselerlebnis war für sie, daß Geldempfängerinnen des Windom Fund sie für die Sekretärin Stegalls hielten. Allmählich trat sie aus ihrer Anonymität heraus. Nach Abschluß ihres MBA-Studiums (Master of Business Administration) begann Ellen Malcolm, nicht nur ihre Investments selbst zu managen, sondern auch ihre politischen Ambitionen und ihr Geld zu einer zusammenhängenden Strategie zu verschmelzen. Sie gründete eine neue Organisation, *Emily's List*. Emily steht für »Early Money Is Like Yeast« (Frühes Geld ist wie Hefe). Mit dieser Organisation baute Ellen Malcolm ein Netzwerk von GeldgeberInnen auf, das Frauen unterstützt, die Mitglied der Demokratischen Partei sind und sich um ein politisches Amt bewerben. Ziel von Emily's List ist es, die Zahl von Frauen in hohen politischen Ämtern zu erhöhen. KandidatInnen in den USA müssen ihre Wahlkampfkosten durch Fundraising selbst zusammenbringen. Frauen gelingt es oft nicht, die erforderlichen hohen Summen aufzubringen. Die von Emily's List unterstützten Kandidatinnen (ausgewählt werden nur wenige, die echte Erfolgschancen haben) erhalten frühzeitig in ihrer Wahlkampagne Geld, was dann auch andere ermutigt, für die jeweilige Kandidatin zu spenden. Emily's List hat im Jahre 1992 einen wichtigen Beitrag dazu geleistet, daß sich die Frauenanteile in Senat und Repräsentantenhaus erheblich erhöhten. Von allen *women's PACs* (*political action committees*, Traueninteressengruppen für die Finanzierung von Wahlkämpfen) brachte die Organisation das meiste Geld, 3,7 Millionen Dollar, zusammen (Nelson 1994).

Ein weiteres Beispiel ist Lucia Woods Lindley. Sie kommt aus einer Familie, die ihren Reichtum im Kohleabbau machte. Inzwischen ist das Geld jedoch in Wertpapieren angelegt. Philanthropische Aktivitäten sind in der Familie Lucia Woods Lindleys Tradition. Sie selbst sitzt auch im Vorstand der von ihrer Familie begründeten Stiftung, dem *Woods Charitable Fund*. Lucia Woods Lindley arbeitete sich langsam an den Feminismus heran. Anfangs vergab sie anonym Spenden an Frauengruppen in Chicago. Als sie von Ellen Malcolm's Windom Fund hörte, entschied Lindley sich, ihre eigene Frauenstiftung, den *Sophia Fund*, ins Leben zu rufen. Von dieser Stiftung gingen wichtige Impulse für die Förderung des Gedankens »Philanthropie von Frauen für Frauen« aus; sie unterstützte eine ganz Reihe öffentlicher Frauenstiftungen mit Fördermitteln. Inzwischen hat Lindley den Sophia Fund aus persönlichen Gründen aufgelöst. Sie unterstützt aber weiterhin Frauenstiftungen wie die *Chicago Foundation for Women* und die *Ms. Foundation* mit ihren Spenden.

Die Millionenerbin und feministische Schriftstellerin Sallie Bingham gründete 1985 die *Kentucky Foundation for Women* in Louisville, deren Förderschwerpunkt auf Künstlerinnen in Kentucky und den umliegenden Städten liegt. Bingham stammt aus einer Familie, die ihren Reichtum mit einem Medienimperium machte. Sie wehrte sich bereits in jungen Jahren gegen die ihr zugedachte Rolle als generöse, im Hintergrund agierende Philanthropin, verließ die Enge Kentuckys und zog in den aufgeklärten Osten, wo sie Romane und Kurzgeschichten über reiche Frauen und deren unziemliche Handlungen verfaßte. Nach mehr als 20 Jahren Abwesenheit kehrte Sallie Bingham nach Louisville zurück, wo sie den Versuch unternahm, als Vorstandsmitglied im Medienkonzern ihrer Familie mitzuarbeiten. Dies führte zu Dauerkonflikten mit ihrem Bruder, der sich wohl dadurch in seiner

Autorität bedroht sah. Nach langem Hin und Her wurde der Konflikt durch Verkauf des gesamten Konzerns gelöst, was Sallie Bingham 50 Millionen Dollar einbrachte. Ausgestattet mit einem Stiftungskapital von 10 Millionen Dollar gründete sie die Kentucky Foundation of Women. Mit einer weiteren Million Dollar unterstützte sie die Gründung einer öffentlichen Stiftung in Louisville, den *Fund for Women*.

Doch nicht nur Erbinnen engagieren sich als Philanthropinnen, sondern auch Frauen, die sich ihr Vermögen selbst erarbeitet haben. Muriel Siebert, die als erste Frau Mitglied der New York Stock Exchange wurde, spendet einen beträchtlichen Teil ihrer Provisionen an Nonprofit-Organisationen in Städten, in denen sie geschäftlich aktiv ist. Innerhalb von zwei Jahren wurden durch ihren *Siebert Entrepreneurial Philanthropic Plan* 1,2 Millionen Dollar vergeben. Förderempfänger waren Projekte, die Angebote für mißhandelte Frauen oder Aids-Kranke machen (Shaw/Taylor 1995).

Ein weiteres Beispiel ist Sophia Collier, die Gründerin des Unternehmens Soho Natural Soda, das Natur-Limonaden herstellt. Nach 12 Jahren verkaufte sie das Unternehmen, das einen Jahresumsatz von 25 Millionen Dollar machte. Mit dem Erlös erwarb sie 60 % des *Working Assets Money Fund*, einem Investmentfond, der nur in Firmen investiert, die den Nachweis erbringen, daß sie sozial und ökologisch verantwortlich handeln (Shaw/Taylor 1995). Working Assets trägt mittels einer Kreditkarte dazu bei, daß Frauenstiftungen Spenden zukommen. Pro abgerechnetem Dollar geht ein festgelegter Prozentanteil an eine Frauenstiftung in der Region, in der die jeweilige Kreditkartenbesitzerin lebt.

3
Stiftungen und Frauenbewegung

Stiftungen besitzen eine Schlüsselstellung in der Institution Philanthropie und dies trotz der Tatsache, daß der Anteil der Stiftungsbewilligungen angesichts des Volumens der Spenden von Individuen klein erscheinen mag. Stiftungen verkörpern durch ihre Existenz und mittels ihres Kapitals das Prinzip des Gebens für gemeinnützige Zwecke. Sie repräsentieren die Konzentration von philanthropischen Geldern und Einfluß, da sie das Spendenpotential einzelner Personen übertreffen.

Mit der Zunahme von Frauen in Entscheidungspositionen in der Stiftungswelt stieg auch der Prozentanteil frauenspezifischer Stiftungsmittel, was jedoch nicht darüber hinwegtäuschen darf, daß der größte Teil der Förderung nach wie vor nicht gesellschaftsverändernden Zwecken, sondern der Unterhaltung etablierter Einrichtungen in den Bereichen Bildung, Forschung, soziale Dienstleistungen und Kultur dient.

Seit 1980 führt das *Foundation Center* Statistik darüber, welcher Anteil der Stiftungsbewilligungen *special population groups*, spezifischen Bevölkerungsgruppen, zugute kommt. Eine der zwölf Bevölkerungsgruppen ist *women and girls*. Der Prozentsatz der frauen- und mädchenspezifischen Stiftungsmittel ist von 2,9% im Jahr 1981 auf 4,8% im Jahr 1991 gestiegen. Die Gesamtsumme hat sich in dieser Zeit mehr als versechsfacht (36,7 Millionen Dollar im Jahre 1981 gegenüber 230,3 Millionen Dollar im Jahre 1991) (Foundation Center 1993).

Eine Bewertung, in welchem Maße die als frauen- und mädchenspezifisch gekennzeichneten Stiftungsbewilligungen dazu beitragen, die Situation von Frauen und Mädchen wirklich zu verändern, ist schwierig. Die breite Kategorie *grant for women and girls* (Bewilligungen für Frauen und Mädchen) besitzt nur eine beschränkte Aussagekraft. Die Prioritäten der frauenspezifischen Stiftungsmittel liegen auf den Bereichen Gesundheit und Soziale Dienstleistungen. *Grants for women or girls* per se stellen noch nicht sicher, daß Gesellschaftsveränderungen im Sinne von Frauen bewirkt werden. Nichtsdestotrotz spiegeln die Zahlen die Tendenz wider, daß Stiftungen in den achtziger Jahren in der Tat zunehmend mehr Gelder für frauen- und mädchenspezifische Zwecke bewilligten.

Der frauenspezifische Denkansatz bei der Mittelvergabe stellt eine wichtige Argumentationshilfe dar, um der Forderung nach Steigerung der Mittel für Frauen und Mädchen Nachdruck zu verleihen. Immer wieder halten Verantwortliche in Stiftungen dieser Forderung entgegen, Frauen erhielten ihren Anteil an den Stiftungsgeldern bereits dadurch, daß sie 52% der Bevölkerung ausmachen und daß ihr Nutzen aus den Förderprogrammen automatisch dem von Männern entspricht. Dagegen argumentieren Frauen, wenn dem Gemeinwohl dienende Fördermittel den Menschen entsprechend ihres Bevölkerungsanteiles zugute kommen würden, so müßten für Mädchen und Jungen die gleichen Ergebnisse herauskommen. Dies aber paßt nicht zusammen mit den schlechteren Karrierechancen von Frauen oder der Überrepräsentanz von Frauen bei Problemlagen wie Armut oder sexuellem Mißbrauch.

Stiftungen im Überblick

Die Zahl, das Kapital und das Bewilligungsvolumen von Stiftungen in den USA sind seit den siebziger Jahren enorm gewachsen.

Jahr	Zahl	Kapital	Fördervolumen
1975	21.877	$ 30,13 Mrd.	$ 1,94 Mrd.
1991	33.356	$ 162,91 Mrd.	$ 9,21 Mrd.

Quelle: Foundation Center 1993

Obwohl Stiftungen in allen Bundesstaaten der USA existieren, ist ihre geographische Verteilung doch sehr ungleichmäßig. Die größte Konzentration von Stiftungen befindet sich im Nordosten der USA; die »Stiftungshauptstadt« ist New York. Dort alleine sitzen 18,8% der amerikanischen Stiftungen, die 26,5 % des gesamten Stiftungskapitals auf sich vereinigen. Die Gründe für die ungleichmäßige Verteilung von Stiftungen liegen in den wirtschaftlichen wie industriellen Entwicklungsmustern und den persönlichen Präferenzen der GründerInnen. In den vergangenen Jahrzehnten ist jedoch eine Entwicklung hin zu einer gleichmäßigeren Verteilung festzustellen. Der Schwerpunkt des Stiftungswachstums lag in der Pazifikregion, im mittleren Südwesten und in der Südatlantik-Region.

Stiftungen sind, was ihre Größe anbetrifft, sehr unterschiedlich. Der größte Teil der Finanzkraft der Stiftungen ist auf einige wenige konzentriert. Von den über 33.000 Stiftungen, die 1991 Gelder vergaben, besaßen lediglich 8.500 (25%) ein Kapital von 1 Million Dollar und mehr. Diese relativ geringe Zahl an Stiftungen kontrollierte 97% des gesamten Stiftungskapitals und nahezu 88% der Bewilligungen. 418 Stiftungen verfügten über ein Vermögen von mehr als 50 Millionen Dollar. Diese Gruppe allein besaß zwei Drittel des gesamten Kapitals und vergab 48% der Gelder (Foundation Center 1993). Die größte US-amerikanische Stiftung ist die Ford Foundation (Kapital: 6,9 Milliarden Dollar, Vergabevolumen 1994: 281,9 Millionen Dollar).

Das *Foundation Center* unterscheidet vier verschiedene Typen von Stiftungen: *Independent Foundations* (unabhängige Stiftungen), *Company-sponsored/Corporate Foundations* (Unternehmensstiftungen), *Operating Foundations* (operative Stiftungen), *Community Foundations* (lokale oder regionale Gemeinschaftsstiftungen).

Anzahl und Kapital der verschiedenen Stiftungstypen 1991

Stiftungstyp	Anzahl	Prozent
Unabhängige Stiftungen	29.476	88,4 %
Unternehmensstiftungen	1.775	5,3 %
Community Foundations	335	1,0 %
Operative Stiftungen	1.770	5,3 %
Gesamt	33.356	100 %

Quelle: Foundation Center 1993

Bei der Mehrzahl der Stiftungen in den USA handelt es sich um *unabhängige Stiftungen*. Dies sind geldvergebende Organisationen, deren Kapital im allgemeinen von einem Individuum, einer Familie oder einer Gruppe von Individuen stammt. Die Entscheidungen erfolgen durch die SpenderInnen oder Mitglieder ihrer Familie, durch einen unabhängigen Vorstand oder durch eine Bank, die für den Geldgeber entscheidet.

Unternehmensstiftungen werden von Wirtschaftsunternehmen geschaffen und finanziell getragen mit dem Ziel, philanthropische Aufgaben zu erfüllen. Sie sind rechtlich getrennt von den sie tragenden Unternehmen. Das Management erfolgt durch einen Vorstand, der sich oft aus MitarbeiterInnen des Unternehmens zusammensetzt, in dem aber auch unabhängige Individuen sitzen können.

Operative Stiftungen sind Stiftungen, die ihre Ressourcen dazu nutzen, selbst Forschungsprogramme, soziale Dienstleistungen oder andere gemeinnützige Programme in vom Spender festgelegten Bereichen durchzuführen. Die Entscheidungen trifft in der Regel ein unabhängiger Vorstand.

Community Foundations sind örtliche oder regionale Gemeinschaftsstiftungen, deren Vermögen von mehreren privaten Förderern stammt. Sie stehen sowohl für größere Zustiftungen als auch für kleinere Spenden offen. Ihre Förderaktivitäten werden durch einen Vorstand gesteuert, in dem die unterschiedlichen Interessen der jeweiligen *community* repräsentiert sein müssen. Die Gelder werden in der Regel an gemeinnützige Organisationen auf der jeweiligen Lokalebene vergeben.

Alle Stiftungen sind Nonprofit-Organisationen nach *Internal Revenue Code Section 501(c)(3)*. Die Anerkennung durch die Finanzbehörde, den *Internal Revenue Service (IRS)*, beinhaltet die Befreiung von der Einkommenssteuer und die steuerliche Absetzbarkeit von Spenden an die jeweilige Stiftung. Der IRS unterscheidet zwischen privaten Stiftungen und öffentlichen Stiftungen (*public charities*). Bei unabhängigen Stiftungen, Unternehmensstiftungen und operative Stiftungen handelt es sich in der Regel um private, während *community foundations* meist öffentliche Stiftungen sind. Die steuerliche Absetzbarkeit von Spenden an öffentliche Stiftungen ist höher als bei privaten Organisationen. Sie müssen sich in bezug auf die Zusammensetzung ihrer Geldgeber (keine einzelne Person darf dominieren) und die Besetzung ihrer Vorstände in regelmäßigen Abständen einer öffentlichen Überprüfung stellen.

Etablierte Stiftungen als Förderer von Frauenprojekten

Zwei Drittel der etwa 150 Großstiftungen in den USA (Stiftungen, die ein Kapital von über 100 Millionen Dollar besitzen) sind in dem *grants index* des Foundation Center mit Bewilligungen für *women and girls* enthalten. Dies bedeutet, daß diese Stiftungen dieses oder jenes Einzelprojekt im Frauenbereich fördern. Unter den über 30.000 Stiftungen in den USA gibt es aber trotz der Tatsache, daß die *grants for women and girls* zugenommen haben, nur wenige, die explizit in dem Ruf stehen, Förderer feministischer Projekte zu sein.

Etablierte Großstiftungen fördern meist nur Projekte von überregionaler Bedeutung. Im Frauenbereich werden Frauenforschungsprojekte sowie moderate Fraueninteressengruppen in Washington gefördert, die mittels Lobbying oder juristischer Aktivitäten die Einlösung individueller Freiheitsrechte von Frauen verfolgen. Projekte von Frauen, die nicht den ungeschriebenen Normen der etablierten Stiftungen entsprechen (z.B. weil sie nicht hierarchisch strukturiert sind, weil sie sich um die Stärkung und Vernetzung von Graswurzel-Frauenprojekten bemühen oder weil sie für ein Tabuthema eintreten), fallen leicht durch die Maschen der Förderung. Traditionelle Stiftungen haben zur Herausbildung einer Vielfalt sich überlappender und teilweise konkurrierender Fraueninteressengruppen beigetragen, die auf der Bundesebene agieren, und damit die Umformung des öffentlichen Diskurses und die Formulierung frauenspezifischer Probleme und Forderungen als öffentliche Bedürfnisse begünstigt. Gleichzeitig aber hat die Stiftungsförderung Selektionsfunktion in Bezug auf die unterstützten Inhalte und Personen.

Die für Frauenorganisationen in den USA bedeutsamste Stiftung ist die *Ford Foundation*. Diese Stiftung setzt sich seit über zwei Jahrzehnten explizit für die Ziele der Frauenbewegung ein. Die Höhe der frauen- und mädchenspezifischen Bewilligungen liegt Jahr für Jahr bei über 20 Millionen Dollar, mehr als 10% der Gesamtbewilligungen. Nach der Weltfrauenkonferenz in Nairobi im Jahre 1985 wurde eine stiftungsinterne Gruppe, das *Women's Program Forum* geschaffen, in das alle Programmabteilungen sowie die Außenbüros der Stiftung Vertreterinnen entsenden. Diese Gruppe hat die Aufgabe, die Vernetzung der Frauenförderung innerhalb der Stiftung sicherzustellen und inhaltliche Fortbildungsveranstaltungen zu frauenspezifischen Themen zu organisieren.

Die Stiftung fördert sowohl Frauenorganisationen, die auf nationaler Ebene tätig sind, als auch ausgewählte Frauenorganisationen, die sich auf der lokalen Ebene befinden und Modellcharakter besitzen. Im Zentrum der frauenspezifischen Förderposten der Ford Foundation steht das in der Abteilung *Rights and Social Justice* (Recht und soziale Gerechtigkeit) angesiedelte *women's rights program*. Gefördert werden in erster Linie Frauenorganisationen, die Schlüsselfunktionen in der Infrastruktur der Frauenbewegung einnehmen. Damit sind insbesondere Frauenrechtshilfeorganisationen gemeint. Jährlich fließen weit über eine Million Dollar an die fünf großen Vereinigungen (ACLU Women's Rights Project, Equal Rights Advocates, National Women's Law Center, NOW Legal Defense and Education Fund, Women's Legal Defense Fund). Die einzelnen

Organisationen erhalten Summen zwischen 200.000 Dollar und 400.000 Dollar.

Der zweite große Schwerpunkt der frauenspezifischen Förderbereiche innerhalb der Ford Foundation ist im Programmbereich *Education and Culture* (Bildung und Kultur) angesiedelt. Seit Jahren engagiert sich die Stiftung in der Förderung von *women's studies* (Frauenstudien) und *women's research centers* (Frauenforschungszentren). Dafür sind 1 Million Dollar in den Haushalt eingestellt. Der Schwerpunkt der Förderung lag zunächst ein Jahrzehnt lang auf an Elite-Universitäten angesiedelten Frauenforschungszentren. Seit Mitte der achtziger Jahre findet eine Verlagerung der Mittel statt. Der Schwerpunkt liegt heute darauf, Forschungsergebnisse über *minority women* (Frauen aus ethnischen Minderheiten) in die universitäre Curriculumsentwicklung zu integrieren.

Darüberhinaus gibt es eine Vielfalt unterschiedlicher Frauenorganisationen, die von der Ford Foundation gefördert wurden oder werden. Im Bereich *Urban Poverty* (Armut in Städten) nimmt die Problematik von Teenager-Schwangerschaften einen großen Raum ein. Es werden außerdem Projekte gefördert, deren Ziel die Verbesserung der wirtschaftlichen Situation von Frauen ist. Ein Beispiel dafür ist die *Women's Economic Development Corporation* in St. Paul (Minnesota), die Frauen bei der Gründung eigener Unternehmen unterstützt. Im Bereich *Rural Poverty* (Armut auf dem Land) werden Organisationen wie das *Women's Technical Assistance Project* in Washington, D.C. gefördert, das kleine Frauenprojekte in den armen ländlichen Regionen des Südens und Südwestens Hilfe bei ihrer Organisations- und Finanzierungsentwicklung leistet. Ein Drittel der Frauenfördermittel der Ford Foundation fließt in den internationalen Bereich. Der größte Schwerpunkt hierbei liegt auf dem Gebiet reproduktiver Gesundheit.

Neben der Ford Foundation genoß eine weitere Großstiftung einen explizit positiven Ruf in der Frauenbewegung, die *Carnegie Corporation* in New York. In den siebziger Jahren spielte die Stiftung eine aktive Rolle bei der Förderung der Gleichberechtigung von Frauen im Bildungssektor. Sie unterstützte mit Erfolg die Bemühungen von Frauenorganisationen, Karrieren für Frauen im Hochschulbereich zu öffnen. Ein weiterer Schwerpunkt lag in dem Versuch, durch spezielle Trainingsprogramme und Konferenzen Frauen zu Karrieren in der Politik zu motivieren. Das explizite Eintreten von *Carnegie* für die Förderung der Gleichberechtigung von Frauen hat sich insbesondere durch den Wechsel an der Spitze der Stiftung im Jahre 1982 verändert. Zwar wird eine breite Palette von frauen- und mädchenspezifischen Projekten gefördert, meist in den Bereichen Teenager-Schwangerschaften oder Kinderbetreuung, doch im Unterschied zu früher geht es vorrangig um medizinisch-technische Lösungen von Problemen und nicht um die Stärkung einer *grassroots*-Bewegung.

Unter den Tausenden von kleinen, unabhängigen Stiftungen in den USA gibt es eine ganze Reihe von Stiftungen, die sich explizit für feministische Ziele einsetzen. Ein Beispiel für eine kleine Stiftung, die sich aktiv für die Sache der Frauen stark macht, ist der *Rockefeller Family Fund* in New York. Gegründet 1967 von Abkömmlingen der Rockefeller-Familie, die mehr als jede andere amerikanische Familie die Geschichte der Philanthropie in den USA personifiziert, ist die Arbeit dieser Stiftung Ausdruck des gewandelten Selbstverständnis einer Generation von Rockefellers, die in den sechziger Jahren ins Erwachsenenalter hineinwuchs. Während frühere Generationen meist große Institutionen mit Zuschüssen förderten, unterstützen diese eher kleine, richtungsweisende Organisationen. Frauen sind in dieser Rockefeller-Generation in der Mehrheit (13 Frauen gegenüber 9 Männer). Es ist die erste Generation dieser Familie, in denen Frauen gleichberechtigt Gelder vergeben dürfen. Der Rockefeller Family Fund begann bereits 1970, die Unterstützung von Frauenprojekten offiziell in ihr Programm aufzunehmen. Seitdem fließen jährlich ein Fünftel aller Bewilligungen in den Bereich *Economic Justice for Women* (ökonomische Gerechtigkeit für Frauen). In den Jahren 1987 und 1988 waren das jeweils 425.000 Dollar.

Das Beispiel des *Chicago Resource Center*, einer unabhängigen Stiftung, die 1981 von dem Börsenmanager Richard Dennis gegründet wurde, zeigt, wie sich eine kleine Stiftung innerhalb kurzer Zeit in den ganzen USA einen Namen für ihre Aktivitäten im Frauenbereich erwerben kann. Die Stiftung hat drei Programmbereiche: Gewalt gegen Frauen, Schwule und Lesben, Aids-Aufklärung. Das Fördervolumen lag 1988 bei 1,2 Millionen Dollar. Gefördert werden meist kleine Projekte auf lokaler Ebene mit Bewilligungen zwischen 5000 – 10000 Dollar. Insgesamt gehen etwa 70% aller Gelder an frauenspezifische Projekte.

Es lassen sich eine Reihe unterschiedlicher Gründe dafür ausmachen, warum etablierte Stiftungen feministische Organisationen fördern. StiftungsvertreterInnen selbst führen meist zuallererst an, daß sie mit ihren Dollars etwas bewirken möchten, was ohne sie nicht geschehen kann. Das Selbstverständnis vieler Stiftungen zeichnet sich dadurch aus, daß sie gesellschaftliche Innovationen anregen wollen. Die zahlreichen neuen Ideen, die aus der Frauenbewegung erwuchsen, boten Stiftungen in der Tat Profilierungsmöglichkeiten. Doch viele Stiftungen wagten sich erst in den achtziger Jahren an diese Ideen heran, als die Anliegen der Frauenbewegung eine breitere Akzeptanz gefunden hatten und auch etablierte Nonprofit- Organisationen frauenspezifische Angebote machten.

Von entscheidender Bedeutung sind die persönlichen Beziehungen, die Frauen in feministischen Organisationen mit Frauen pflegen, die in Stiftungen an verantwortlichen Stellen sitzen. Mittlerweile sind einige der Frauen, die sich für die Erstförderung feministischer Organisationen einsetzten, in Führungspositionen aufgestiegen. Ein Beispiel dafür ist Susan Berresford. Sie ist seit 1980 Vizepräsidentin der Ford Foundation und wird 1996 Präsidentin der Stiftung. Sie war während der siebziger Jahre als erste »Frauen-Frau« innerhalb der Ford Foundation mit voller Stelle für die Förderung von Frauenprojekten zuständig.

Ein anderer wichtiger Grund, warum Stiftungen Frauenprojekte fördern, liegt in der bereits erwähnten personellen Umstrukturierung von Stiftungen. Die Zahl der bezahlten Stellen in Stiftungen hat in den vergangenen beiden Jahrzehnten stark zugenommen. Davon profitierten insbesondere Frauen. Sie stellen heute laut Angaben des *Council on Foundations* die Mehrheit nicht nur der Bürokräfte, sondern auch der StiftungsreferentInnen. Viele der heute in Stiftungen tätigen weiblichen, aber auch der männlichen *professionals* gehören der Generation an, deren Bewußtsein geprägt ist von den politisch bewegten sechziger und siebziger Jahren. Sie haben vielfach eine offenere Einstellung auch gegenüber feministischen Anliegen als frühere Generationen. Auch in den Stiftungsvorständen hat ein Generationswechsel stattgefunden. Zwar sind Frauen in den meisten Vorständen noch immer in der Minderheit, doch Beispiele insbesondere von kleineren Stiftungen wie dem *Rockefeller Family Fund* oder der *Mary Reynolds Babcock Foundation* belegen, daß mit dem Einzug der in den sechziger Jahren herangewachsenen Generation in die Vorstände auch vermehrt Frauenprojekte bei der Förderung berücksichtigt wurden.

Die Interessengruppe *Women and Philanthropy*

Großen Anteil an der Sensibilisierung der traditionellen Stiftungswelt für Frauenfragen hat die 1977 gegründete, in New York ansässige Interessengruppe *Women and Philanthropy*, die sich für die Berücksichtigung der Bedürfnisse von Frauen und Mädchen in der Stiftungswelt sowie bei Unternehmensspenden einsetzt. Die Anfänge von Women and Philanthropy gehen zurück auf eine Studie der Ford Foundation im Jahr 1976, die zutage brachte, daß lediglich 0,6 % aller Stiftungsbewilligungen in Programme flossen, die der Gleichberechtigung von Frauen dienten. Seit der Gründung der Organisation ist die Anzahl der Mitglieder kontinuierlich gewachsen; 1989 lag die Zahl bei 700 Einzelmitgliedern und 100 Organisationen. Die Mehrzahl der Mitglieder sind Angestellte von Stiftungen. Hinzu kommt eine Reihe von *trustees*, Vorstandsmitgliedern von Stiftungen, die oft zugleich GeldgeberInnen sind. Etwa 15% der Mitglieder sind Männer.

Der Ausgangspunkt von Women and Philanthropy war die Unzufriedenheit von Frauen aus der Stiftungswelt über die Ignoranz der männlich dominierten Stiftungen gegenüber der Frauenbewegung. Da diese Frauen und auch einzelne Männer innerhalb ihrer Organisationen oft mit wenig Unterstützung rechnen konnten, bauten sie sich ein Netzwerk zur gegenseitigen Stärkung auf. Die Organisation verfolgte drei Hauptziele: mehr Geld für Frauen- und Mädchenprogramme, bessere Zugangschancen für Frauen und Mädchen in allgemeinen Programmen und mehr Chancen für Frauen, als Angestellte oder Vorstandsmitglieder zu Entscheidungsträgerinnen in der Philanthropie zu werden.

In den siebziger Jahren galt es als radikal, sich für Frauenbelange stark zu machen, auch und gerade in der weitgehend konservativen Stiftungswelt. Die Aktiven waren daher am Anfang darauf bedacht, dem Versuch entgegenzuarbeiten, die Organisation als eine Ansammlung von Radikalen abzustempeln. Die Haupttätigkeit bestand in der Erstellung von Untersuchungen und Berichten, die den Mitgliedern als Argumentationshilfe in ihren Stiftungen dienten. Darüberhinaus übten die Vorstandstreffen, die jährlichen Mitgliederversammlungen sowie der regelmäßig erscheinende Rundbrief eine wichtige Vernetzungsfunktion aus. Kontroverse Themen, wie beispielsweise die Abtreibungsfrage und Lesben, blieben zunächst ausgeklammert. Zu den in Form von Studien und anderen Veröffentlichungen behandelten Themenbereichen gehörten die geschlechtsspezifische Arbeitsteilung in der Arbeitswelt, Frauen und Familie sowie Teenager-Schwangerschaften. Viel Aufmerksamkeit erregte die 1978 herausgegebene Untersuchung über Unternehmensstiftungen im Bereich der Kosmetikbranche, die ihre Einnahmen vorwiegend aus Verkäufen von Kosmetikartikeln an Frauen beziehen und deren Nicht-Berücksichtigung von Fraueninteressen Anlaß zu großer Kritik gab.

1987 beschloß die Jahreskonferenz von Women and Philanthropy eine Standortbestimmung vorzunehmen, denn, so die Einschätzung vieler Mitglieder, im Laufe der Zeit hatte die Organisation einen Teil ihres kritischen Potentials verloren. Es wurde eine Strategiekommission eingesetzt, um die bisherige Arbeit auszuwerten. Das Ergebnis war eine teilweise Umformulierung der Ziele. Die Forderung nach mehr philanthropischen Dollars für Frauen- und Mädchenprogramme wird weiterverfolgt. Was

Philanthropie als Berufsfeld anbetrifft, so wird das Augenmerk nun vorrangig auf den Aufstieg von Frauen und Angehörigen von Minderheiten in Führungspositionen gerichtet. Zudem nimmt sich die Organisation jetzt auch gesellschaftlich umstrittenerer Frauenthemen an, wie Abtreibung und Lesben.

Der Diskussionsprozeß führte zu einer Repolitisierung des Selbstverständnisses der Organisation. Viele Frauen befürchteten, Stiftungen würden sich zunehmend aus der Förderung von Frauenprojekten zurückziehen. Es wurde daher eine Serie von Erhebungen mit dem Titel *Far From Done* (Noch längst nicht erledigt) gestartet, die den Mitgliedern von Women and Philanthropy als Argumentationshilfe dienen soll. Zentrale Aussage dieser Studien ist, daß Stiftungen zwar eine wichtige Rolle im Kampf für die Gleichberechtigung von Frauen und Mädchen in den USA spielen, daß aber die Chancengleichheit von Frauen noch längst nicht erreicht ist, zumal in den achtziger Jahren die Stiftungsmittel nicht Schritt hielten mit den sich verschlechternden Lebensbedingungen von Frauen.

Frauen finanzieren Frauenprojekte: Die *women's funds*

Seit der zweiten Hälfte der siebziger Jahre haben Frauen in den USA damit begonnen, durch die Schaffung von *women's funds* (Frauenstiftungen und Zusammenschlüsse von Frauenorganisationen mit dem Ziel der Beschaffung von Geldern für Frauenprojekte) neue Finanzierungsmöglichkeiten für Frauenprojekte auf lokaler Ebene zu entwickeln. Es entstanden seitdem über 60 *women's funds*. Vorbilder waren *social change*-Stiftungen, wie die *Vanguard Foundation* in San Francisco und der *Haymarket People's Fund* in Boston. In den frühen siebziger Jahren begannen sich junge reiche ErbInnen zu fragen, wie die sozialen Ungerechtigkeiten der Welt mit ihrem Reichtum zu vereinbaren sind. Sie gründeten alternative Stiftungen, deren Ziel es ist, radikale Basisgruppen zu fördern. Mittlerweile ist das Netzwerk dieser Stiftungen auf 15 angewachsen, die in einer Dachorganisation, der *Fun-

ding Exchange in New York, zusammengeschlossen sind. In diesen Stiftungen sind reiche Männer und Frauen aktiv; viele Frauen entschlossen sich jedoch nach einiger Zeit, den Schwerpunkt ihrer Arbeit auf den Frauenbereich zu verlagern und sich in Frauenstiftungen zu engagieren.

Women's funds sind von Frauen geschaffene und geleitete Organisationen, deren Ziel es ist, frauen- und mädchenspezifische Projekte finanziell zu fördern. Nach den Kriterien des *National Network of Women's Funds* (NNWF), der Dachorganisation der Frauenstiftungen, müssen mindestens 51% der MitarbeiterInnen, des Vorstands und des Bewilligungsausschusses Frauen sein und mindestens 75% der Bewilligungen für Frauen- und Mädchenprogramme aufgewendet werden. De facto sind die *women's funds* meist reine Frauenorganisationen. Lediglich in den Beiräten und Vorständen einiger weniger *funds* sind Männer vertreten. Als Spender sind Männer selbstverständlich willkommen.

Die *women's funds* verstehen sich als innovative Gegenmodelle zur traditionellen Philanthropie, die nicht nur von dem gewachsenen Selbstbewußtsein von Frauen in Finanzfragen zeugen, sondern Frauen eine eigenständige Stimme innerhalb der Philanthropie verleihen und diese Institution für frauenbezogene Gesellschaftsveränderungen einsetzen wollen. Frauen fungieren als Hauptgeldgeberinnen und besetzen alle Positionen, Frauen und Mädchen sind alleinige Zielgruppe der Förderaktivitäten (die Förderschwerpunkte korrespondieren meist mit den Schwerpunkten der lokalen Frauenprojekteszene). Basierend auf dem *empowerment*-Ansatz bewerten die *women's funds* die Forderung nach gleicher Teilhabe aller an den verfassungsmäßigen Rechten als zu kurz greifend und treten darüberhinaus für eine gerechte Verteilung von Macht und ökonomischen Ressourcen ein. Die Mehrzahl der *women's funds* verfolgt als Ziel die Herstellung von Frauenbündnissen über Rassen- und Klassengrenzen sowie andere Unterschiede (wie sexuelle Orientierung) hinweg. Während in traditionellen Stiftungen das Verhältnis zwischen GeldgeberInnen und GeldempfängerInnen letzlich doch ein Unterordnungsverhältnis bleibt, bemühen sich die *women's funds* um den Abbau dieses Machtgefälles (allerdings ist es nicht möglich, alle Empfängerinnen-Organisationen personell in den Vergabeausschüssen zu berücksichtigen; auch ist die Setzung von Förderprioritäten unabdingbar). Die gängigste Organisationsform unter den traditionellen Stiftungen ist die Privatstiftung, *women's funds* hingegen haben mehrheitlich die Form der öffentlichen Stiftung gewählt. Die meisten *funds* müssen sich durch Fundraising immer wieder ihrer Basis rückversichern.

Einnahmequellen

Die Gesamtsumme der finanziellen Mittel, welche die *women's funds* in den Jahren 1985-1992 zusammentrugen, beträgt 80 Millionen Dollar. Die *women's funds* arbeiten mit allen gängigen Fundraising-Methoden. Das Spektrum der Einnahmen der einzelnen Organisationen reicht von unter 100.000 Dollar bis zu über 1 Million Dollar jährlich. Bei den *funds* mit geringen Einnahmen handelt es sich meist um Stiftungen, die für radikalere Ziele stehen, wie beispielsweise die *Astraea National Lesbian Action Foundation* oder aber um relativ junge Organisationen. Zu den finanziell gesehen erfolgreichsten *women's funds* gehören einige der am längsten existierenden *funds* wie die *Ms. Foundation*, *WOMENS WAY* und die *Women's Foundation* in San Francisco. Hinzu kommen Stiftungen wie beispielsweise die *New York Women's Foundation*, in denen reiche Frauen eine maßgebliche Rolle spielen. Eine Stiftung, der es ebenfalls gelungen ist, schnell zu den Stiftungen mit den höchsten Einnahmen zu gehören, ist die einzige international tätige Frauenstiftung, der *Global Fund for Women*.

Die Einnahmen der *women's funds* kommen aus verschiedenen Quellen. Die wichtigste Finanzquelle, die von nahezu allen funds beansprucht wird, sind Einzelspenden, meist von Frauen. Bei privaten Frauenstiftungen kommen die Gelder in der Regel von einer einzelnen Frau. Bei vielen der öffentlichen *funds* bestehen die Einnahmen zu über 75% aus Einzelspenden. Meist verfügen die *funds* über ein breites Fundament an kleinen Spenden unter 100 Dollar sowie eine geringere Anzahl mittlerer und größerer Spenden. *Women's funds* sehen es als ihre Grundaufgabe, Frauen, die bisher überhaupt nicht oder noch nicht für Frauenanliegen gespendet haben, als *donor base*, als Basis von Spenderinnen, zu gewinnen. Mit dem Slogan »Your checkbook shows your values« (Dein Scheckheft zeigt deine Werte) verfolgen sie das Ziel, das Spenden für Frauenanliegen als Teil des sozialen Gewissens von Frauen zu etablieren. Es entspricht der grundlegenden politischen Haltung der *women's funds* zu demonstrieren, daß Frauen jeder ökonomischen Schicht als Spenderinnen wichtig sind.

Eine weitere Einnahmequelle sind Bewilligungen anderer Stiftungen. Vielen *women's funds* ist es gelungen, traditionelle Stiftungen zu bewegen, ihre Gründungsphase, oft die Zeit, in der sie ein Stammkapital bilden, finanziell abzusichern. Andere Finanzquellen von *women's funds*, wenn auch in geringerem Maße, sind Spenden von Unternehmen sowie Einkünfte aus Dienstleistungen, die sie erbringen.

Mittelvergabe

Nur ganz wenige *funds* vergeben Fördermittel an einzelne Frauen. Die Gelder fließen nahezu vollständig an Organisationen, die nicht nur von Frauen kontrolliert werden, sondern deren Ziel es ist, Barrieren ethnischer, ökonomischer, altersmäßiger, kultureller Art zwischen Frauen niederzureißen. Die *women's funds* treten aktiv ein für das Konzept von *diversity*, gesellschaftlicher Vielfalt. Dies bedeutet konkret, daß oft bevorzugt Projekte von *women of color* (der Begriff »farbige Frauen« wird hier bewußt nicht verwandt, da er von schwarzen Deutschen als diskriminierend empfunden wird) gefördert werden oder aber Projekte, welche die Kooperation von Frauen über Rassen- und Klassengrenzen hinweg ermutigen. Die Programme einer ganzen Reihe von *funds* richten sich explizit an *low-income women*, Frauen mit niedrigem Einkommen. Viele der Frauenstiftungen legen ihren Schwerpunkt auf Projekte, die der ökonomischen Entwicklung von Frauen dienen. So werden insbesondere Graswurzel-Projekte gefördert, deren Ziel es ist, Frauen aus armen *communities* bei der Gründung eigener Kleinunternehmen zu unterstützen. Einige der Frauenstiftungen setzen ihre Fördermittel dafür ein, die organisatorische Stabilität und Finanzentwicklung von Frauenprojekten abzusichern. Die Frauenstiftungen, die ein radikaleres Selbstverständnis haben, verstehen unter Vielfalt auch unterschiedliche sexuelle Orientierungen und richten ihre Förderprogramme vollständig oder teilweise auf lesbische Frauen aus. Die meisten *women's funds* fördern kleine, oft neu entstehende Frauengruppen, die keinen Zugang zu traditionellen Geldgebern besitzen.

Die Entwicklung der women's funds

Die Entwicklung der *women's funds* läßt sich in drei Hauptphasen einteilen. Die erste Phase waren die siebziger Jahre. In dieser Zeit entwickelte sich die Frauenbewegung in den USA zu einer Massenbewegung. Auf der nationalen Ebene stellten private Stiftungen wie die Ford Foundation den sich herausbildenden feministischen Organisationen Gelder zur Verfügung. Feministische Mitgliedsorganisationen wie NOW bauten sich eine Massenbasis von Einzelspenderinnen auf. Für feministische Projekte, die sich auf lokaler Ebene entwickelten, war es schwer, Geldgeber zu finden. Vor diesem Hintergrund entstanden die ersten *women's funds*: die *Ms. Foundation for Women* in New York, *WOMENS WAY* in Philadelpia, die *Women's Foundation* in San Francisco und die *Astraea Foundation* in New York.

Die Entstehungsbedingungen der *women's funds* der ersten Phase sind unterschiedlich. Gemeinsam ist allen, daß es noch keine erprobten Vorbilder im Frauenbereich gab. Die *Ms. Foundation* in New York wurde 1972 gestartet, Gründerinnen war die Herausgeberinnen der Frauenzeitschrift *Ms.* um Gloria Steinem. Die Stiftung vergibt bundesweit Mittel an lokale Frauenprojekte. Die 1977 gegründete *Astraea Foundation* in New York verstand sich von Anfang an als radikalfeministische Organisation; die Gründerinnen waren lesbische Frauen. Zunächst vergab Astraea

Gelder an kleine, radikale Frauenprojekte im Nordosten der USA. 1990 erfolgte die Umbenennung in *Astraea National Lesbian Action Foundation*. Seitdem werden Lesbenprojekte in allen Teilen der USA gefördert. Die beiden *women's funds*, deren Wirkungskreis sich auf einen großstädtischen Raum bezieht, WOMENS WAY und die Women's Foundation entwickelten sich in einem langen Prozeß, in dem die lokalen Frauenprojekte eine zentrale Rolle spielten. Alle vier hatten einen wichtigen Einfluß auf die weitere Entwicklung der *women's funds*: Neue *funds*, die sich gründeten, konnten sich auf die Vorbilder der bestehenden Modelle berufen. Nachdem die frühen *women's funds* die ersten Jahre ihres Bestehens durchgestanden hatten, setzten sie sich zunehmend für den Austausch und die Weitergabe ihrer Erfahrungen mit anderen *women's funds* ein und die Förderung der Philanthropie von Frauen für Frauen.

Die zweite Phase umfaßte die Jahre 1980-1985. Es folgte die Gründung anderer *women's funds* und zwar weiterhin vorrangig in den Städten und Bundesstaaten der USA, die als politisch progressiv gelten wie Boston, Chicago, Seattle, Minnesota. Eine weitere bedeutsame Entwicklung in der zweiten Phase ist die Gründung von privaten Frauenstiftungen durch reiche Erbinnen. Richtungsweisend war hier der *Windom Fund* in Washington, D.C. (vgl. den Abschnitt über reiche Frauen).

Die dritte Phase begann 1985 mit der Gründung des *National Network of Women's Funds (NNWF)*, der nationalen Dachorganisation der *women's funds*. Mit der Gründung des NNWF wurde die Schaffung von *women's funds* zu einer politischen Strategie erklärt; seit diesem Zeitpunkt bezeichnen sich die *women's funds* als Bewegung, als *women's funding movement* (Frauenfinanzierungsbewegung). Die Tendenz zu weiteren Neugründungen nahm zu. Die Zahl der Gründungsmitglieder des NNWF betrug 34; bis Ende 1993 verdoppelte sie sich nahezu auf 63. Die Tätigkeit des NNWF umfaßt die folgenden Bereiche: Training und technische Unterstützung für neu entstehende sowie für bestehende *women's funds*; die Organisation von Jahreskonferenzen und regionalen Treffen; Informationsbörse und Archiv für Materialien der Frauenstiftungen; Herausgabe des *Women's Funds*

Handbook; regelmäßige Veröffentlichung eines *Newsletter* und Öffentlichkeitsarbeit. 1995 wurde die Organisation umbenannt in *Women's Funding Network*.

Warum es seit 1985 in so zahlreichen Städten und Bundesstaaten zu Gründungen kam, ist schwer auf einen Punkt zu reduzieren. Die konkreten Gründungszusammenhänge sind zu verschieden. Sie orientieren sich an den jeweiligen lokalen Rahmenbedingungen. In allen Fällen bildete jedoch das organisierende Engagement von einzelnen Frauen die Grundvoraussetzung. Bei einer ganzen Reihe von *funds* waren es reiche Frauen, von denen die Idee der Gründung ausging und die sich dazu mit anderen Frauen zusammentaten. Eine herausragende Rolle spielten dabei die Schwestern Helen und Swanee Hunt. Sie stammen aus dem berühmt-berüchtigten texanischen Öl-Klan der Hunts. Gemeinsam initiierten sie im Jahre 1985 die *Dallas Women's Foundation*. Einzeln stießen sie Frauenstiftungen in ihren jeweiligen Lebensbereichen an: Swanee Hunt die *Women's Foundation of Colorado* im Jahre 1986, Helen Hunt die *New York Women's Foundation* im Jahre 1987. Außer ihrem Engagement in diesen öffentlichen Stiftungen betreiben beide eine Privatstiftung, den *Hunt Alternatives Fund*, der sozialkritische Projekte fördert. Ein Teil dieser Stiftung wurde 1992 in eine private Frauenstiftung, den *Sister Fund*, umgewandelt. Insbesondere Helen Hunt setzt sich mit großem Elan dafür ein, daß die Idee der *women's funds* in den USA Zuspruch findet. Sie bereist das ganze Land und unterstützt *funds*, die sich in der Gründungsphase befinden, mit öffentlichen Auftritten und Vorträgen. Es sind die Hunt-Schwestern, die vielen reichen Frauen als Vorbilder dienen, sich mit ihrem Geld in *women's funds* zu engagieren.

In vielen Fällen aber waren die Initiatorinnen von *women's funds* keine reichen Frauen. Die Mehrzahl der Gründerinnen der *Chicago Foundation for Women* waren Mitarbeiterinnen ortsansässiger Stiftungen. Die *Los Angeles Women's Foundation* geht auf die Initiative der Women's Foundation in San Francisco zurück. Diese hatte Geld von der ARCO Foundation erhalten, um die Möglichkeit der Gründung einer Frauenstiftung in Los Angeles zu untersuchen. Bald interessierte sich ein vielfältiges

Spektrum von Frauen für die Frauenstiftung – weiße Frauen, schwarze Frauen, Frauen aus der spanisch-sprechenden *community*, Managerinnen, Hausfrauen, Studentinnen. Unter den Unterstützerinnen der Stiftung sind keine reichen Erbinnen. Die Entwicklung der *Florida Women's Foundation* wurde von einer jungen Frau, Beth Raps, vorangetrieben, die sich der Sache mit großem Einsatz widmete. Ihr Einkommen aus ihrer beruflichen Tätigkeit setzte sie zum großen Teil dafür ein, die Gründung der Stiftung zu organisieren.

Das Problem der Rassen- und Klassengegensätze

Bei der praktischen Umsetzung des Gegenmodells *women's fund* tauchen immer wieder Schwierigkeiten auf, denn trotz der Vision einer multikulturellen Demokratie wirkt die reale Segmentierung der amerikanischen Gesellschaft in die *women's funds* hinein. Auch wenn *women of color* im Unterschied zu etablierten Stiftungen auf der Geldgeberinnenseite vertreten sind, besetzen doch meist weiße Frauen die Führungspositionen. Bei den reichen Geldgeberinnen, die de facto mehr Einfluß besitzen als Spenderinnen von kleinen Summen, handelt es sich in der Regel um weiße Frauen. Auch zwischen lesbischen und heterosexuellen Frauen existieren Kontroversen (jenseits von Rassen- und Klassengegensätzen). Die *women's funds* stehen noch am Anfang ihrer Entwicklung; im Gegensatz zur traditionellen Philanthropie werden die beschriebenen Konflikte offen angesprochen; sie erhalten bewußt Raum zur Bearbeitung. Es stellt sich jedoch die Frage, ob dies auch dann noch der Fall sein wird, wenn die Pionierphase der *women's funds* vorüber ist, die Gründerinnengeneration nicht mehr in der Verantwortung steht und ein Etablierungsprozeß eingesetzt hat.

Obwohl die Entwicklung der *women's funds* in vielerlei Hinsicht positiv zu bewerten ist, bleibt es erforderlich, diese Entwicklung kritisch zu hinterfragen. Die Boomzeit der women's funds fällt zusammen mit den Reagan/Bush-Jahren, in denen staatliche Gelder starke Kürzungen erfuhren und die Zahl der

Millionäre ebenso wie der Anteil der Personen, die unter der Armutsgrenze leben, stark anstieg. Es ist fraglich, ob die *women's funds* – trotz guter Absichten – ihrem Anspruch, Klassengegensätze abzubauen, wirklich gerecht werden können, zumal auch die alternative Philanthropie bestenfalls der Umverteilung von Zinseinnahmen aus Vermögensmassen dient. Dennoch: Der Vorwurf, daß es sich bei den aktiven reichen Erbinnen innerhalb der *women's funds* lediglich um eine Neuauflage der *Lady Bountiful* handelt, die nunmehr mit feministischem Anspruch den Armen hilft, ohne ihre eigenen Privilegien oder ihr Kapital aufzugeben, ignoriert die ernsthaften Bemühungen von Frauen – ob reich oder arm, ob schwarz oder weiß, ob heterosexuell oder lesbisch, ausgehend von ihren gemeinsamen geschlechtsspezifischen Herrschaftserfahrungen, nach Wegen einer strukturellen Gesellschaftsveränderung zu suchen.

4
Wirtschaftsunternehmen als Förderer von Frauenprojekten

In Amerika herrscht seit jeher ein kooperatives Grundverständnis zwischen Wirtschaft und gemeinnützigen Organisationen; aufgrund der Philanthropie-Tradition in den USA wird auch Unternehmen Verantwortung für das Gemeinwohl abverlangt. Es wird erwartet, daß sie *corporate conscience* (unternehmerisches Gewissen) und *corporate responsibility* (unternehmerische Verantwortung) zeigen.

Die Institutionalisierung von Spendenprogrammen

Trotz der Tatsache, daß die amerikanische Wirtschaft über eine lange Tradition in der Unterstützung wohltätiger Zwecke verfügt, sind institutionalisierte *Corporate Giving Programs* (Spendenprogramme von Unternehmen) eine recht junge Entwicklung. Die meisten Unternehmensstiftungen und Unternehmensspendenprogramme sind weniger als 25 Jahre alt. Aufgeschreckt durch die sozialen Unruhen der sechziger Jahre begannen Führungskräfte aus der Wirtschaft von der sozialen Verantwortung ihrer Unternehmen zu sprechen. Die gewachsene Bedeutung der *corporate philanthropy* ist auch darauf zurückzuführen, daß Präsident Reagan öffentliche Mittel strich und auf die Bedeutung von Privatinitiative verwies. 1981 wurde durch den *Economic Recovery Act* die Höhe der steuerlichen Abzugsfähigkeit von Spenden von 5% auf 10% des zu versteuernden Firmeneinkommens heraufgesetzt. Die durchschnittliche Höhe der

Unternehmensspenden für wohltätige Zwecke liegt allerdings weit unter der Höchstgrenze. Sie bewegt sich bei etwa 1,5 % des zu versteuernden Einkommens. Die effektiven Dollarsummen sind allerdings in den achtziger Jahren ebenso wie die Unternehmensprofite erheblich gestiegen. Während 1980 die Höhe der Unternehmensspenden bei 2,36 Milliarden Dollar lag, betrug im Jahre 1991 die Summe 6,1 Milliarden Dollar (AAFRC 1992). Bei den Unternehmen, die Spenden vergeben, handelt es sich in erster Linie um Großfirmen. Weniger als ein Viertel aller 2,2 Millionen Unternehmen in den USA spendet überhaupt. 0,1 % aller Unternehmen vergeben über 50 % aller Spenden (Useem 1987).

Im Zuge der Professionalisierung des *corporate giving* in den siebziger Jahren wurden zahlreiche Unternehmensstiftungen gegründet. Etwa 40 % aller Unternehmensspenden werden über Stiftungen abgewickelt. Die meisten Firmen, die über Stiftungen verfügen, haben daneben noch ein Spendenprogramm. Stiftung und *corporate giving program* sind häufig eng miteinander verzahnt. Oft sind diejenigen Personen, welche die anfallenden Arbeiten für die Stiftung erledigen, Angestellte des Unternehmens selbst. Der Hauptvorteil einer Stiftung liegt darin, daß in Zeiten hoher Profite durch die Zuweisung höherer Beträge an die Stiftung Rücklagen gebildet werden können, womit sichergestellt werden soll, daß auch in Zeiten geringer Einnahmen Spenden in gleichem Umfang fließen können. Die Höhe der direkten Unternehmensspenden orientiert sich üblicherweise an dem jährlichen Einkommen eines Unternehmens.

Warum Unternehmen Frauenprojekte unterstützen

Ein wesentlicher Grund, warum Unternehmen überhaupt spenden, ist die Pflege ihres Images nach außen und gegenüber den eigenen MitarbeiterInnen. Ein guter *corporate citizen* (»Unternehmensbürger«) zeichnet sich auch durch sein Spendenverhalten aus. Die sozialen Bewegungen der sechziger und siebziger Jahre führten dazu, daß das gesamte Verhalten von Wirtschaftsunternehmen zunehmend kritisch beleuchtet wurde. Unternehmen und ihre Produkte werden nach unterschiedlichen, gesellschaftlich relevanten Kriterien bewertet; das Image spielt bei Kaufentscheidungen eine wichtige Rolle. In vom *Council on Economic Priorities* in New York herausgebenen Veröffentlichungen wie *Rating America's Corporate Conscience* und *Shopping for a Better World* ist u.a. nachzulesen, wie Unternehmen als Arbeitgeber für Frauen dastehen. Zu den Bewertungskriterien gehört auch das Spendenverhalten.

Nach Angaben des Foundation Center (1993) waren im Jahr 1991 1,8% der Bewilligungen von Unternehmensstiftungen als Bewilligungen für Frauen und Mädchen spezifiziert. Damit liegen die Unternehmensstiftungen bei der Frauenförderung weit unter dem Anteil der unabhängigen Stiftungen (= 5,2%). Immerhin aber erhalten zahlreiche Frauenorganisationen auf nationaler und lokaler Ebene Jahr für Jahr Zuschüsse von Wirtschaftsunternehmen und Unternehmensstiftungen. Dabei handelt es sich in der Regel um Zuschüsse in relativ geringer Höhe, meist in der Größenordnung zwischen 1000-5000 Dollar. Doch wenn eine Organisation Spendengelder von mehreren Unternehmen erhält, können ansehnliche Summen zusammenkommen.

Women and Philanthropy führte 1978 eine Untersuchung über das Bewilligungsverhalten von Stiftungen großer Kosmetikkonzerne durch (Avon Products Foundation, Edna McConnell Clark Foundation, Estee Lauder Foundation, Revlon Foundation, Charles H. Revson Foundation, Helena Rubinstein Foundation). Nur eine Stiftung, Helena Rubinstein, engagierte sich seinerzeit explizit im Bereich Frauen. Die Untersuchung führte dazu, daß die Kosmetikfirmen bald die Verärgerung und den Protest zahlreicher Frauen zu spüren bekamen. Diese negative Publizität war weder ihrem Image, noch ihren Verkaufszahlen zuträglich. Seit diesem Zeitpunkt verstärkten die Kosmetikfirmen ihre Aktivitäten im Frauenbereich wesentlich. Erst als die Unternehmen begriffen, daß es ihrer Imagepflege zugute kam, Frauenprojekte zu fördern, begannen sie sich diesem Bereich zuzuwenden. Allerdings war, wie auch in den unabhängigen Stiftungen, die Beharrlichkeit einzelner Frauen innerhalb der Unternehmen von großer Bedeutung bei der Vergabe von Geldern fur Frauenprojekte.

Politische Kontroversen und Probleme

Viele Frauenorganisationen haben ein ambivalentes Verhältnis zu Geldern von Konzernen und Unternehmensstiftungen. Der Grund dafür ist, daß es auf die Frage, von welchem Unternehmen ein Frauenprojekt Geld nehmen sollte oder nicht, keine allgemeingültige Antwort gibt. Am leichtesten läßt sich diese Frage bei einer Organisation wie *Catalyst* beantworten, die fast ausschließlich von Unternehmensspenden lebt und deren Name immer wieder in den Spendenlisten von Unternehmensstiftungen auftaucht. Das explizite Ziel von Catalyst ist es, Arbeitgeber dazu zu bewegen, neue Verfahren für die berufliche Förderung von Frauen zu entwickeln. Da die Arbeit von Catalyst direkt auf das Zusammenwirken mit der Wirtschaft angelegt ist, schließt die Organisation kein Unternehmen von vornherein als Förderer aus.

Wie aber sieht es bei Frauenorganisationen aus, deren Arbeit sich direkt oder indirekt mit den Folgen auseinandersetzt, die Produkte eines Industriezweiges oder -unternehmens mit sich bringen? Viele Frauenorganisationen kommen ohnehin nie in die Verlegenheit, daß ihnen aus derartigen Quellen Geld angeboten werden. Es gibt allerdings eine Reihe von Organisationen, die sich Regelungen auferlegt haben, von welchen Unternehmen sie kein Geld anfordern bzw. annehmen. Das *National Women's Health Network* (ein bundesweites Frauennetzwerk im Gesundheitsbereich) nimmt kein Geld von der Tabak-, Arzneimittel und Pornoindustrie. Die *National Coalition Against Domestic Violence* (Bundesorganisation gegen häusliche Gewalt), die zwei Jahre lang mit Unterstützung der *Johnson and Johnson Corporation* (die u.a. Tampons herstellt) einen 24-Stunden-Telefon-Notrufdienst für mißhandelte Frauen unterhielt, lehnte es 1989 wegen der Südafrika-Investitionen des Unternehmens ab, weiter Geld von Johnson and Johnson anzunehmen.

Besonders deutlich wird die Kontroverse, ob ein Unternehmen als Spender in Frage kommt, an der Diskussion über die Gelder der *Playboy Foundation*. Dieses Thema führte Anfang der achtziger Jahre zu heftigen Kontroversen innerhalb der amerikanischen Frauenbewegung. Hugh Hefner, der die *Playboy Enterprises Inc.* 1953 in Chicago gründete, hat sich immer als ein Verfechter individueller Freiheiten und Rechte verstanden. Diesen Zielen hat sich auch die Playboy Foundation verschrieben, die 1964 ihre ersten Gelder vergab. Die Summe der jährlichen Bewilligungen der Stiftung beträgt heute ca. 100.000 Dollar. Schwerpunkte der Arbeit sind die Bereiche freie Meinungsäußerung, Rechte von Homosexuellen und Lesben, reproduktive Freiheit und Verbesserung der rechtlichen Situation von Frauen. Die Höhe der Bewilligungen bewegt sich zwischen 2000 und 5000 Dollar. Die Playboy-Stiftung ist dafür bekannt, daß sie Projekte unterstützt, an die sich andere kaum heranwagen.

In den feministischen Diskussionen über das Playboy-Geld stehen sich zwei Positionen konträr gegenüber. Die eine Gruppe von Frauen ist der Ansicht, Playboy sei zu Reparationszahlungen an Frauen verpflichtet. Das Unternehmen hat nach dieser Argumentation seine Profite durch den Verkauf weiblicher Sexualität gemacht. Deswegen muß das Geld nun dazu herhalten, um das System, das Frauen schädigt, zu verändern. Die andere Gruppe von Frauen fürchtet, mit dem Akzeptieren des Playboy-Geldes zur Legitimation der Arbeit des Unternehmens beizutragen und damit die Situation für Frauen noch zu verschlimmern. Dem Argument der Reparationszahlungen wird entgegengehalten, diese könnten erst dann geleistet werden, wenn der Krieg vorüber ist. Beispielhaft für die Ambivalenz von Frauenorganisationen bezüglich der Playboy-Zuschüsse ist die Tatsache, daß die *Ms. Foundation* 1982, auf dem Höhepunkt der Anti-Pornographie-Debatte in den USA, mit großem öffentlichen Wirbel 11.000 Dollar an die Playboy-Foundation zurückgab.

Die Unternehmensphilanthropie übt sich in Zurückhaltung, wenn es um die Unterstützung politisch kontroverser Bereiche geht. Die *National Abortion Rights Action League (NARAL)*, eine der *pro choice-Großorganisationen*, erhält keine Firmenspenden. Der Grund dafür sind die Drohungen von AbtreibungsgegnerInnen, Firmen, die *pro choice*-Organisationen unterstützen, und deren Produkte zu boykottieren. Von derartigen Boykottversuchen war auch *Planned Parenthood* bedroht. Diese

Organisation, die im Vergleich zu NOW oder NARAL als moderat gilt, und von Firmen wie *AT&T* oder *Dayton Hudson*, einem Kaufhauskonzern, finanzielle Unterstützung erhielt, wurde 1990 von den Abtreibungsgegnern ins Visier genommen. Im Falle von *Dayton Hudson* drohten die Abtreibungsgegner damit, zum Boykott der Kaufhäuser des Konzerns in der Weihnachtszeit aufzurufen. Als die Firmenspenden gestrichen werden sollten, protestierten viele Frauen dagegen. Schließlich kam es zu einem Kompromiß. Planned Parenthood wird auch weiterhin gefördert, allerdings mit der Auflage, die Gelder nur in dem Bereich ihrer Tätigkeit einzusetzen, der nichts mit Abtreibungen zu tun hat.

Firmen zeigen sich dann großzügiger, wenn es sich um weniger umstrittene Projekte handelt, die noch dazu öffentliche Sichtbarkeit verschaffen. Die *Women's Sports Foundation*, deren Veröffentlichungen eine breite Schicht von Frauen erreichen, hat wenig Schwierigkeiten, für ihre Arbeit Unterstützung von Unternehmen zu finden. Warum auch sollte ein Unternehmen wie Procter & Gamble (u.a. Hersteller von Wasch- und Reinigungsmitteln, Körperpflege- und Pharmazieprodukten) etwas dagegen haben, wenn sein Name auf jeder Seite des von der Women's Sports Foundation veröffentlichten *Scholarship Guide* (Stipendienwegweiser) erscheint, der jährlich in 500.000 Exemplaren aufgelegt und USA-weit an Frauen verteilt wird?

Es gibt einige wenige Unternehmen, die ihr Engagement explizit darauf verwenden, gesellschaftliche Änderungen herbeizuführen und die daher bereit sind, Projekte zu fördern, die als unkonventionell oder gar radikal gelten. Das für den Frauenbereich bekannteste Beispiel dafür ist der Jeans-Produzent Levi Strauss. Die *Levi Strauss Foundation* in San Francisco vergibt einen großen Teil ihrer Mittel an Frauenprojekte. Sie war einer der ersten privaten Geldgeber, der sich für mißhandelte Frauen in den USA einsetzte. Ein wesentlicher Grund, warum sich das Engagement von Levi Strauss von dem vieler anderer Unternehmen abhebt, sind die Firmeneigentümer und deren direkte Beteiligung an der Arbeit des Unternehmens. Hier kommt die politische Grundeinstellung und das gesellschaftliche Verantwortungsbewußtsein von unternehmerisch wirkenden Einzelpersonen noch direkt zum Tragen, während es sich bei den meisten Großunternehmen um Kapitalgesellschaften handelt, an deren Spitze angestellte Manager stehen, die den Aktionären Rechenschaft ablegen müssen. Der geschäftliche Erfolg des Unternehmens steht dabei im Vordergrund und auch Spenden sind diesem Ziel untergeordnet.

Teil II

Private Finanzquellen für gemeinnützige Zwecke in Deutschland

1
Die Institution Philanthropie – ein noch nicht entdecktes Wesen

In Deutschland existiert Philanthropie nicht als gesellschaftlich wahrgenommene Institution trotz der Tatsache, daß Einzelbereiche dessen, was die Institution Philanthropie in den USA ausmacht, auch hier vorhanden sind: Individuen engagieren sich als SpenderInnen, die Zahl der Stiftungen beträgt über 7000, und auch Unternehmen treten als Förderer gemeinnütziger Zwecke auf. Wohltätigkeit gehört zu den privaten Tugenden, die durchaus gepflegt werden, aber meist im Verborgenen.

Die Gründe, warum Philanthropie in Deutschland nicht wahrgenommen wird, sind vielfältig. Ausgangspunkt ist das unterschiedliche Staatsverständnis in den USA und Deutschland. Das Prinzip der sozialen Verpflichtung, freiwillige Beiträge zum Gemeinwohl zu leisten, bildet die ideologische Basis der Institution Philanthropie in den USA. In Deutschland hingegen fehlt es an einer solchen ideologischen Legitimationsbasis, denn Wohltätigkeit hat in der öffentlichen Wahrnehmung bestenfalls die Aufgabe, Lücken zu schließen, die der Staat nicht ausfüllt.

Der Umfang und somit auch der soziopolitische Einfluß des privaten Gebens in Deutschland ist geringer als in den USA. Alleine das Volumen der Spenden von Einzelpersonen liegt in den USA, je nachdem welche der deutschen Schätzwerte man zugrundelegt, 15 bzw. 40 mal höher als bei uns, obwohl die Bevölkerungszahl der USA lediglich dreimal so groß ist wie die der BRD. Auch Stiftungen spielen in Amerika eine weitaus öffentlichere und einflußreichere Rolle.

Das Wissen über die privaten UnterstützerInnen von Nonprofit-Organisationen in Deutschland ist bisher dürftig. Die wenigen Zahlen, die kursieren, beruhen meist auf vagen Schätzungen. Auch wenn sich inzwischen einige wenige deutsche WissenschaftlerInnen mit der Thematik des Nonprofit-Sektors befassen, bildet das Thema Philanthropie dabei keinen Forschungsschwerpunkt.

Seit Anfang der neunziger Jahre sind Entwicklungen in Gang gekommen, die darauf hoffen lassen, daß die Transparenz der Institution Philanthropie in Deutschland zunimmt und auch ihre öffentliche Wahrnehmung konkretere Züge erhält. Das *Deutsche Zentralinstitut für Soziale Fragen* (DZI) in Berlin sowie das Deutsche Spendeninstitut Krefeld (DSK) veröffentlichen Trends über das Spendenwesen in Deutschland. Der *Bundesverband Deutscher Stiftungen* gab 1991 erstmals ein umfassendes Stiftungsverzeichnis heraus. Die *Maecenata GmbH* in München ist dabei, ein Dokumentationszentrum über das deutsche Stiftungswesen zu entwickeln. In Brüssel gibt es seit 1989 das *European Foundation Centre*, das für mehr Transparenz über Stiftungen in ganz Europa sorgen will. Dennoch sollten die geldsuchenden Organisationen nicht darauf setzen, daß die privaten Geldgeber von selbst öffentlich Rechenschaft ablegen. Die US-amerikanischen Erfahrungen zeigen, daß die Informationsmöglichkeiten über die Institution Philanthropie in dem Maße zunehmen, wie größerer politischer Druck auf die privaten Geldgeber – insbesondere auf Stiftungen und Unternehmen – ausgeübt wurde.

2
Einzelpersonen – das wichtigste Segment des Spendenmarktes

Über 80 % des Spendenvolumens in den USA kommen von Einzelpersonen, rechnet man den Bereich Erbschaften noch hinzu, so macht der Anteil fast 90 % aus. Die amerikanische Spendenrealität ist eine andere, doch erfahrene FundraiserInnen in Deutschland bestätigen den amerikanischen Trend: Einzelpersonen sind trotz der höheren Steuerquote und der Kirchensteuer auch bei uns das wichtigste Segment des Spendenmarktes.

Vage Datenlage

Die Zahlen, die über den deutschen Spendenmarkt im Umlauf sind, basieren nicht auf repräsentativen Untersuchungen; eine offizielle Statistik oder wissenschaftlich fundierte Studien existieren nicht. Die am häufigsten zu hörende Zahl lautet: Die Deutschen spenden 4,1 Milliarden Mark pro Jahr für den humanitären Bereich. Verbreitet wird diese Angabe vom *Deutschen Sozialinstitut für soziale Fragen* (DZI) in Berlin. Dieses Institut wurde 1893 als wissenschaftliches Archiv der Wohlfahrtsverbände gegründet; Finanzierung und Kontrolle des DZI erfolgen überwiegend vom Land Berlin und dem Bund. Die vom DZI veröffentlichte Zahl beruht auf der Hochrechnung einer Haushaltsbefragung.

Eine andere Zahl stammt vom Deutschen Spendeninstitut Krefeld; diese Organisation veröffentlichte Ende 1994 erstmals ihr Deutsches Spenden Barometer. Das DKS geht davon aus, daß sich das Gesamtvolumen des deutschen Spendenmarktes im Jahr 1993 zwischen 10 und 12 Milliarden Mark bewegte. Die Studie, die das DKS nun alljährlich fortschreiben will, befindet sich noch in der Test- und Aufbauphase. Sie beruht auf einer Hochrechnung, die anhand der Spendenbuchungsdaten von 21 Organisationen angestellt wurde; für das Jahr 1994 wurde die Datenbasis auf 80 Spendenorganisationen erweitert. Die Beantwortung der Frage, wer nun recht hat – das DZI oder DKS – ist müßig; in beiden Fällen handelt es sich um Schätzwerte ohne breite Datenbasis. Es ist zu hoffen, daß sich mit der zunehmenden Bedeutung von Spenden auch wissenschaftliche Einrichtungen damit befassen werden, den Nebel zu lichten, der derzeit die Datenlage kennzeichnet. Trotz der Unsicherheiten bei den Zahlen ist es eine Tatsache, daß auch in Deutschland viele Menschen spenden. Allerdings lassen sich viele Fragen bezüglich des deutschen SpenderInnenverhaltens lediglich auf der Basis von Erfahrungen, Vermutungen und einigen bereichsspezifischen Marktforschungsstudien beantworten.

Rückläufige Spendenbereitschaft?

In Medienberichten über den deutschen Spendenmarkt ist immer wieder die Rede von der rückläufigen Spendenbereitschaft der Deutschen. Dies kommt meist dadurch zustande, daß einzelne Spendenorganisationen ihre Situation verallgemeinern. Ein Beispiel dafür ist die *Deutsche Welthungerhilfe,* deren Spendeneinnahmen von 44 Millionen Mark im Jahre 1993 auf 37,69 Millionen Mark im Jahre 1994 (13 %) zurückgegangen sind. Die Vorsitzende der Organisation Helga Henselder-Barzel nahm dies zum Anlaß, sich in einer Pressekonferenz darüber zu beklagen, daß die Spendenbereitschaft der Bundesbürger deutlich nachgelassen habe (*Frankfurter Rundschau* 1995c). Dabei wird übersehen, daß andere Organisationen im gleichen Zeitraum höhere Einnahmen zu verzeichnen hatten. So vermeldete der *World Wide Fund for Nature* (WWF) für 1994 ein Spendenaufkommen von 19 Millionen Mark, eine Steigerung um 2,7 Millionen Mark gegenüber 1993 (*Frankfurter Rundschau* 1995d). Auch für die Frage, wie es wirklich um die Spendenbereitschaft der Deutschen bestellt ist, bedarf es fundierter Zahlen.

Über rückgehende Spendenbereitschaft lamentieren meist Organisationen, deren Unterstützungspotential hauptsächlich im Bereich »traditioneller« SpenderInnen (ältere Menschen mit religiöser Wertbindung, die sich im human-karitativ Bereich engagieren) anzusiedeln ist. Der deutsche Spendenmarkt befindet sich in einer Umbruchsituation. Die traditionelle SpenderInnengeneration stirbt allmählich aus; die nachwachsende Generation engagiert sich weniger im karitativen Bereich. Sie setzt sich mehr für diejenigen Anliegen ein, die während ihres Lebens eine gesellschaftspolitisch zentrale Rolle gespielt haben und spielen (z.B. Umweltfragen).

Tabu Reichtum

Menschen mit hohem Einkommen sind, wie die Trends aus den USA belegen, eine wichtige Zielgruppe im Fundraising. Reichtum ist in Deutschland ein Tabuthema, selbst an Verteilungsfragen interessierte WissenschaftlerInnen wenden sich überwiegend dem Thema Armut zu. Die Tatsache, daß es auch in Deutschland Armut gibt, soll nicht unter den Tisch gekehrt werden; es ist jedoch auch eine Tatsache, daß es vielen Menschen bei uns (insbesondere in den alten Bundesländern) materiell gut geht.

Laut Angaben des Statistischen Bundesamtes gab es im Jahre 1989 in Westdeutschland 106.010 zur Vermögenssteuer veranlagte Personen, die über ein Gesamtvermögen von mindestens einer Million Mark verfügten. Ihre Zahl ist innerhalb von drei Jahren um fast ein Fünftel gestiegen. 1989 kamen auf 10.000 Einwohner 17 Vermögensmillionäre, 1986 waren es noch 15. Das Geldvermögen der privaten Haushalte in Deutschland nahm 1992 um 281 Millionen Mark auf 3.925 Milliarden Mark zu. 1994 lag die Zahl bereits bei 4.320 Milliarden Mark. In den alten Bundesländern lag die durchschnittliche Vermögenssumme pro Haushalt 1994 bei 137.000 Mark, in den neuen Bundesländern bei 42.000 Mark (*Social Management* 1995, Quelle: Statistisches Bundesamt; *Frank-*

furter Rundschau 1995b, Quelle: Deutsches Institut für Wirtschaftsforschung).

Ein wichtiges Fundraising-Potential stellt auch die Erbschaftswelle dar, die seit Anfang der neunziger Jahre über Deutschland rollt. Bis zum Jahr 2000 werden nach einer Studie der deutschen Banken 26 Millionen Deutsche eine Erbschaft machen. Vermögen im Werte von 2-3 Billionen Mark wechseln die BesitzerInnen, mindestens die Hälfte davon in Form von Geld. Immer mehr Menschen kommen in den Genuß beachtlicher Vermögen, zumal die Familien kleiner werden und dadurch weniger Menschen mehr erben. Rund die Hälfte aller Erbschaften beträgt zwischen 200.000 und 1 Million Mark. Hinzu kommt, daß bis zum Jahr 2000 rund 360 Milliarden Mark aus Lebensversicherungen fällig werden (*Social Management* 1995).

Es kommt darauf an, Menschen zu motivieren, weniger zu konsumieren oder auf die hohe Kante zu legen und sich stärker in Form von Spenden für das Gemeinwohl zu engagieren.

Die Monopolstellung der Großorganisationen

Die Bundesregierung schätzt die Gesamtzahl der gemeinnützigen und daher in der Regel zum Empfang steuerbegünstiger Spenden berechtigter Organisationen in Deutschland auf 240.000 bis 280.000. Um Spenden bemühen sich etwa 20.000 dieser Organisationen, darunter rund 2.000 überregional tätige. Rund 85% des gesamten Spendenaufkommens verteilen sich auf 200 – 250 Organisationen (Deutscher Bundestag 1994). Über die Förderzwecke existieren keine verläßlichen Daten. Nach Berechnungen des DZI flossen im humanitär-karitativen Bereich in den Jahren 1991 und 1992 über 85% der Spendenmittel in den Bereich der Auslandshilfe. Zu den erfolgreichsten Spendenorganisationen in Deutschland – mit einem jährlichen Spendenaufkommen zwischen 50 und 100 Millionen Mark – gehören *Miserior*, *Brot für die Welt*, *UNICEF*, *Welthungerhilfe und Greenpeace*.

Diese Zahlen geben Aufschluß über einige zentrale Merkmale des deutschen Spendenmarktes. Großorganisationen nehmen eine Monopolstellung ein, wobei Organisationen aus dem Umfeld der beiden großen Kirchen eine zentrale Rolle spielen. Die Ursachen für die dominante Stellung beruhen zum einen auf der Tatsache, daß sie Fundraising professionell betreiben und dafür auch die erforderlichen personellen und finanziellen Kapazitäten bereitstellen. Zum anderen aber belegen die Zahlen, daß sich der überwiegende Teil der gemeinnützigen Organisationen in Deutschland überhaupt nicht um die Einwerbung von Spenden bemüht. Dabei haben auch kleine Nonprofit-Organisationen durchaus die Chance, sich ihr Segment des Spendenmarktes zu erobern, sofern sie aktive Spendeneinwerbung betreiben.

Spendenanlässe, Spendenzwecke, Spendenzielgruppen

Was die Spendenanlässe betrifft, so muß zwischen ereignismotiviertem und themenmotiviertem Spenden unterschieden werden. Der hohe Anteil der Spenden für den Bereich Auslandshilfe ist ein Indikator dafür, daß ein Großteil der Spenden in Deutschland ereignismotiviert erfolgt. In Katastrophenfällen, ob Hunger in Rußland, Flüchtlingselend in Ruanda oder Krieg im ehemaligen Jugoslawien, ist die Spendenbereitschaft der Deutschen enorm; die Medien, insbesondere das Fernsehen, spielen beim Fundraising für solche Zwecke eine zentrale Rolle. Ein Problem sind jedoch die Ereigniskonjunkturen: Meist steht nur einer der vielen weltweiten Katastrophenherde im Rampenlicht der Öffentlichkeit und die Spendenbereitschaft für eine Katastrophe ebbt zugunsten der nächsten ab. Spendenempfänger sind in der Regel große, international tätige Hilfsorganisationen wie beispielsweise das *Rote Kreuz* oder *World Vision*. Es gibt jedoch auch unzählige Beispiele dafür, daß sich auf lokaler Ebene Initiativen bilden, die mit großem Erfolg Geld und Sachspenden sammeln (für Katastrophenhilfe in anderen Ländern, aber auch für lokale Ereignisse). Daß jedoch auch spezifische Themen Menschen zum Spenden bewegen, belegen die Fundraising-Erfolge von Organisationen wie *WWF – World Wide Fund for Nature* (Naturschutz) oder des *Weißen Rings* (Hilfe für Opfer von Verbrechen).

Ein Großteil der Organisationen, die sich in Deutschland um Spenden bemühen, verfolgen ihre Ziele in leisen Tönen. Ihnen geht es darum, Not zu lindern, ohne daß sie den politischen Status quo hinterfragen. Was bisher weitgehend fehlt, ist ein aktiveres, sozial und politisch gestalterisches Spendenverständnis – und dies, obwohl viele potentielle SpenderInnen in Deutschland dem Spenden in Katastrophenfällen kritisch gegenüberstehen, weil damit keine langfristigen Lösungsstrategien verbunden sind. Daß ein großes Fundraising-Potential für gesellschaftskritische Anliegen vorhanden ist, zeigt das Beispiel von Greenpeace Deutschland. Unter den insgesamt 30 weltweit tätigen Filialen hat die deutsche Sektion die größten Fundraising-Erfolge zu verzeichnen. 1993 lagen die Spendeneinnahmen von Greenpeace Deutschland bei 62,9 Millionen Mark. Greenpeace baut in erster Linie auf Kleinspenden von Einzelpersonen: 55% der Mittel (34,6 Millionen Mark) kam durch Spenden unter 100 Mark und 33% (21 Millionen Mark) durch Spenden zwischen 100 und 500 Mark zusammen (Wedler 1995). Es gibt aber auch kleinere gesellschaftskritische Organisation, die erfolgreich Einzelpersonen motivieren, sie zu unterstützen. Ein Beispiel dafür ist das *Komitee für Grundrechte und Demokratie*, eine Initiative, die sich aus der Friedensbewegung entwickelt hat. Die jährlichen Einnahmen, die sich jeweils zur Hälfte aus Mitgliedsbeiträgen und Spenden zusammensetzen, lagen 1994 bei fast 450.000 Mark (Komitee für Grundrechte und Demokratie 1995).

Was die Spendenzwecke anbetrifft, so kann man diese nach Sachbereichen oder nach Zielgruppen, also nach Empfängern, denen die Spenden zugute kommen sollen, differenzieren. Bei den Sachgebieten, so das Ergebnis einer Expertenbefragung von LOGO-S, liegen die Bereiche Soziales, Katastrophenhilfe, Natur- und Umweltschutz sowie Religion vorne. Bei den Zielgruppen gibt es eine Hierarchie der Spendenpräferenz, an deren Spitze Kinder stehen. Auch Tiere, Jugendliche und Behinderte gehören zu den beliebtesten Zielgruppen. Die Tatsache, daß gerade Kinder so weit oben rangieren, ist darauf zurückzuführen, daß hier viele Spendenmotive gleichzeitig angesprochen werden. Alle Menschen waren selbst einmal jung; Bedürfnisse und Probleme von Kinder liegen daher innerhalb ihres Vorstellungsbereiches. Hinzu kommt, daß Kinder eine Investition in die Zukunft bedeuten. Wenn Kinder in Not sind, sind sie besonders auf die Hilfe Erwachsener angewiesen, zumal man ihnen eine Mitschuld an ihrem Elend kaum unterstellen kann. Mütter- und Väterinstinkte, aber auch das eigene schlechte Gewissen werden mobilisiert. Das Thema Kinder hat noch einen weiteren Vorteil: Es ist, abgesehen von einigen Ausnahmen (wie zum Beispiel minderjährige Asylbewerber), ein nicht mit politischen Kontroversen aufgeladenes Thema.

Im Gegensatz zu Kindern waren Behinderte nicht immer eine beliebte Spendenzielgruppe; in den sechziger Jahren war das gesellschaftliche Verständnis für behinderte Menschen wenig entwickelt. Auch wenn Behinderte heute noch immer benachteiligt werden und viele Menschen ihre Augen vor deren Schwierigkeiten verschließen, so ist doch die Bereitschaft gewachsen, behinderte Menschen wahrzunehmen, sich mit ihnen auseinanderzusetzen und sie in vielen Bereichen der Gesellschaft zu akzeptieren. Bei der Einstellungsveränderung spielten verschiedene Faktoren eine Rolle; ein gewichtiger Part kommt dabei regelmäßigen Spendenaufrufen wie die der *Aktion Sorgenkind* zu. Diese größte Fernsehlotterie Deutschlands dient dem Fundraising für die Behindertenhilfe. In den vergangenen 30 Jahren wurden nicht nur über 2 Billionen Mark an Fördermitteln zusammengetragen, sondern die Medienberichterstattung über geförderten Projekte und über kreative Fundraising-Aktionen trug auch dazu bei, dem Spenden für den Behindertenbereich ein positives gesellschaftliches Image zu verleihen.

Frauenprojekte – eine Randgruppe in der Spendenpräferenzhierarchie?

Wie nun steht es um den Stellenwert von Frauenbelangen und den Chancen von Frauenprojekten auf dem deutschen Spendenmarkt? Bedauerlicherweise hat das Thema Frauen bislang keinen öffentlich wahrnehmbaren Stellenwert auf dem deutschen Spendenmarkt, auch in keiner der erwähnten Hochrechnungen ist das Frauenthema ausgewiesen. Wo nun liegen die Gründe für dieses Randgruppendasein? Haben es frauenspezifische Anliegen wirklich so schwer, UnterstützerInnen zu finden? Meine These lautet: Frauenprojekte haben es versäumt, sich einen Stammplatz in der Spendenpräferenzskala zu erobern; sie betreiben kaum aktiv und schon gar nicht in großem Maßstab Fundraising; Frauen werden nicht gezielt, kontinuierlich und systematisch als Förderinnen von frauenspezifischen Anliegen umworben.

Spendenbereitschaft der Frauen in Deutschland

In der Bundesrepublik kam, trotz der mehrjährigen politischen Diskussionen um die Abtreibungsfrage, keine Massenbewegung zustande; das Thema wurde weitgehend der Politik überlassen. Fundraising-Kampagnen gab es nicht; mögliche Spendenakquisitions- und Mobilisierungschancen wurden vertan. Eine der Ursachen dafür ist, daß bei uns aus der Frauenbewegung der siebziger und achtziger Jahre keine bundesweit agierende Großorganisation (wie NOW in Amerika) hervorgegangen ist. Das Hauptproblem aber ist das langjährige Versäumnis der Projekte, die auf dem Hintergrund der Frauenbewegung in der BRD entstanden sind, das soziale und politische Verantwortungsbewußtsein von Frauen in Form von Spenden einzufordern. Hinzu kommt, daß die traditionellen Frauenverbände in Deutschland stark auf ehrenamtlicher Arbeit fußen und sich ebenfalls nicht professionell um die Einwerbung von Spenden bemühen. In den USA profitieren nicht nur Großorganisationen, sondern auch viele kleine Frauenprojekte von dem frauenspezifischen Spendenbewußtsein, das sich aufgrund der Fundraising-Praktiken von Großorganisationen wie NOW entwickelt hat.

Die Bereitschaft von Frauen in Deutschland, mit ihren Spenden frauenspezifische Anliegen zu finanzieren, ist vorhanden. Dies zeigte die riesige spontane Spendenbereitschaft, als die Massenvergewaltigungen von Frauen in Bosnien bekannt wurde. Ein anderes Beispiel ist ein Spendenaufruf des ZDF-Frauenmagazins

ML Mona Lisa. Aufgrund eines Berichtes über die Beschneidung von Frauen in Äthiopien im Herbst 1994 kamen über 500.000 Mark zusammen.

Goldrausch – ein feministisches Finanzierungsnetzwerk

Frauen sind auch bereit, Frauenprojekte finanziell zu unterstützen, wenn diese nicht im Zentrum der großen Medienöffentlichkeit stehen. Dies zeigt das autonome feministische Finanzierungsnetzwerk Goldrausch in Berlin. *Goldrausch* wurde 1982 gegründet, in einer Zeit heftiger Diskussionen über das Thema Finanzierung innerhalb der autonomen Frauenprojekteszene (in deren Zentrum allerdings die Frage »Staatsknete ja oder nein?« stand). Ein wesentliches Motiv der Gründung von Goldrausch lag darin, eine alleinige Abhängigkeit der Projekte vom Staat zu verhindern. Äußerer Anlaß waren Auseinandersetzungen im *Netzwerk Selbsthilfe* über die Förderung von Frauenprojekten. Bis heute vertritt Goldrausch die Position, daß die Förderung von Frauenprojekten durch öffentliche Finanzquellen unverzichtbar ist; Goldrausch will diese Mittel nur ergänzen, nicht ersetzen. Die Gründung des Finanzierungsnetzwerkes war politisch umstritten; die einen unterstellten den Gründerinnen persönliche Machtgelüste, andere bezweifelten das Gelingen des Vorhabens.

Das anfänglichen Mißtrauen erledigte sich schnell von selbst. Bis heute hat Goldrausch über eine Million Mark in Form von Zuschüssen oder zinslosen Krediten an 250 Frauenprojekte und -betriebe in Berlin vergeben. Einen Finanzierungsantrag stellen können Berliner Projekte, welche die Ziele und Grundsätze der autonomen Frauenbewegung vertreten. Vorrangiges Ziel der Förderung ist die Schaffung und Erhaltung von Frauenarbeitsplätzen; die geförderte Maßnahme soll der Berliner Frauenöffentlichkeit zugute kommen. Das Schwergewicht der Förderung liegt auf Frauenprojekten, für die Goldrausch die einzig erreichbare Finanzierungsquelle darstellt. Dies gilt insbesondere für Kleinstunternehmen (ob Café oder Naturkosmetikladen), die durch die Maschen öffentlicher Förderprogramme fallen und auch von Banken nicht als kreditwürdig angesehen werden. Oft öffnen die Gelder von Goldrausch die Türen auch zu anderen Geldgebern. Pro Jahr werden insgesamt rund 80.000 Mark vergeben. Gemeinnützige Projekte erhalten Zuschüsse bis zu 2000 Mark, Betriebe Darlehen bis zu 8000 Mark. Die Entscheidungen über die Anträge trifft ein von der Mitfrauenversammlung gewählter, aus Projekt- und Einzelfrauen bestehender Beirat. Das Vergabeverfahren ist im Vergleich zur öffentlichen Mittelvergabe unbürokratisch, Anträge können laufend gestellt werden; sie werden in relativ kurzer Zeit beschieden.

Goldrausch ist ein eingetragener Verein; die Mittel stammen in erster Linie aus den Spenden und Beiträgen der rund 300 Mitfrauen (meist Einzelfrauen, aber auch Frauenprojekte), die einen monatlichen Mindestbeitrag von 10 Mark entrichten müssen. Hinzu kommen Darlehnsrückflüsse. Die Arbeit von Goldrausch kann sich sehen lassen – und das, obwohl bislang kein aktives Fundraising betrieben wird. Nach Auslaufen einer ABM-Stelle erfolgt die gesamte Arbeit nun wieder ehrenamtlich. Die Tatsache, daß das Unterstützerinnen-Potential von Goldrausch noch längst nicht ausgeschöpft ist, läßt sich daran ablesen, daß mit einer einmaligen Aktion, dem 1993 durchgeführten Jubiläumsfest, die Mitfrauenzahl verdoppelt werden konnte. – Übrigens gab es bis Mitte der achtziger Jahre auch in anderen Städten, z.B. Bremen und München, Versuche, ähnliche Finanzierungsnetzwerke zu gründen, die jedoch scheiterten.

Fundraising-Chancen und -probleme von Frauenprojekten

Die Tatsache, daß Frauen bereit sind, Frauenprojekte durch Spenden zu unterstützen, wenn sie in ansprechender Weise darum gebeten werden, zeigt auch das Beispiel des *Frauenkulturhauses* in Frankfurt/Main. Durch den »Verkauf« von Stühlen an Frauen, die diese mit ihrem Namensschild versehen durften, kam eine ansehnliche Summe zustande, denn der eigentliche Anschaffungspreis lag weit unter dem Spendenbetrag. Alle Stühle waren schnell »verkauft«, noch immer gibt es Interessentinnen, die auch gerne »ihren« Stuhl im Frauenkulturhaus erwerben würden. Dieses Beispiel belegt: Der Wunsch, der lokalen Frauenszene angehören und dies auch öffentlich zeigen zu wollen, existiert, sofern Frauenprojekte dazu die Möglichkeit eröffnen.

Auch Frauen, die zumindest auf Anhieb nicht dem Spektrum der Frauenbewegung zuzuordnen sind, kommen als Unterstützerinnen von Frauenprojekten in Betracht. So gibt es in Deutschland 65 *Zonta International Clubs*, deren 2000 Mitglieder – Frauen, die in ihrem jeweiligen Berufsfeld leitende Positionen innehaben – es sich zum Ziel gesetzt haben, die rechtliche, politische, wirtschaftliche und berufliche Stellung von Frauen zu fördern. Die Leistungen der Clubs werden als persönliche und finanzielle Hilfe erbracht (Büchner 1993).

Kontinuierliches und systematisches Fundraising für Themen, Aufgabenfelder und Projekte, die sich auf dem Hintergrund der Frauenbewegung entwickelt haben, existiert in der Bundesrepublik bislang allerdings nicht. Frauenprojekte, die sich um Spenden bemühen, machen dies meist nicht gerade professionell. Ein Problem ist, daß in der Zeit, als diese aufgrund ihres Neuigkeitswertes noch auf größere öffentliche Resonanz stießen, nicht damit begonnen wurde, ein frauenspezifisches Spenderinnenbewußtsein zu entwickeln. Heute, wo aufgrund öffentlicher Haushaltskürzungen der Verlust vieler Errungenschaften der Frauenbewegung droht, ist es schwieriger, Frauen zum Spenden zu motivieren, denn wer will schon als Lückenbüßerin für den Staat einspringen. Um Frauen als finanzielle Unterstützerinnen für Frauenprojekte zu gewinnen, ist es daher erforderlich, Philanthropie von Frauen für Frauen öffentlich als politische Strategie zu diskutieren, deren Ziel es nicht ist, den Staat aus der Verantwortung zu entlassen. Vielmehr geht es darum, Frauenprojekte auch im zivilen Raum politisch zu verankern. Frauen sollten insbesondere für Bereiche die politische Verantwortlichkeit in Form von finanzieller Unterstützung übernehmen, bei denen die staatliche Finanzierung kontraproduktiv wirkt (wie Organisationen, die staatliches Handeln überwachen und öffentlich kritisieren) oder aber bei denen sich der Staat schwer tut (neue, kontroverse Projekte).

3

Stiftungen – vom Schattendasein zur öffentlichen Institution

Auf die Tatsache, daß es in Deutschland über 7000 Stiftungen gibt, reagieren viele überrascht. Hinzu kommen außerdem mehr als 100.000 kirchliche Stiftungen, die entweder als rechtliche Eigentümer von Pfarrkirchen fungieren oder Vermögenswerte verwalten, die ihnen zur Verwirklichung sozialer Anliegen übertragen wurden. Da diese kirchlichen Stiftungen als Fördergeber kaum in Betracht kommen, finden sie im folgenden keine weitere Berücksichtigung. Die älteste noch arbeitende deutsche Stiftung (die Hospital-Stiftung in Wemding/Bayern, deren Zweck das Betreiben eines Pflegeheims ist) wurde 950 n.Chr. gegründet. Fast 250 Stiftungen sind älter als 500 Jahre; die Hälfte aller heute existierenden Stiftungen sind allerdings jünger als 50 Jahre. Jedes Jahr werden über 200 neue Stiftungen errichtet.

Informationsmöglichkeiten

Anders als in den USA ist über das Stiftungswesen in Deutschland insgesamt wenig bekannt. In Deutschland existiert weder ein allgemeines Stiftungsregister noch gibt es eine Publizitätspflicht der Stiftungen. Versuche der Bundesregierung, auf Bundesebene ein Stiftungsregister einzurichten, scheiterten am Widerstand der Länder. Lediglich in Bayern gibt es ein amtliches Verzeichnis der Stiftungen. Bis Anfang der neunziger Jahre war das vom *Stifterverband für die Deutsche Wissenschaft* herausgegebene Stiftungshandbuch, das Kurzporträts von 400 Stiftungen enthält, praktisch die einzige Informationsquelle über Stiftungen in Deutschland. Der *Bundesverband Deutscher Stiftungen* unternahm daher das schwierige Unterfangen, ein Verzeichnis aller deutschen Stiftungen zu erstellen. Bei diesem Verband, der seinen Sitz in Bonn hat, handelt es sich um den einzigen Zusammenschluß deutscher Stiftungen auf Bundesebene; ihm gehören alle bedeutenden deutschen Stiftungen sowie die meisten größeren Stiftungsverwaltungen (Stiftungsämter von Kirchen, Universitäten, Stifterverband der Deutschen Wissenschaft) an, allerdings sind höchstens ein Drittel der in Deutschland bestehenden Stiftungen Mitglied. Bei der Erstellung des Stiftungsverzeichnisses traten verschiedene Stiftungen in ihrer mehrhundertjährigen Geschichte erstmals überhaupt an die Öffentlichkeit.

Die mühevolle Erhebung, Erfassung und Auswertung der Daten übernahm die *Maecenata Management GmbH* in München, deren Geschäftsführer Rupert Graf Strachwitz zu den wenigen Stiftungsexperten in Deutschland gehört. Er ist auch der Autor des Buches *Stiftungen – nutzen, führen und errichten: ein Handbuch* (1994), auf dem meine Ausführungen in diesem Abschnitt weitgehend basieren. Das *Verzeichnis der Deutschen Stiftungen* erschien erstmals im Dezember 1991. Dieses Handbuch war jedoch nicht der alleinige Zweck der Erfassungsaktion. Vielmehr bildete sie die Grundlage für das von der Maecenata GmbH betriebenen *Dokumentationszentrum Deutsche Stiftungen*, das sich zur Aufgabe gemacht hat, die Datenbank fortzuschreiben und (gegen Bezahlung) Recherche-Aufträge durchzuführen. 1994 veröffentliche Maecenata erstmals einen Kurz-Stiftungsführer, der Namen, Stiftungszweck, Jahresausgaben, Rechtsform und Anschriften von 1111 Förderstiftungen enthält und Antragssteller bei der Suche nach der für ihr Anliegen geeigneten Stiftung unterstützen soll.

Die beschriebenen neuen Informationsmöglichkeiten über das Stiftungswesen in Deutschland stellen einen enormen Fortschritt gegenüber der früheren Situation dar. Vergleicht man diese allerdings mit den Auskunftsmöglichkeiten in den USA, so sind die Zugänge zu Fördermöglichkeiten durch Stiftungen noch immer als dürftig zu bezeichnen. Während das Foundation Center in den USA neben einem allgemeinen Stiftungsverzeichnis auch Verzeichnisse über spezialisierte Teilbereiche, wie beispielsweise Fördermöglichkeiten für Frauen- und Mädchenprojekte, herausgibt und AntragstellerInnen bei der Suche nach Fördermöglichkeiten berät, fehlen bei uns detaillierte Informationsmöglichkeiten und konkrete Beratungseinrichtungen bislang völlig. Der Befürchtung der Stiftungen, daß mehr Offenheit zu mehr Anträgen führt, müssen die amerikanischen Erfahrungen gegenübergestellt werden: Die dortige Informationspolitik bewirkt, daß der Anteil qualifizierter Anträge höher ist, während Anträge ohne Erfolgsaussicht seltener gestellt werden.

Rechtsformen

Die 7000 deutschen Stiftungen sind, was Rechtsform, Gründungsmotiv, Organisation und Zweck anbetrifft, sehr vielfältig. Das Wort Stiftung ist rechtlich nicht geschützt; Stiften heißt, ein Vermögen auf Dauer einem bestimmten Zweck widmen. Was die Rechtsform anbetrifft, so ist die Regelform die *rechtsfähige Stiftung bürgerlichen Rechts*. Hierbei handelt es sich um eine eigenständige juristische Person des Privat- und Zivilrechts, die durch den Willen eines oder mehrerer Stifter zustandekommt. Diese Stiftungsform, die grundsätzlich auf unbegrenzte Dauer geschaffen wird, ist von ihrem Stifter unabhängig, allerdings kann sich dieser Mitwirkungsmöglichkeiten in der Organisation vorbehalten.

Die Errichtung einer rechtsfähigen Stiftung bürgerlichen Rechts bedarf der staatlichen Genehmigung. Das Stiftungsrecht ist im Bürgerlichen Gesetzbuch, in den Stiftungsgesetzen der Länder sowie in einem kurz vor der Vereinigung durch die DDR-Volkskammer verabschiedeten Stiftungsgesetz geregelt. Die 13 in Deutschland geltenden Stiftungsgesetze unterscheiden sich erheblich voneinander. Im Zentrum der Gesetze stehen Regelungen zur Rechtsaufsicht über Stiftungen; in allen Bundesländern wachen Aufsichtsbehörden darüber, daß Stiftungen nach dem Willen des Stifters und nach ihrer eigenen Satzung handeln und auch, daß bestimmte Grundsätze der Stiftungsverwaltung beachtet werden. Die Genehmigung einer Stiftung obliegt meist dem Innenministerium, während die kontinuierliche Aufsicht durch die Bezirksregierungen (Regierungspräsidien) erfolgt. In jedem Bundesland ist die Stiftungsaufsicht unterschiedlich ausgestaltet; sie reicht von der Vorlage von Haushaltsplänen bis zur vorherigen Genehmigung bestimmter Rechtsgeschäfte. Die Unterschiedlichkeit der Landesstiftungsgesetze und der Praxis der Aufsichtsbehörden bewirkt, daß einzelne Stifter sogar die Wahl des Stiftungssitzes danach ausrichten. Immer wieder ist die Befürchtung zu hören, die staatliche Kontrolle schränke die Arbeit von Stiftungen stark ein. Diese Angst, so Graf Strachwitz, ist übertrieben. Die Aufsichtsbehörden haben nicht das Recht, eine Fachaufsicht (also die Möglichkeit, Entscheidungen der Stiftungsorgane zu überprüfen) auszuüben.

Eine Art Unterform der rechtsfähigen Stiftung privaten Rechts ist die *unselbständige Stiftung*, auch *nicht rechtsfähige Stiftung* genannt. Diese Stiftungsform ist keine eigene Rechtsperson; es handelt sich um eine zweckgewidmete Vermögensmasse, die von einem Träger treuhänderisch verwaltet wird. Stifter und Träger dürfen nicht identisch sein. Träger muß eine juristische Person sein; in Frage kommen sowohl öffentliche Körperschaften (wie Gemeinden, Universitäten, Kirchen) als auch privatrechtliche Fachorganisationen (wie der Stifterverband für die Wissenschaft oder die Maecenata GmbH). Der Hauptgrund für die Errichtung einer unselbständigen Stiftung ist finanzieller Art. Rechtsfähige Stiftungen benötigen in der Regel ein Stammkapital von mindestens 100.000 Mark, während bei nicht rechtsfähige Stiftungen bereits eine Summe von 5000 Mark ausreicht. Unselbständige Stiftungen können auch die Vorstufe einer rechtsfähigen Stiftung darstellen, zumal die Möglichkeit besteht, sie als Grundstock eines Spendentopfes zu nutzen. Ein weiterer Vorteil liegt darin, daß der Errichtungsvorgang schnell vonstatten gehen kann.

Weitere Rechtsformen von Stiftungen sind die Stiftung e.V., die Stiftung GmbH und die Stiftung des öffentlichen Rechts. Bei den bekanntesten *Stiftungen e.V.* handelt es sich um die politischen Stiftungen der Parteien: Konrad-Adenauer-Stiftung (CDU-nah),

Friedrich-Ebert-Stiftung (SPD-nah), Hans-Seidel-Stiftung (CSU-nah), Buntstift, Frauen-Anstiftung, Heinrich-Böll-Stiftung (Grünen-nah). Diese sind nur dem Namen nach Stiftungen; sie erfüllen ihre Aufgaben nahezu ausschließlich mit Hilfe jährlicher Zuwendungen aus dem Bundeshaushalt und sind de facto ausführende Organe der jeweiligen Parteien. Diese und andere Vereinigungen, die das Wort in ihrem Namen führen, wollen das Ansehen von Stiftungen für ihre Zwecke nutzen. Mittlerweile lehnen registerführende Gerichte zunehmend den Zusatz Stiftung in Vereinsnamen ab. – Die Form der *Stiftung GmbH* wird meist dann gewählt, wenn Unternehmen oder Unternehmer als Stifter auftreten. Grund ist oft Scheu vor der staatlichen Stiftungsaufsicht; ein wichtiger Vorteil dieser Form ist auch die Möglichkeit ihrer Auflösbarkeit. Diese Stiftungsform ist als GmbH dem Handelsrecht unterworfen. Sie gehört nicht wie die Stiftung bürgerlichen Rechts sich selbst, sondern den Gesellschaftern, denen jedoch durch die Gemeinnützigkeit enge Fesseln auferlegt sind. Die bekannteste Stiftungs-GmbH ist die Robert-Bosch-Stiftung. – *Stiftungen öffentlichen Rechts*, die heute nur noch selten errichtet werden, sind Stiftungen, die durch Gesetze oder Verwaltungsakte von Bund oder Ländern gegründet werden. Sie sind dem öffentlichen Haushalts- und Besoldungsrecht unterworfen. Einige der größten deutschen Stiftungen, so die Stiftung Preußischer Kulturbesitz, sind öffentliche Stiftungen.

Es gibt noch zwei andere gebräuchliche Formen von Stiftungen, deren vorrangiger Zweck jedoch in der Erfüllung privater Zwecke liegt: *Unternehmensträgerstiftungen und Familienstiftungen.* Ein ganze Reihe größerer und mittelständischer Unternehmen sind ganz oder teilsweise im Eigentum von Unternehmensträgerstiftungen. Diese können gemeinnützig sein oder auch nicht. Unternehmensträgerstiftungen werden insbesondere dann geschaffen, wenn es für ein Unternehmen keine unmittelbaren Erben gibt oder aber die Aufteilung des Unternehmens vermieden werden soll. Familienstiftungen dienen der Versorgung von Kindern und Angehörigen; sie können nicht als gemeinnützig anerkannt werden.

StiftungsgründerInnen

Stiftungen können von jeder natürlichen oder juristischen Person errichtet werden; sie selbst dürfen allerdings, anders als in den USA, keine Stiftung gründen. Bei den klassischen StifterInnen handelt es sich um *Privatpersonen*, die mit der Schaffung einer Stiftung etwas Dauerhaftes über ihren Tod hinaus bewirken wollen. In vielen Fällen sind es VermögensinhaberInnen, die keine leiblichen Erben besitzen (was häufiger der Fall ist als angenommen). Schätzungsweise fallen alleine in diesem Jahrzehnt 4 Milliarden Mark an liquidem Privatvermögen dem Staat zu, weil weder gesetzlich noch testamentarisch eingesetzte Erben existieren. Im Gegensatz zu früheren Zeiten ist die Bereitschaft gesunken, Kommunen, Universitäten oder Kirchen als Erben einzusetzen. Stattdessen werden zunehmend Stiftungen gegründet. Oft sind aber auch persönliche Betroffenheit (wie der Krebstod eines nahen Angehörigen) oder Dankbarkeit Motive für die Gründung von Stiftungen.

Als Stifter können auch der *Staat*, Vereine und Unternehmen auftreten. So sind das Land Niedersachsen und die Bundesrepublik Deutschland die Stifter der Volkswagen-Stiftung. Das Kapital dieser privatrechtlichen gemeinnützigen Stiftung stammt aus dem Aktienerlös, der bei der Umwandlung der von der englischen Besatzungsmacht betreuten GmbH Volkswagen in eine AG erzielt wurde und auf dessen Vereinnahmung die genannten staatlichen Instanzen verzichteten. *Vereine* können Teile ihrer Tätigkeit in Stiftungen ausgliedern oder ihre gesamte Tätigkeit als Stiftung fortführen. Ein wichtiger Grund hierfür ist, daß Stiftungen Vereinen, die der Vorschrift der zeitnahen Verwendung von Spenden unterworfen sind, zusätzliche Gestaltungsmöglichkeiten eröffnen. Fast jedes deutsche Großunternehmen sowie viele mittelständische Unternehmen haben in den letzten Jahrzehnten Stiftungen errichtet, die meist neben dem einmalig zur Verfügung gestellten Kapital jährlich mit Spenden ausgestattet werden. Diese Stiftungen bilden einen wichtigen Baustein in der Kommunikationsstrategie von Unternehmen. Sie werden gewöhnlich aus Kostengründen von den Unternehmen selbst verwaltet.

Stiftungszwecke

Für Organisationen und Personen, die auf der Suche nach Fördermitteln sind, ist die eigentliche Rechtsform einer Stiftung in der Regel wenig relevant. Wichtig ist allerdings, zwei Kategorien zu unterscheiden: operative Stiftungen und Förderstiftungen. *Operative Stiftungen*, die einen hohen Prozentanteil der deutschen Stiftungen ausmachen, sind Organisationen, deren Zweck in der Unterhaltung von Einrichtungen (wie Heimen oder Museen), im Erhalt von Kulturgütern (wie die Stiftung Preussischer Kulturbesitz) oder aber in der Durchführung eigener Programme liegt. *Förderstiftungen* hingegen vergeben Gelder für gemeinnützige Zwecke, Empfänger können entweder Nonprofit-Organisationen oder Einzelstipendiaten sein. Es gibt auch Stiftungen, die sowohl operativ als auch fördernd tätig sind.

Förderzwecke deutscher Stiftungen

Soziale Aufgaben	32,37 %
Bildung/Ausbildung/Erziehung	20,58 %
Wissenschaft/Forschung/Lehre	11,63 %
Kunst/Kultur	10,33 %
Gesundheit	6,30 %
Familie/Unternehmen	3,45 %
Religion	3,33 %
Umwelt/Landschaft/Natur	2,76 %
Völkerverständigung	2,04 %
Wirtschaft/Verbraucher	0,67 %
Politik	0,60 %
Sonstiges	5,94 %

Quelle: Strachwitz 1994

Wie die Tabelle über Stiftungszwecke zeigt, liegen die Schwerpunkte von Stiftungen in erster Linie in den Bereichen Soziales, Bildung, Wissenschaft und Forschung (wobei hier eine Differenzierung in operative und fördernde Stiftungen nicht erfolgt).

Die größten deutschen Förderstiftungen sind: Robert-Bosch-Stiftung, Volkswagen-Stiftung, Gemeinnützige Hertie-Stiftung,

Bayerische Landesstiftung, Alfried-Krupp-von-Bohlen-und-Halbach-Stiftung, Körber-Stiftung, Carl-Zeiss-Stiftung und Fritz-Thyssen-Stiftung.

Trotz der in den vergangenen Jahren gewachsenen Informationen über das deutsche Stiftungswesen agieren die deutschen Stiftungen noch immer im Verborgenen. Eine öffentliche Diskussion über Stiftungen findet nicht statt; zuweilen kursieren seltsame Vorstellungen. Stiftungen gelten – in vielen Fällen zu Unrecht – als Hort des Konservatismus. Nur wenige Stiftungen besitzen ein klares Profil. Auch wenn die gesellschaftliche Relevanz von Stiftungen in den USA erheblich höher ist und die Größenordnungen der amerikanischen Stiftungen die der unseren weit übersteigen, so kann sich das deutsche Stiftungswesen im internationalen Vergleich durchaus sehen lassen. Selbst die steuerlichen Rahmenbedingungen, von denen es heißt, sie seien sehr ungünstig, sind keineswegs so schlecht wie ihr Ruf; die vorhandenen Möglichkeiten werden bei weitem nicht ausgeschöpft. Es bestehen gute Aussichten, daß die sich verändernden Rahmenbedingungen (mehr Nachfrage nach Stiftungsmitteln und mehr Stiftungsgründungen aufgrund der Erbschaftswelle) dazu beitragen werden, das Stiftungswesen in Deutschland in den kommenden Jahren zu einer Institution mit mehr Öffentlichkeit zu entwickeln.

Stiftungen – ein zu eroberndes Terrain für Frauen

Die Thematik *Frauen und Stiftungen in Deutschland* wurde bisher noch nicht untersucht. Informationen darüber, welcher Anteil der Stiftungsbewilligungen frauenspezifischen Zwecke zugute kommt oder wie hoch der Anteil von Frauen unter den StiftungsgründerInnen, in den Stiftungsgremien oder unter den StiftungsmitarbeiterInnen ist, gibt es nicht. Das Fehlen derartiger Informationen hat zwei Hauptursachen: Zum einen spiegelt sich darin die Tatsache wider, daß über das Stiftungswesen insgesamt bislang wenig bekannt ist und Detailinformationen über Teilbereiche nahezu völlig fehlen; zum anderen aber hat die bundesdeut sche Frauenbewegung das Stiftungswesen bisher weitgehend ignoriert. Anders als in den USA existiert weder eine Gruppe, die die Interessen von Frauen in der Stiftungswelt vertritt, noch gibt es den Versuch, die Gründung von Frauenstiftungen als politische Strategie voranzutreiben.

Dennoch gibt es Hinweise darauf, daß auch Frauen Anteil am deutschen Stiftungswesen haben. Zunächst einige banale Anzeichen: die Durchsicht der vorhandenen Stiftungsführer zeigt, daß zahlreiche Stiftungen nach Personen benannt sind. Auch wenn Männer-Namen häufiger vorkommen, so gibt es doch auch eine ganze Reihe von Stiftungen, die den Namen einer Frau oder aber eines Paares (Mann und Frau) führen. Es wäre interessant, mehr über die Hintergründe der Namensgebungen zu erfahren und damit möglicherweise auch den konkreten Anteil von Frauen daran. Auffällig ist, daß unter den Zwecken der Stiftungen mit Frauennamen die Themenbereiche Gesundheit sowie Kinder und Jugendliche besonders oft vorkommen. Den Stiftungsführern läßt sich auch entnehmen, daß gerade bei kleineren Stiftungen des öfteren Frauen als Geschäftsführerinnen aufgeführt sind. Was Frauen als Empfängerinnen anbetrifft, so gibt es eine ganze Reihe von Stiftungen, deren Förderzweck es ist, Frauen und/oder Familien zu unterstützen, die sich in einer Notlage befinden. Beispiele dafür sind die *Luisa Haeuser-Frauen-Stiftung* in Frankfurt/Main, deren Zweck die Unterstützung von bedürftigen älteren Frauen ist oder die *Franz-Anton-Gering-Stiftung* in Frankfurt/Main, welche die Beschaffung und Vermietung billiger Wohnungen für bedürftige, alleinstehende ältere Frauen fördert.

Stiftungen, die sich hingegen für Gesellschaftsveränderungen im Sinne von Frauen einsetzen, sind rar. Vermutlich hat die eine oder andere Förderstiftung Mittel für Projekte bewilligt, die sich auf dem Hintergrund der Frauenbewegung entwickelt haben; einen Überblick darüber gibt es jedoch nicht. Es gibt auch Stiftungen, die Veranstaltungen zur Frauenthematik durchführen. Ein Beispiel dafür ist die *Breuninger Stiftung GmbH* in Stuttgart, die beispielsweise auf der Frauenmesse top '93 in Düsseldorf mehrere Diskussionsveranstaltungen organisierte. Die frauenspezifischen Aktivitäten der Stiftung sind der Initiative Dr. Helga Breuningers, der Tochter des Stifters, zu verdanken. Dennoch: Keine der großen deutschen Stiftungen genießt den Ruf, wie etwa die Ford Foundation in den USA, Förderer der Frauenbewegung zu sein.

Frauenstiftungen in Deutschland

Immerhin aber existieren auch in Deutschland einige kleine Stiftungen, deren explizites Ziel es ist, durch ihre Arbeit zur Thematisierung von Frauendiskriminierung beizutragen und neue Wege für Frauen aufzuzeigen.

Die 1988 gegründete *Helga-Stödter-Stiftung zur Förderung von Frauen für Führungspositionen* mit Sitz in Wentorf bei Hamburg hat sich, wie der Name andeutet, die Förderung von Frauen in und für Führungspositionen in Wirtschaft, Wissenschaft und Politik zur Aufgabe gemacht. Karriereförderung von Frauen ist ein Ziel, daß die Stiftungsgründerin Dr. Helga Stödter bereits seit langem durch ihre vielfältigen Aktivitäten verfolgt. Bei dieser Stiftung handelt es sich um eine operative Stiftung, deren Stiftungszweck durch Veröffentlichungen, Beratungen und Veranstaltungen verwirklicht wird. Die Gelder der Stiftung stammen von Helga Stödter selbst; außerdem hat die Stiftung auch Fördermitglieder (Büchner 1993; Maecenata 1994).

Ein anderes Beispiel für eine operative Frauenstiftung ist die *Stiftung Frauen-Literatur-Forschung e.V.* in Bremen. Ziel dieser Stiftung ist es, Quellen zu deutschen Schriftstellerinnen zu sammeln. Finanziert wird sie über Vereinsbeiträge, die Bereitstellung von Hard- und Software durch die Universität, durch Spenden sowie Gebühren für Rechercheanfragen (HMJFG 1994).

Daß der Gedanke, Frauen zu fördern, gar nicht neu ist, zeigt das Beispiel der *Johanna-Löwenherz-Stiftung*. Die 1937 im Alter von 80 Jahren verstorbene Kommunistin und Jüdin Johanna Löwenherz vermachte ihr Vermögen einer Stiftung »zum Besten von Frauen, die sich irgendwie und auch irgendwo um die Sache der Frauen verdient gemacht haben« (Dietz 1987, 46). Als Verwalter des Erbes setzte sie den Landkreis Neuwied ein. Das Testament tauchte erst 1985 wieder auf. Der Landkreis Neuwied gründete die besagte Stiftung, die seit 1987 Stipendien für junge Frauen vergibt und auch einen Frauenpreis verleiht. Das Stiftungsvermögen beträgt 200.000 Mark.

Die Idee »Frauenstiftung« stößt auch innerhalb der Frauenprojekteszene keineswegs auf Ablehnung; dies zeigten die Diskussionen über die Schaffung einer den Grünen nahestehenden politischen Stiftung, die, wie die anderen parteinahen Stiftungen, durch Zuwendungen aus dem Bundesetat finanziert wird. Zahlreiche Frauen aus der autonomen Frauenbewegung kämpften zusammen mit grünen Feministinnen dafür, daß der alleinige Zweck der zu schaffenden Grünen-nahen Stiftung in der Förderung von Frauenprojekten liegen sollte. Viele Grüne empfanden diese Idee als Affront, zumal auch andere ihre inhaltlichen Interessen durch die Gründung einer Stiftung umsetzen wollten. Ergebnis der heftigen Kontroversen war schließlich ein Kompromiß. 1988 wurde eine komplizierte Konstruktion geschaffen, der *Stiftungsverband Regenbogen*, unter dessen Dach drei von einander getrennt arbeitende Einzelstiftungen agieren: *Buntstift*, die *Heinrich-Böll-Stiftung* und die *Frauen-Anstiftung*.

Die *Frauen-Anstiftung e.V.* definiert sich selbst als eine Stiftung von, mit und für Frauen. Die Stiftung, die in dezentralen Projektbüros mit verschiedenen Schwerpunkten organisiert ist, führt Seminare, Tagungen, Vorträge, Kongresse und Rundreisen durch. Diese Bildungsveranstaltungen werden in Kooperation mit Frauenprojekten organisiert; Förderanträge im eigentlichen Sinne können nicht gestellt werden. Eine Ausnahme bildet die Vergabe von Stipendien an Studentinnen, die sich den Zielen des Vereins verbunden fühlen.

Eine weitere Frauenstiftung befindet sich noch in der Aufbauphase: die *Stiftung Aufmüpfige Frauen*, die von der Dortmunder Hochschulprofessorin Dr. Sigrid Metz-Göckel zusammen mit einigen anderen Frauen initiiert wurde. Ziel der Stiftung ist der Wandel des Frauenbildes in der Öffentlichkeit. Es sollen Frauen unterstützt werden, die originelle, mutige und unkonventionelle Vorstellungen und Interessen von Frauen zum Ausdruck bringen. Zur Gründung einer rechtsfähigen Stiftung müssen 100.000

Mark zusammengebracht werden. Der Kapitalbildungsprozeß gestaltet sich mühsam, was allerdings auch, so Sigrid Metz-Göckel, damit zu tun hat, daß dies nicht professionell betrieben wird. Immerhin aber hat die Dortmunder Sparkasse 10.000 Mark überwiesen. Als ein Problem, das für das Fundraising hinderlich ist, hat sich der Name der Stiftung erwiesen.

Gesucht: Organisatorinnen

Auch wenn es grundsätzlich begrüßenswert ist, daß es überhaupt einige Aktivitäten innerhalb des deutschen Stiftungswesens gibt, deren Ziel Gesellschaftsveränderungen im Sinne von Frauen sind, so muß doch festgestellt werden, daß der Umfang, der Bekanntheitsgrad und die politische Wirkung dieser Aktivitäten bislang gering ist. Außerdem handelt es sich meist um operative Stiftungen; Förderstiftungen mit dem Zweck, Frauenprojekte finanziell zu unterstützen, fehlen bislang völlig. Das bundesdeutsche Stiftungswesen befindet sich in einer Umbruchsituation, was sich unter anderen an folgende Faktoren ablesen läßt: mehr Öffentlichkeit, viele Neugründungen, größere Nachfrage nach privaten Geldquellen. Diese Situation könnte genutzt werden, verschiedene Aspekte der Frauenthematik voranzutreiben. Voraussetzung dafür ist, daß sich Frauen nicht einzeln, sondern gemeinsam darum kümmern. Frauenbündnisse nach dem Vorbild von *Women and Philanthropy* müßten dafür sorgen, daß die Daten über das Stiftungswesen auch nach geschlechtsspezifischen Gesichtspunkten ausgewertet werden. Das Förderverhalten einzelner Großstiftungen im Hinblick auf Frauen könnte exemplarisch unter die Lupe genommen werden. Die Ergebnisse werden wahrscheinlich belegen, daß Stiftungen nicht gerade frauenengagiert sind. Die Veröffentlichung dieses Politikums könnte allerhand bewirken: das Engagement von mehr Frauen, sich für Veränderungen einzusetzen; die Bereitschaft von Stiftungen, ihr bisheriges Verhalten in bezug auf Frauenförderung zu überdenken und mehr für den Frauenbereich zu tun.

Ein weiteres Ergebnis könnte auch die verstärkte Beteiligung von Frauen bei der Neugründung von Stiftungen sein. Vielleicht finden sich auch Frauen zusammen, welche die Idee, durch private Mittel finanzierte Frauenstiftungen zu schaffen, in die Praxis umsetzen. Gerade die Erbschaftswelle offeriert hierbei große Chancen. Besonders reiche Erbinnen in Deutschland könnten einiges von ihren amerikanischen Schwestern lernen. Wie wäre es, wenn als erster Schritt ein Workshop für Erbinnen stattfände mit Tracy DuVivier Gary, die vielen Philanthropinnen in Amerika zum Vorbild wurde?

In jüngster Zeit gibt es einen anderen Trend auf dem Gebiet der Stiftungen, den es ebenfalls für Frauen zu entdecken gilt: Prominente Männer aus den Bereichen Unterhaltung und Sport gründen Stiftungen. Beispiele dafür sind die *Thomas-Gottschalk-Stiftung*, die für die Unterstützung von Kindern in Notlagen (besondere wenn diese sexuell mißbraucht wurden) eine Million Mark pro Jahr vergibt, oder die *Michael-Stich-Stiftung*, die sich für aidskranke Kinder einsetzt. Geldgeber ist in letzterem Falle keineswegs Michael Stich alleine. Vielmehr dient diese Stiftung auch dazu, andere prominente und unbekannte UnterstützerInnen für die Sache zu gewinnen. So war eine ganze Ausgabe des ZDF-Sportstudios der Spendeneinwerbung für die Michael-Stich-Stiftung gewidmet. Den Trend zur Gründung von »Promi-Stiftungen« gibt es in den USA schon lange, doch dort ist es gang und gäbe, daß Frauen wie Barbra Streisand ihre Stiftungen für die Förderung von Frauenrechten einsetzen. Auch in Deutschland gibt es prominente Frauen, wie Inge Meysel, Senta Berger oder Hella von Sinnen – um nur einige zu nennen –, die für ihr frauenpolitisches Engagement bekannt sind. Das Potential für die Schaffung von Frauenstiftungen in Deutschland existiert, was derzeit fehlt, sind politische Strategien für die praktische Umsetzung und Frauen, die sich konkret dieser Aufgabe widmen.

4
Wirtschaftsunternehmen – vom Klassenfeind zum Wunschpartner

Seit die staatlichen Fördertöpfe zunehmend größere Löcher aufweisen, hat ein neuer Begriff in Deutschland Furore gemacht: (Sozial-)Sponsoring. Dahinter steckt die Entdeckung von Wirtschaftsunternehmen als Finanzquelle für gemeinnützige Organisationen. Diese Entwicklung bedeutet einen enormen Einstellungswandel. Die Wirtschaft wurde lange Zeit in progressiven und sozial engagierten Kreisen stereotyp als das gegnerische Lager angesehen, als Verursacher von vielen Übeln, skrupellos und profitgierig. Auch auf seiten der Wirtschaft gab es starke Berührungsängste gegenüber vielen Nonprofit-Organisationen (insbesondere solchen, die dem alternativen Milieu entsprungen sind). Inzwischen aber ist die Einforderung von unternehmerischer Verantwortung in Form von Sponsoring in aller Munde. Bei vielen Organisationen, die der Wirtschaft in der Vergangenheit skeptisch gegenüberstanden, sind jetzt oft übertriebene Erwartungen festzustellen, Sponsoren aus der Wirtschaft könnten nun anstelle des Staates einspringen. Hinzu kommt, daß auch staatliche Stellen diese Illusion schüren, um sich selbst zu entlasten. Dabei wird übersehen, daß Gelder aus der Wirtschaft bestenfalls als Komplementärmittel in Frage kommen, andere Finanzquellen zu ergänzen.

Unterschiede zwischen Spenden und Sponsoring

Zunächst ist eine wichtige Unterscheidung notwendig: Unternehmen können sowohl Spenden vergeben als auch Sponsoring betreiben. Oft sprechen ProjektvertreterInnen von Sponsoring, meinen aber eigentlich Spenden. Sponsoring ist aus Sicht der Unternehmen eine Werbeform; Ziel ist die öffentliche Kommunikation der Sponsoringmaßnahme. Beim Sponsoring handelt es sich um ein Geschäft: Sponsoren erbringen Leistungen in Form von Geld, Sachmitteln oder Dienstleistungen, um von den Gesponserten Gegenleistungen zu erhalten, die dazu beitragen, den Bekanntheitsgrad des jeweiligen Unternehmens zu steigern oder dessen Image positiv zu beeinflussen. Mögliche Gegenleistungen sind: Erwähnung der Sponsoren in der Pressearbeit, persönliche Nennung der Sponsoren auf Veranstaltungen, schriftliche Erwähnung (Logo, Schriftzug) auf Informationsmaterialien, Anzeigenplatz in Programmheften oder Zeitschriften, Durchführen von gemeinsamen Aktionen im Unternehmen, Akzeptieren der Erwähnung der Sponsoringmaßnahme in der PR-Arbeit des Unternehmens.

Bei den Empfängern von Sponsoringleistungen muß es sich keineswegs ausschließlich um gemeinnützige Organisationen handeln; gesponsert werden Personen (wie Steffi Graf durch Opel), Gruppen (die Rolling Stones durch VW), Veranstaltungen (wie die Drahtseilwanderung zwischen Paulskirche und Römer in Frankfurt/Main) oder Vereine (ob Bayern München oder der Kinderschutzbund). Für den Sozialbereich bedeutet dies konkret: Sponsoring kommt für die Finanzierung von Regelaufgaben nicht in Frage. Sponsoring ist meist an ein konkretes Projekt gebunden, das einen kommunikativen Nutzen für den Sponsor beinhaltet. Potentielle Sponsoren sind auf der Suche nach medienwirksamen neuen, außergewöhnlichen, einzigartigen Projektideen. Gemeinnützige Organisationen, die nach GeldgeberInnen für die Unterstützung ihres Alltagsgeschäftes suchen, sollten eher an Spenden aus dem Unternehmensbereich denken.

Anders als beim Sponsoring darf es sich bei den Empfängern von Unternehmensspenden – sofern diese steuerlich geltend gemacht werden sollen – ausschließlich um gemeinnützige Organisationen handeln. Spenden darf kein schriftlicher Vertrag über eine vom Empfänger zu erfüllende Gegenleistung zugrundeliegen. Es ist allerdings nicht verboten, Spenden der Öffentlichkeit bekanntzumachen. Praktisch heißt dies, daß oft Unternehmen auch bei einer Spende eine mündlich verabredete Gegenleistung verlangen, beispielsweise den Abdruck ihres Logos auf Materialien ihrer gemeinnützigen Spendenempfängerin oder bei der Scheckübergabe wird zu einer gemeinsamen Pressekonferenz eingeladen. Wenn es sich um Spenden handelt, sind die Förderbeträge in der Regel niedriger als beim Sponsoring. Gemeinnützige Organisationen müssen aufpassen, daß sie sich und ihr Öffentlichkeitspotential nicht zu billig »verkaufen«; sie sollten lernen, selbstbewußt mit den Instrumentarien Spenden und Sponsoring umzugehen. Wenn es sich um ein Projekt handelt, das einen hohen kommunikativen Nutzen besitzt, sollte versucht werden, einen Sponsor dafür zu finden. Sollte es sich jedoch um ein Projekt mit eher geringem kommunikativen Nutzen handeln, so empfiehlt sich die Suche nach SpenderInnen. Auch die Kombination von Spende und Sponsoring ist möglich.

Steuerrechtlich gesehen besteht ein gewichtiger Unterschied zwischen Spenden und Sponsoring. Unternehmen müssen, wenn sie spenden wollen, Teile ihres Gewinnes dazu verwenden. Spenden sind in begrenztem Maße steuerlich absetzbar als Sonderausgabe (fünf Prozent des Gesamtbetrages der Einkünfte oder zwei Promille der Summe der gesamten Umsätze zuzüglich der im Kalenderjahr aufgewendeten Löhne und Gehälter). Sponsoringmaßnahmen hingegen kann ein Unternehmen – ohne Obergrenze – als Betriebsausgabe verbuchen. Für die Gesponserten sind die Sponsoringgelder Einkünfte aus Gewerbetätigkeit. Dies bedeutet für gemeinnützige Organisationen: die Einnahmen sind dem wirtschaftlichen Geschäftsbetrieb zuzuordnen, d.h. möglicherweise müssen Steuern abgeführt werden (Umsatzsteuer bei Sponsoringeinnahmen von über 25.000 Mark; Körperschafts- und Gewerbesteuer ab 60.000 Mark, wobei im Zusammenhang mit dem Sponsoring entstandene Kosten abzugsfähig sind). So hat sich bei der Berliner Aids-Hilfe, die von der Computerfirma

PSI über einen Zeitraum von 3 Jahren mit 1,3 Millionen Mark gesponsert worden ist, eine Steuerschuld von 450.000 Mark angehäuft. Die Tatsache, daß der Staat einerseits Mittel für soziale Zwecke streicht und gleichzeitig Unternehmen durch das Kassieren von Steuern nicht gerade ermutigt, sich als Sponsoren zu betätigen, führte zu öffentlichen Diskussionen. Inzwischen ist Bewegung in die Sache gekommen, zumindest was den Fall Aids-Hilfe/PSI betrifft. Aufgrund einer Entscheidung des Berliner Finanzsenators wird der Aids-Hilfe die Steuerschuld erlassen; PSI kann seine Aufwendungen dennoch weiterhin als Betriebsausgaben absetzen. Begründet wurde diese Entscheidung damit, daß die Aids-Hilfe keine aktive Werbung für PSI betreibe, sondern dem Unternehmen lediglich ihren Namen für die Imagewerbung überlasse. Mittlerweile gibt es eine Initiative, die sich für die generelle Einführung einer solchen Regelung stark macht.

Über den Umfang des Spendenvolumens von Unternehmen in Deutschland liegen keine Zahlen vor. Bekannt ist, daß eine ganze Reihe von Unternehmen ihr Spendenwesen über Stiftungen abwickeln; Kurzporträts liefern die Stiftungsführer. Anders als in den USA gibt es jedoch bei uns keine Nachschlagewerke, aus denen Details über das Förderverhalten von Unternehmen zu entnehmen sind.

Die Sponsoringarten

Das Gesamtvolumen des Sponsoring in Deutschland wird für 1995 auf etwa 2,45 Milliarden Mark geschätzt. Davon entfallen auf den Bereich Sport 1,5 Milliarden Mark (61 %) (der Großteil davon in den Spitzensport, lediglich etwa 40% gehen an gemeinnützige Sportvereine), auf Kultursponsoring 750 Millionen Mark (31 %), auf Sozial- und Umweltsponsoring 200 Millionen Mark (8 %).

Sponsoring-Aufwendungen in Deutschland in Millionen Mark

	1985	1992	1995
Sport	350 = 73 %	1.250 = 71 %	1.500 = 61 %
Kultur	80 = 17 %	400 = 23 %	750 = 31 %
Umwelt/Sozial	50 = 10 %	100 = 6 %	200 = 8 %
Gesamt	480	1.750	2.450

Quelle: Schiewe 1994

Sportsponsoring ist die älteste Form des Sponsoring. Sie wird in Deutschland seit etwa 1970 betrieben. Trotz der Tatsache, daß der relative Anteil des Sportsponsoring am Gesamtvolumen in den vergangenen 10 Jahren abgenommen hat, fließt der Großteil der Sponsoring-Ausgaben von Unternehmen weiterhin in diesen Bereich. Das Kultursponsoring existiert seit zirka 1980. Dieser Bereich hat im vergangenen Jahrzehnt stark an Bedeutung gewonnen; es wird damit gerechnet, daß dieser Trend auch in Zukunft weitergeht. Ein Grund dafür ist die wachsende Resistenz der VerbraucherInnen gegenüber der tagtäglichen Überflutung mit konventioneller Werbung. Die beiden Formen Sport- und Kultursponsoring verfolgen, wie es der zuständige Abteilungsdirektor der Daimler-Benz AG, Peter Philipp, formuliert, das Ziel, »das Erscheinungsbild des Unternehmens zu verbessern und/oder klar definierte Zielgruppen wie Kunden und potentielle Kunden anzusprechen, Kontakte zu pflegen und somit Verkaufsförderung zu betreiben« (VEEMB 1993, 12).

Beim Sozial- und Umweltsponsoring steht die Prägung des sozialen bzw. ökologischen Images eines Unternehmens gegenüber der Öffentlichkeit im Vordergrund. Die Erwartung von Manfred Bruhn, Professor an der European Business School und einer der profiliertesten Sponsoring-Experten in Deutschland, und anderen Fachleuten, daß Sozial- und Umweltsponsoring in den neunziger Jahren erhebliche Zuwachsraten aufweisen werden, hat sich bisher nicht erfüllt. Sponsoring funktioniert in der Regel da am besten, wo die Glaubwürdigkeitsfalle am geringsten ist. Viele Unternehmen fürchten Negativ-Propaganda, wenn sie beispielsweise ein Umweltprojekt sponsern, aber selbst an der Verursachung von Umweltproblemen mitwirken. Im Bereich Sozialsponsoring kursieren immer wieder die gleichen Beispiele in den Medien, in Büchern oder auf Veranstaltungen. Das bekannteste Projekt ist das von C&A gesponserte bundesweite Kinder- und Jugendtelefon des Kinderschutzbundes. Die Hoffung auf Umschichtungen aus dem Sport in den Ökologie- und Sozialbereich haben sich bisher nicht erfüllt. Die nicht zuletzt durch Doping-Skandale ausgelöste Krise des Sportsponsoring scheint überwunden zu sein. Dieses hat im Gegensatz zum Sozial- und Umweltbereich für die Sponsoren den Vorteil, daß die öffentliche Sichtbarkeit der Maßnahme nicht erst durch besondere Aktionen geschaffen werden muß, sondern durch ohnehin stattfindende Veranstaltungen und die SportlerInnen selbst ohne viel Zusatzaufwand zustandekommt.

Sozial- und Umweltsponsoring

Dennoch ließe sich auch das Sponsoring-Potential in den Bereichen Soziales und Umwelt ausweiten. Allerdings benötigen viele Unternehmen Nachhilfe in Sachen Sponsoring; für sie ist, ebenso wie für viele Organisationen im Sozial- und Umweltbereich, Sponsoring in ihrer Alltagspraxis noch ein Fremdwort. Bislang sind es meist nur die multinationalen Großunternehmen, die das Instrumentarium Sponsoring nutzen; kleine Nonprofit-Organisationen kommen, wenn sie sich nicht gerade an einem Ort befinden, wo ein solches Unternehmen eine Niederlassung hat, wegen ihrer fehlenden überregionalen Ausstrahlung selten als Sponsoring-Partner für diesen Teil der Wirtschaft in Frage. Das eigentliche Sponsorenpotential für Projekte mit lokal begrenztem Wirkungskreis sind mittelständische Unternehmen; die jedoch erkennen oft nicht die Vorteile, die ihnen Sponsoring bringen würde. Beispiele aus der Praxis belegen, daß es kleinen gemeinnützigen Organisationen, welche die Bereitschaft aufbringen, die Unternehmen in diesem Bereich »fortzubilden«, gelingen kann, lokale Sponsoren zu gewinnen. So hatte ein Studentenclub an einer Universität in den neuen Bundesländern die Idee, den Kauf eines Kleinbusses zu finanzieren, indem es die Außenfläche zahlreichen lokalen Unternehmen (vom örtlichen Copy-Shop, über Stadtsparkasse, Computerhändler bis hin zum Getränkevertrieb) als Werbefläche anbot. Der bunte Bus fährt nun durch die Gegend; durch die Sponsorenverträge kam nicht nur sein Anschaffungspreis herein, sondern auch ein großer Zuschuß für die Unterhaltskosten. Diese auch als Mobilwerbung bezeichnete Sponsoringform wird mittlerweile bereits von zahlreichen gemeinnützigen Organisationen im Sozialbereich praktiziert.

Sponsoring – ja oder nein?

Zentral für die Klärung des Punktes, ob sich eine gemeinnützige Organisation überhaupt um Förderung aus der Wirtschaft bemühen sollte, ist, wie die Identifikation mit einen Unternehmen auf die MitarbeiterInnen, auf die bisherigen UnterstützerInnen und auf die öffentliche Wahrnehmung einer Organisation wirkt. Die Frage, von welchem Unternehmen eine Nonprofit-Organisation Unterstützung akzeptieren sollte, hängt ab von derem eigenen politischen Selbstverständnis und Organisationszielen, von der Wirkung der Förderung auf die unterschiedlichen Zielgruppen und von den Erwartungen des Geldgebers. Auch Spenden von Unternehmen lassen sich nicht verheimlichen, allerdings ist hier ein gemeinsames öffentliches Auftreten nicht zwingend.

Ein Beispiel zur Illustration der Kontroversen um die Frage, von welchem Unternehmen sich eine soziale Organisation unterstützen lassen sollte oder nicht: Daimler Benz trat als Sponsor für die Durchführung einer Wanderausstellung behinderter KünstlerInnen aus der Behindertenanstalt Stetten (bei Stuttgart) auf. Das Unternehmen übernahm Transport- und Katalogkosten, die Kosten für Begleitveranstaltungen sowie Reisekosten für einige der KünstlerInnen und ihre BegleiterInnen. Der Theologe Klaus Dieter Kottnik, Vorstandsvorsitzender der Anstalt, beantwortet die Frage, ob er es denn vertreten könne, daß eine kirchliche Einrichtung durch einen Rüstungskonzern gefördert wird, auf diplomatische Weise. Daimler Benz werde in der breiten Öffentlichkeit in erster Linie nicht als Rüstungskonzern, sondern als Hersteller hochwertiger Fahrzeuge wahrgenommen. Was die Rüstungsproduktion angehe, so erfolge diese im Rahmen eines von der Regierung abgestimmten gesetzmäßigen Auftrages und entspreche den Richtlinien demokratisch legitimierter Politik. Es hätte, so Kottnik, dem Ruf der Anstalt Stetten als Ort der Heilung und Förderung auch epilepsiekranker Menschen, die in keinerlei Verbindung mit Alkohol kommen dürfen, mehr geschadet, wenn ein Bierunternehmen als Sponsor gewonnen worden wäre (VEEMB 1993).

Dieses Beispiel deutet an, daß es auf die Frage, wer mit wem kooperieren sollte, keine allgemeingültige Antwort gibt. Je nach Organisationszweck kann die Entscheidung unterschiedlich ausfallen. Es muß auf beiden Seiten – Unternehmen und Empfängerorganisation – geprüft werden, mit wem die eigene Identität eine Kooperation in Form von Spenden oder Sponsoring erlaubt, wobei in die Überlegungen mit einbezogen werden sollte, daß die öffentliche Identifikation bei Sponsoring größer ist. Im übrigen ist diese Frage leichter handhabbar, wenn es sich bei dem betreffenden Unternehmen nicht um international verstrickte »Multis«, sondern um lokale Unternehmen handelt.

Gemeinnützige Organisationen sind in der Regel auf der Suche nach Unternehmen, die sie finanziell unterstützen sollen. Sie sollten aber berücksichtigen, daß Unternehmen Geldleistungen oft schwerer fallen als die Bereitstellung von Sach- bzw. Dienstleistungen. So übernahm die Werbeagentur Saatchi & Saatchi für Pro Asyl die Entwicklung der Materialien (Plakate, Anzeigen) für eine Öffentlichkeitskampagne. Ob das Unternehmen den Gegenwert auch in Form von barem Geld zur Verfügung gestellt hätte, ist fraglich. Auch Sachspenden (ob Computer, Baumaterialien oder Einrichtungsgegenstände) können eine enorme finanzielle Entlastung erbringen. Generell gilt: durch mehr Fundraising, mehr Transparenz über das Spendenverhalten der Unternehmen und größeren öffentlichen Druck könnte sich auch in Deutschland die soziale Verantwortung von Unternehmen in größerem

Umfang in klingender Münze für gemeinnützige Organisationen auszahlen.

Frauenprojekte – eine schwierige Zielgruppe für Unternehmen?

Was bedeutet die Entwicklung von Unternehmen als Finanzquelle für Frauen und Frauenprojekte? Wie gehen Frauen mit Sponsoring um? Sind Unternehmen überhaupt bereit, Projekte von Frauen zu unterstützen? Systematische Untersuchungen darüber, ob beim Sponsoring oder bei Unternehmensspenden geschlechtsspezifische Faktoren zu Buche schlagen oder welcher Anteil des Fördervolumens Frauen zugute kommt, existieren nicht. Eines aber ist offenkundig: Unternehmen werden als Förderquelle für frauenspezifische Anliegen bisher kaum in Anspruch genommen; es gibt kein Unternehmen in Deutschland mit einem explizit frauenfreundlichen Image. Die Ursachen dafür sind vielschichtig.

Die Konsumentinnen-Macht

Zunächst muß noch einmal der Punkt der Fixierung von Frauenprojekten auf den Geldgeber Staat angeführt werden. Dahinter steht die Argumentation: Frauen haben einen Anspruch darauf, daß ihre Interessen als öffentliche Anliegen anerkannt werden, da der Staat seiner Verpflichtung nach Einlösung des Gleichberechtigungsgrundsatzes nachkommen muß. Die gesellschaftliche Verantwortung von Unternehmen beim Abbau von Frauendiskriminierung wird bei uns bisher kaum direkt eingefordert; vielmehr wird erwartet, daß mittels staatlicher Instrumentarien (die bislang jedoch weitgehend fehlen) Verhaltensänderungen bei Unternehmen bewirkt werden sollen. Anders als in den USA gelangen in Deutschland frauendiskriminierende Verhaltensweisen einzelner Unternehmen selten und wenn, dann meist nur per Zufall ins Rampenlicht der Öffentlichkeit. Das konkrete Wissen über gesellschaftspolitische Aktivitäten bzw. Unterlassungen von Unternehmen in Deutschland ist bislang (und dies gilt nicht nur für den Frauenbereich) dürftig.

Frauen nutzen ihre Macht als Konsumentinnen nicht, um Unternehmen dazu zu bewegen, sich aktiv für die Belange von Frauen – sei es in Form interner Frauenfördermaßnahmen oder in Form der Unterstützung von Frauenprojekten – einzusetzen. Dem steht gegenüber, daß im Zentrum der Werbung, die deutsche Wirtschaftsunternehmen betreiben, noch immer die Verfestigung von eher traditionellen Geschlechtsrollenklischees und nicht die zielgruppengerechte Ansprache von Frauen steht. Dabei sind es weitgehend Frauen, die für den privaten Konsum zuständig sind. Alleine zwei Drittel der KundInnen von Versandhäusern sind Frauen. Das Gewicht von Frauen als Konsumentinnen liegt keineswegs lediglich auf den klassischen Frauenbranchen, wie Kosmetikindustrie, Waschmittelhersteller oder Kleidung. Vielmehr führt die Veränderung des weiblichen Rollenverhaltens dazu, daß Konsumentscheidungen von Frauen in vielen Branchen bedeutsam sind, in denen traditionell der Konsument Mann die zentrale Rolle spielte (vgl. Assig 1994):

- Frauen kaufen mehr Autos als Männer.
- Frauen sind die Hauptgesprächspartnerinnen für Architekten, Baufachleute und Handwerker. Jede zweite KundIn im Heimwerkermarkt/Gartenmarkt ist weiblich.
- Frauen treffen zunehmend Entscheidungen über Finanzen – auch für ihre Ehepartner; sie sind daher für Finanzdienstleister, wie Banken und Versicherungen, eine wichtige Zielgruppe.
- Zumindest in den USA geben Frauen mehr für Sportschuhe und -bekleidung aus als Männer. Frauen wenden sich zunehmend frauenuntypischen Sportarten wie Angeln, Golf oder Fußball zu.
- Frauen spielen auf dem Touristik-Markt eine wichtige Rolle und zwar als Mitentscheiderinnen bei gemeinsamen Reisen mit dem Partner wie auch als Alleinreisende.
- Frauen sind für Buch- und Zeitschriftenmarkt als Zielgruppe von enormer Bedeutung.

Die Palette der Branchen, für die Frauen als Konsumentinnen eine wichtige Rolle spielen, ließe sich noch weiter fortsetzen. Das Image von Unternehmen im Frauenbereich beinhaltet noch einen weiteren Aspekt: Unternehmen sind darin interessiert, qualifizierte Frauen als Mitarbeiterinnen zu gewinnen und auch zu halten. Mit diesen Pfunden müssen Frauenprojekte auf der Suche nach Förderern aus der Wirtschaft wuchern.

Trotz des noch längst nicht ausgeschöpften Potentials gibt es eine ganze Reihe von Problemen, die es Frauenprojekten schwierig machen, Unterstützer für frauenspezifische Anliegen aus dem Bereich der Wirtschaft zu gewinnen. Viele Teilbereiche der Frauenthematik, wie beispielsweise sexuelle Belästigung am Arbeitsplatz oder Abtreibung, sind Gegenstand von kontroversen politischen Diskussionen. Unternehmen haben oft ein breites Spektrum von KundInnen; Marketingaktionen, die wichtige Teile des KundInnenkreises abschrecken, werden daher meist vermieden. Hinzu kommt, daß es Unternehmen gibt, die befürchten, daß ihnen aufgrund ihres Engagements im Frauenbereich unterstellt würde, sie wollten dadurch ihre innerbetrieblichen Probleme in diesem Bereich kaschieren. In der Tat: nur wenige Unternehmen zeichnen sich dadurch aus, daß sie ernsthaft Frauenförderung betreiben und befürchten nicht zu Unrecht, daß sich JournalistInnen und andere MeinungsbildnerInnen interessieren würden für die Situation von Frauen in Unternehmen, die sich als Förderer von Frauenprojekten öffentlich profilieren.

Sponsoringbeispiele aus dem Frauenbereich

Dennoch gibt es eine ganze Reihe von Einzelbeispielen, die belegen, daß sich Unternehmen durchaus überzeugen lassen, Frauenprojekte zu unterstützen. Das Problem der Glaubwürdigkeitsfalle tritt in der Regel eher bei Sponsoringmaßnahmen auf. Im Spendenbereich dagegen sind Frauenprojekte, die ortsansässige Unternehmen um Spendenbeträge bitten, oft erfolgreich, gerade wenn das Ziel die Finanzierung eines konkreten Projektes ist, beispielsweise die Erstellung einer Broschüre. Doch es gibt auch

Sponsoringbeispiele mit Frauenschwerpunkt, besonderes im Bereich Kultur und Soziokultur. Sony, Lufthansa und die Nassauische Sparkasse unterstützten die Ausstellung *Künstlerinnen des 20. Jahrhunderts*, die das Museum Wiesbaden 1990 durchführte. RTL sponserte 1994 das feministische Kinofestival Feminale in Köln mit 30.000 Mark. Der Grund für dieses Sponsoring war jedoch nicht frauenspezifischer Art. RTL will durch seine Sponsoring-Aktivitäten dazu beitragen, Köln als Medienstadt zu profilieren. Da die Feminale aufgrund der Streichung öffentlicher Mittel in ihrer Existenz bedroht war, konnte RTL als Retter auftreten.

Eine Frauenforschungseinrichtung, die ungenannt bleiben möchte, suchte einen Sponsor für die Veröffentlichung eines Buches über das Thema »Junge Frauen und Menstruation«. Die Frauen kamen auf die Idee, einen führenden Tampon-Hersteller anzusprechen; dieser erklärte sich schnell bereit, die benötigten 50.000 Mark bereitzustellen. Der Grund dafür liegt auf der Hand: Mit dem Buch sollte eine Zielgruppe angesprochen werden, die auch für das Unternehmen interessant ist. Dem Unternehmen geht es darum, junge Frauen frühzeitig an ihre Produkte zu binden, denn Untersuchungen belegen, daß Frauen ihrer ersten Tampon-Marke ein Leben lang treu bleiben. Das Buch bot dem Sponsor die Möglichkeit der öffentlichen Sichtbarkeit bei jungen Frauen: Dank und Logo wurden eingedruckt.

Ein Beispiel für Sozialsponsoring im Frauenbereich ist die Zusammenarbeit des Mütter- und Familienzentrums in Friedrichsdorf mit dem ortsansässigen Kindernahrungsproduzenten Milupa. Das Unternehmen stellt der Initiative für fünf Jahre mietfrei Räumlichkeiten zur Verfügung. Die Aktiven des Zentrums hatten sich an den größten Arbeitgeber vor Ort, Milupa, gewandt, weil sie keinen anderen Weg sahen, um Mietkosten für Räume aufzubringen. Diese Räume befinden sich in einem Gebäude, das dem Unternehmen gehört und das sich in unmittelbarer Nähe des Werksgeländes befindet. Die Befürchtungen der Aktiven, sie müßten möglicherweise mit Milupa-T-Shirts herumlaufen oder nur Milupa-Produkte in ihren Räumen verwenden, erwiesen sich als unberechtigt. Das Unternehmen nutzte die Eröffnung des

Absender:

Name/Firma _____

Abteilung _____

Straße _____

PLZ/Ort _____

Meine Ansicht zu diesem Buch:

Antwort

**Campus Verlag
Heerstraße 149
D-60488 Frankfurt/Main**

Bitte
freimachen

Liebe Leser,

gerne informieren wir Sie über unsere Neuerscheinungen aus den Programmbereichen:

☐	Sachbuch		**Wissenschaft**
☐	Ratgeber/Psychologie	☐	– Soziologie
☐	Kultur/Geschichte	☐	– Philosophie
☐	Stadt/Architektur	☐	– Geschichte
☐	Wirtschaftspraxis	☐	– Politik
☐	Börse	☐	– Wirtschaft
☐	audio books	☐	– Judaica

Folgende Angaben sind für uns sehr hilfreich:
Diese Karte entnahm ich dem Buch _____

Auf dieses Buch wurde ich aufmerksam durch:

- ☐ Buchhandlung   ☐ Verlagsprospekt
- ☐ Buchbesprechung   ☐ Anzeige
- ☐ Geschenk   ☐ Sonstiges _____

Zentrums für eine große Medienaktion. Auf dem Gelände des Konzerns fand ein öffentlichkeitswirksames Einweihungsfest statt, an dem u.a. die Schauspielerin Witta Pohl (bekannt als TV-Mutter Drombusch) teilnahm. Sie bzw. ihr Projekt »Kinderluftbrücke« nach Osteuropa wurde ebenfalls mit einer Unterstützung (20.000 Gläschen Kindernahrung) bedacht.

Auch der Pharmakonzern Boehringer Ingelheim sponsert frauenspezifische Projekte und zwar im Rahmen seiner *Initiative Zweite Lebenshälfte*. Dieses Beispiel zeigt, wie ein Unternehmen Sponsoringmaßnahmen dazu einsetzt, um sich ein neues Image zu geben. Boehringer hatte während der achtziger Jahre mit großen Imageproblemen zu kämpfen (aufgrund der Deponierung hochtoxischer, dioxinhaltiger Abfälle aus der Pestizidproduktion auf Mülldeponien in Hamburg und andernorts, aber auch der Gesundheitsschäden, die Boehringer-MitarbeiterInnen erlitten). In den neunziger Jahren sind wirtschaftliche Probleme hinzugetreten. Die Kostensenkungspolitik im Rahmen der Reform des Gesundheitswesen führt zu Einnahmeverlusten in der pharmazeutischen Industrie. Die Unternehmen wollen dem durch Kostenreduktion begegnen; so befindet sich Boehringer in einem Umstrukturierungsprozeß, in dem Standorte geschlossen und Beschäftigte entlassen werden sollen. Zum anderen ist der Kampf um Marktanteile härter geworden (vgl. Liedtke 1994). Dies erklärt, warum der Konzern auf der Suche nach einem neuen Image ist. Boehringer will künftig als ein Unternehmen darstehen, das »Vision und Leadership«, so die Bezeichnung der laufenden Imagekampagne, bietet. Ein Teil dieser Kampagne ist die Initiative Zweite Lebenshälfte. Ziel dieser Initiative ist es, Boehringer als Unternehmen bekanntzumachen, das besondere Leistungen für Menschen über 40 anbietet. Die Zahl der Alten wächst ständig: ein wichtiges Kundenpotential, ja der Zukunftsmarkt für ein Pharmaunternehmen. Boehringer hat die Städte Weimar und Weinheim als Kooperationspartner gewonnen, um neue Angebote in den Bereichen Soziales und Sport/Bewegung für ältere Menschen zu entwickeln. In beiden Städten wurden Träger aus dem Sozialbereich ausgewählt, die zukunftsweisende Projektkonzeptionen entwickeln und in die Praxis umsetzen sollen. In Weinheim sind so zwei frauenspezifische Angebote entstanden: Das Diakonische Werk bietet Gesprächsgruppen für ältere Frauen an, die Volkshochschule macht ein Angebot zum Thema »Neue Tätigkeitsfelder für Frauen«. Alle Projekte werden genauestens dokumentiert und zudem wissenschaftlich begleitet; damit soll der Modellcharakter der Maßnahmen und die Übertragbarkeit auf andere Städte gewährleistet werden.

Die Initiative Zweite Lebenshälfte verdeutlicht, worum es bei Sponsoringmaßnahmen geht: Träger aus dem Sozialbereich geben ihren guten Namen und ihr Know-how dazu her, um das Image eines Konzerns aufzupolieren. Viele Frauen haben in den vergangenen Jahren eine kritische Haltung gegenüber zuviel Chemie in Form von Arzneimitteln entwickelt und sich alternativen Angeboten im Gesundheitsbereich zugewandt. Dies zeigt auch der große Zuspruch, den Frauengesundheitszentren finden. Warum nun auch der Pharmakonzern Boehringer für ein ganzheitliches Gesundheitsverständnis eintritt und Frauenprojekte (wenn auch nur im »Huckepack« mit anderen Projekten) unterstützt, liegt auf der Hand. Doch die Initiative Zweite Lebenshälfte beinhaltet nicht nur den Marketingnutzen für das Unternehmen. Das Thema »Zunahme der Zahl der Alten« ist von großer gesellschaftlicher Bedeutung; sozialen Organisationen fehlen jedoch die Mittel, um zukunftsweisende Konzepte zu entwickeln. Die teilnehmenden Träger können es sich dank der großzügigen Dotierung durch Boehringer leisten, einmal ohne Sparzwänge modellhaft Angebote für einem Problembereich zu entwickeln, der künftig großen Raum einnehmen wird. Zum Zuge kommen allerdings keine autonomen Frauenprojekte (von denen in den siebziger und achtziger Jahren viele innovative Impulse in Politik und Gesellschaft ausgingen), sondern etablierte Träger.

Politische Strategien

Frauen und Frauenprojekte, die sich bislang in Deutschland um die Förderung durch Unternehmen (ob in Form von Spenden oder Sponsoring) bemühen, tun dies als Einzelkämpferinnen.

Auch künftig wird es Frauen nicht erspart bleiben, Wirtschaftsunternehmen davon zu überzeugen, warum gerade ihr Projekt gefördert werden soll. Frauenspezifische Anliegen werden jedoch nur dann größere Chancen bei Förderern aus der Wirtschaft erhalten, wenn Frauen gemeinsam Strategien entwickeln, um zum einen ihre Macht als Konsumentinnen öffentlich ins Spiel zu bringen und zum anderen das Bewußtsein für die soziale Verantwortung von Unternehmen in Frauenfragen zu einem gesellschaftspolitischen Thema zu machen. Dies können einzelne Frauenprojekte alleine nicht leisten. Daher ist es erforderlich, Organisationsformen auf lokaler und auf überregionaler Ebene zu entwickeln, deren Aufgabe es ist, diese Ziele anzugehen. Es sollte nicht übersehen werden, daß Frauen in Unternehmen und Gewerkschaften hierbei wichtige Bündnispartnerinnen sein können. Hilfreich wird in diesem Zusammenhang auch sein, daß nun erstmals eine deutsche Version von *Shopping for A Better World* herausgekommen ist. Das *Institut für Markt-Umwelt-Gesellschaft (imug)* in Hannover hat 1995 in Zusammenarbeit mit verschiedenen VerbraucherInnenorganisationen den Ratgeber *Der Unternehmenstester – Die Lebensmittelbranche* veröffentlicht, in dem 75 Unternehmen der deutschen Nahrungs- und Genußmittelbranche nach sozialen und ökologischen Kriterien bewertet werden. Unter den Bewertungskategorien sind auch die Punkte »Maßnahmen zur Gleichstellung der Frau« sowie das Spendenverhalten.

Im Mai 1994 wurde für den Bereich Jugendarbeit ein Vorhaben gestartet, das auch für den Frauenbereich interessant sein könnte. Initiiert von *International Partnership Initiative – I.P.I.* in Wolfsburg und dem Managementberater Dr. Bernhard von Mutius wurde unter Mitarbeit zahlreicher Persönlichkeiten der Wirtschaft, der Wissenschaft und der Jugendarbeit eine Gemeinschaftsinitiative deutscher Firmen mit der Bezeichnung *Unternehmen: Partner der Jugend (UPJ)* gestartet. UPJ will Firmen anregen, soziale Kooperationen im Jugendbereich einzugehen und Patenschaften für Jugendprojekte zu übernehmen. Jungen Menschen soll ein bundesweites Netz von Unternehmen, öffentlichen Institutionen und privaten Projekten als Ansprechpartner vorgestellt werden. Unternehmen sollen sowohl bestehende Jugendinitiativen als auch neue Projekte auf lokaler, regionaler oder nationaler Ebene durch fachliche Beratung sowie organisatorische und materielle Unterstützung fördern. Die Initiative UPJ wird seit 1996 vom Bundesjugendministerium gefördert und vom Club of Rome und von der Bundesvereinigung der deutschen Arbeitgeberverbände unterstützt. Es ist an der Zeit, daß Unternehmen, insbesondere Unternehmerinnen und Frauen in Führungspositionen in der Wirtschaft, auch als »Partnerinnen der Frauen« gewonnen werden.

Teil III
Voraussetzungen für erfolgreiches Fundraising

1
Fundraising – eine vernachlässigte Organisationsaufgabe

In vielen Nonprofit-Organisationen in Deutschland – Frauenprojekte bilden da keine Ausnahme – gilt der Grundsatz: Die inhaltliche Arbeit ist die eigentliche Arbeit, Organisations- und Managementfragen werden als unangenehme Nebensächlichkeiten betrachtet. Insbesondere die Beschaffung von Geld gilt als lästiges Übel. Stellen oder gar Abteilungen, die offiziell der Finanzmittelbeschaffung dienen, sind rar. Ein Grund dafür ist, daß die Basisfinanzierung vieler – meist etablierter – Nonprofit-Organisationen auf einer institutionellen Förderung oder aber einer gesetzlichen Grundlage beruht und daher die direkte Einwerbung von Unterstützung in der Vergangenheit nicht notwendig war. Selbstverständlich gibt es Personen, die damit beschäftigt sind, die Anträge an öffentliche Geldgeber oder gelegentlich auch Stiftungen formulieren, doch dies wird meist nebenbei erledigt. Oft sind es die Projektverantwortlichen, die sich vor Beginn eines neuen Vorhabens darum kümmern. Besonders dürftig sieht es aus, was den organisationsinternen Stellenwert und die personelle Besetzung des Bereichs Spenden- und Sponsoreneinwerbung betrifft. In vielen Fällen werden Tätigkeiten, die damit in Zusammenhang stehen, nach dem Zufallsprinzip erledigt, oft dann, wenn sich eine Krisensituation abzeichnet oder wenn jemandem einfällt, man müßte doch mal wieder einen Spendenbrief schreiben. Bislang gibt es nur wenige gemeinnützige Organisationen in Deutschland, die Fundraising auf professionelle Weise betreiben.

Die in deutschen Nonprofit-Organisationen vorherrschende Grundhaltung zur Geldbeschaffung muß geändert werden. Gemeinnützige Organisationen sind keine Profitunternehmen, deren Einkünfte durch den Verkauf von Produkten hereinkommen. Die Klienten von Nonprofit-Organisationen sind in vielen Fällen nicht in der Lage, deren Einkünfte durch Gebühren abzudecken. Daher benötigen gemeinnützige Organisationen Einkünfte aus anderen Geldquellen, die nicht von selbst »ins Haus wandern«, sondern möglichst effizient beschafft werden müssen. Fundraising ist eine zentrale Managementaufgabe, die personell und arbeitszeitmäßig abgesichert werden muß, denn Fundraising erfordert umfangreiches Finanzquellenwissen, kontinuierliche Planung und Organisation.

Die Tatsache, daß Fundraising bisher eine eher vernachlässigte Organisationsaufgabe ist, kann den gemeinnützigen Organisationen nicht alleine angelastet werden. Zum einen hat dies mit Staatsabhängigkeit der Nonprofit-Organisationen in Deutschland zu tun, zum anderen aber spiegelt sich darin wider, daß das Sammeln von Spenden in Deutschland noch immer einen negativen Touch besitzt und gerne als Betteln diffamiert wird. Das schlechte gesellschaftliche Image der Spendeneinwerbung wird auch durch die Medienberichterstattung geschürt; immer wieder steht der Mißbrauch von Spenden im Vordergrund. Es wird der Eindruck erweckt, die Betrüger überwiegen, obwohl diese de facto lediglich einen geringen Teil der um Spenden werbenden Organisationen ausmachen. Spenden, so das Idealbild, das noch immer in den Köpfen herumgeistert, sollten am besten möglichst spontan als direkte Reaktion auf die Hilfsbedürftigkeit anderer erfolgen. Dieses Bild ist antiquiert. Bedürftigkeit und Bedürfnisse manifestieren sich heutzutage in einer verwirrenden Vielfalt unterschiedlicher Themenbereiche und gemeinnütziger Organisationen, die oft sogar in Konkurrenz zueinander stehen. Es ist eine zentrale Herausforderung für Nonprofit-Organisationen, ihre Anliegen potentiellen Förderern gegenüber zu veranschaulichen, was angesichts der Kommunikationsflut, der wir alle ausgesetzt sind, ein schwieriges Unterfangen ist. Potentielle SpenderInnen haben die Qual der Wahl und sind oft – bewußt oder unbewußt – auf der Suche nach Möglichkeiten zur Befriedigung ihrer individuellen philanthropischen Neigungen. Fundraising kommt eine zentrale Mittlerfunktion zwischen Nonprofit-Organisationen auf der einen und Geldgebern auf der anderen Seite zu.

Fundraising in den USA: Kulturtechnik und professionelle Organisationsaufgabe

In den USA ist die gesellschaftliche Akzeptanz von Fundraising weit höher als in Deutschland. Fundraising gilt als eine Art Kulturtechnik, die allgegenwärtig ist. Fast alle AmerikanerInnen lernen und praktizieren Fundraising von Kindheit an. Fundraising ist positiv besetzt; kaum jemand kann oder will sich dem entziehen. Bereits Schulkinder lernen Fundraising, indem sie beispielsweise von Tür zu Tür ziehen und Süßigkeiten für wohltätige Zwecke verkaufen. Es gibt keinen gesellschaftlichen Bereich in den USA, wo nicht auf irgendeine Weise Fundraising betrieben wird, sei es Politik, Kirche, Wirtschaft, Bildung, Kultur. Fundraising wird sowohl ehrenamtlich als auch hauptamtlich betrieben und richtet sich an eine Vielfalt von privaten und staatlichen GeldgeberInnen. Es gibt zwei Hauptarten des Fundraising: Fundraising von und für PolitikerInnen sowie Nonprofit-Fundraising. Da die öffentliche Wahlkampffinanzierung in den USA relativ gering ist, spielt Fundraising in der Politik eine große Rolle.

Nahezu allen Nonprofit-Organisationen in den USA ist gemeinsam, daß Fundraising professionell betrieben wird und einen wesentlichen Teil der Arbeit darstellt. Größere Organisationen – ob Hochschulen, Museen, Krankenhäuser oder auch Frauenorganisationen wie NOW – haben ganze Abteilungen, deren alleinige Zuständigkeit Fundraising ist. Die offizielle Bezeichnung für organisationsinterne FundraiserInnen lautet *Development Director*, EntwicklungsdirektorIn. Fundraising gilt als Grundvoraussetzung für die Entwicklung einer Organisation. Auch kleinere Organisationen verfügen meist über mindestens eine Person, die ausschließlich für Fundraising verantwortlich ist. Eine wichtige Bedeutung haben die LeiterInnen von Nonprofit-

Organisationen. Sie tragen – auch in Frauenprojekten – meist die wohlklingenden Titel *executive director* oder *president*, selbst wenn die LeiterIn die einzige bezahlte Person in einer Organisation ist. Der größte Teil der Arbeit der LeiterInnen von Nonprofit-Organisationen besteht aus Fundraising. Sie übernehmen die Außenrepräsentation der Organisation und reisen durchs Land, um die Beziehungen zu den aktuellen und potentiellen GeldgeberInnen zu pflegen. Selbst beim Präsidenten der renommierten Privatuniversität Harvard nimmt Fundraising einen großen Teil seiner Arbeitszeit ein. Während die Führungskräfte als »Aushängeschilder« fungieren, ist die Fundraising-Abteilung bzw. die *development*-DirektorIn zuständig für die Entwicklung von Fundraising-Strategien, für Recherchen und die technische Organisation des Fundraising, wie beispielsweise das Entwickeln von Anträgen oder Spendenbriefen.

Das Boomen der Fundraising-Branche

Fundraising gehört zu denjenigen Dienstleistungsbranchen in den USA, die in den letzten drei Jahrzehnten ein enormes Wachstum erfahren haben. Die Publikationen zum Thema Fundraising füllen mittlerweile ganze Bücherregale. In Nonprofit-Organisationen unterschiedlichster Couleur und Aufgabenstellung sowie in Kirche und Politik arbeiten Tausende von FundraiserInnen. Auch die Anzahl von freiberuflichen BeraterInnen (*Fundraising Consultants*) ist immens. Die Zahl der Mitglieder der *National Society of Fund Raising Executives (NSFRE)*, dem größten Berufsverband von FundraiserInnen in den USA, betrug bei seiner Gründung im Jahre 1960 197, bis 1997 ist sie auf 17.000 angestiegen. Es gibt weitere Berufsverbände, z.B. für den Bereich Krankenhäuser oder für den Bildungsbereich, in denen die Mitgliedsentwicklung ähnlich verlaufen ist. Neben organisationsinternen FundraiserInnen spielen selbständige BeraterInnen und Beratungsfirmen eine wichtige Rolle in der Branche. Auch Organisationen mit organisationsinternen FundraiserInnen arbeiten regelmäßig mit externen BeraterInnen zusammen. Diese sind meist

ExpertInnen für sehr spezialisierte Dienstleistungen: *direct-mail* Aktionen (Spendenbriefaktionen), AnschriftenmaklerInnen, Telemarketing, Organisation von *Fundraising Events* (Benefizveranstaltungen), Formulieren von Anträgen, *major donor research* (Informationserhebung über reiche Geldgeber) etc.

Die Gründe, warum die Fundraising-Branche in den USA so stark gewachsen ist, sind vielfältig. Bedeutsam ist der wachsende Einsatz moderner Kommunikationstechnologien. Computer ermöglichen, die Kommunikation mit den Förderern differenziert zu steuern und beispielsweise Anschriften und Texte für Fundraising besser zu nutzen. Hinzu kommen allerdings auch politische Faktoren. Fundraising wurde demokratisiert: Es ist den sozialen Bewegungen der sechziger und siebziger Jahre – insbesondere der Bürgerrechts-, der Frauen-, der Konsumenten- und der Umweltbewegung – zu verdanken, daß neue Nonprofit-Organisationen entstanden sind, die das Spendenpotential breiter Bevölkerungsschichten durch neue Inhalte ansprechen. Ein weiterer politischer Faktor sind die konservativen Reagan-/Bush-Jahre, die alle gemeinnützigen Organisationen vermehrt zu aggressivem Fundraising bewegten. Die Erfahrung aus diesen Jahren lehrt, daß verstärktes Fundraising zwar den Spendenkuchen vergrößerte, doch konnten längst nicht alle durch die Streichung staatlicher Mittel bedingten Löcher geschlossen werden.

Die beginnende Professionalisierung des Fundraising in Deutschland

Seit Anfang der neunziger Jahre gewinnt auch in Deutschland die Erkenntnis, daß Fundraising eine Organisationsaufgabe ist, an Boden. Ein Professionalisierungsschub ist in Gang gekommen, auch wenn in vielen Fällen Geschäftsführung, Vorstände und Mitglieder mühsam von der Notwendigkeit überzeugt werden müssen. Fundraising ist hierzulande nun ebenfalls dabei, eine Dienstleistungsbranche und ein Berufsfeld zu werden. Dies läßt sich an zahlreichen Entwicklungstrends ablesen.

Die Bundesarbeitsgemeinschaft Sozialmarketing (BSM)

Anfang 1993 wurde der erste Berufsverband für FundraiserInnen in Deutschland gegründet, die in Obernburg *ansässige Bundesarbeitsgemeinschaft Sozialmarketing (BSM);* Vorsitzender des Vereins ist Dr. Christoph Müllerleile, der Geschäftsführer der Deutschen Herzstiftung in Frankfurt/Main. Die Anzahl der Gründungsmitglieder betrug 35, Anfang 1997 lag die Mitgliedszahl bei etwa 275. Mitglied werden kann, wer hauptberuflich in Organisationen tätig ist, die mit der Sammlung von Spenden befaßt sind, und Entscheidungsbefugnisse zur Spendenakquisition besitzt oder als BeraterIn gemeinnützige Organisationen bei der Planung, Gestaltung und Durchführung von Maßnahmen zur Mittelbeschaffung unterstützt. Laut Satzung verfolgt die BSM folgende Ziele:

- Schaffung und Förderung der Einhaltung ethischer Grundsätze in der Spendenwerbung mit dem Ziel des Schutzes der Spender und der seriösen Spendenorganisationen,
- Förderung des Ansehens der Spendenwerbung in Deutschland,
- Förderung wissenschaftlicher Forschung und Dokumentation über das Spendenwesen,
- Vertretung der beruflichen Interessen der Mitglieder,
- Aus- und Weiterbildung von haupt- und ehrenamtlichen Fundraisern.

Vor Gründung der BSM hatten Fundraising und FundraiserInnen in Deutschland keine Lobby. Dabei gibt es genügend Anlässe, wo dies notwendig ist. Beispiele dafür sind die Abschaffung der Drucksache durch die Bundespost (für Spendenbriefaktionen bedeutete dies höhere Kosten), Schwierigkeiten mit Banken (Überweisungsträger als Informationsquelle für Spendenorganisationen) oder Gesetzesvorhaben der Bundesregierung, die das Spendenwesen berühren.

Eine wichtige Funktion kommt der BSM auch im Bereich Informationsaustausch sowie Fort- und Weiterbildung für FundraiserInnen zu. Die BSM veranstaltet inzwischen jedes Jahr den

Deutschen Fundraising-Kongreß sowie einen Fundraising-Workshop. An der ersten Veranstaltung nahmen 130 Personen teil, mittlerweile hat sich die Anzahl der Teilnehmenden verdreifacht. Das Deutsche Spendeninstitut Krefeld organisiert im Auftrag der BSM den Fundraising-Kongreß. In acht deutschen Großstädten (Berlin, Bochum, Bremen, Frankfurt, Köln, Leipzig, München, Stuttgart) veranstaltet die BSM jeden zweiten Monat Fundraising-Stammtische, wo sich Interessierte aus dem Nonprofit-Bereich zum Erfahrungsaustausch treffen können.

Ausbildungsgänge zur FundraiserIn gibt es bisher bei uns nicht, auch die Berufsbezeichnung ist nicht geschützt. Die bereits heute als FundraiserInnen tätigen Personen haben sich die dafür benötigten Qualifikation *on the job* oder aber im Ausland (meist USA oder England) angeeignet. Das gewachsene Interesse am Fundraising drückt sich auch darin aus, daß die Nachfrage besonders im Bereich Fortbildung, aber auch im Ausbildungsbereich (u.a. im Rahmen von Sozialmanagementkursen) in den vergangenen Jahren stark gewachsen ist. Die BSM hat inzwischen einen Anforderungskatalog über Aus- und Fortbildungsinhalte im Bereich Fundraising entwickelt. 1998 sollen sich FundraiserInnen einem Zertifizierungsverfahren stellen.

Publikationen, Spezialdienstleister

Ein weiteres Zeichen für die wachsende Professionalisierung des Fundraising ist die Zunahme von Publikationen in diesem Bereich. Erste Bücher werden veröffentlicht, insbesondere im Bereich Sponsoring. Zeitschriften bemühen sich ebenfalls darum, Sachinformationen zu verbreiten. Dabei sind besonders das vierteljährlich erscheinende Informationsbulletin der BSM, der *BSM-Newsletter,* sowie die Zeitschrift *Fundraising* zu erwähnen.

Zunehmend sind in einschlägigen Fachzeitschriften Stellenanzeigen zu finden, die explizit nach FundraiserInnen oder SpendenreferentInnen suchen. Ebenfalls im Entstehen begriffen ist – zum Teil wildwuchsartig – eine regelrechte Branche von Spezialdienstleistern (wie Agenturen, SpendenberaterInnen, Fundraising-Softwareanbieter, Mailingunternehmen), die Nonprofit-Organisationen beim Fundraising unterstützen.

Die Liste der Indikatoren, die darauf schließen lassen, daß sich augenblicklich viel tut in Deutschland in Sachen Fundraising, ist keineswegs vollständig. Auch Entwicklungen, wie die Vergabe eines Spendensiegels durch das DZI sowie die Gründung des *Deutschen Spendenrats* gehören dazu. Insgesamt gesehen herrscht unter den »MacherInnen« eine Art Aufbruchstimmung. Niemand kann heute im Detail sagen, wo die Reise in den kommenden Jahren und Jahrzehnten hinführen wird. Doch die beschriebenen Trends deuten darauf hin, daß sich – ähnlich wie in den USA – keine Nonprofit-Organisation dem Professionalisierungsschub entziehen kann, da sie ihre Existenz ansonsten riskiert.

2
Organisationsaufgabe Fundraising konkret

Was bedeutet es nun konkret, Fundraising als Organisationsaufgabe zu definieren? Auf alle Fälle ist es erforderlich, einer oder – je nach Größe der Organisation – mehreren Personen die Zuständigkeit für das Fundraising zu übertragen. Die Festlegung von Zuständigkeiten im Bereich Fundraising darf nicht bedeuten, daß die Aufgabe jemandem zugeschoben wird, der »das dann schon irgendwie machen wird« und alle anderen vom lästigen Thema Geldbeschaffung entlastet. Im Gegenteil, Fundraising bedeutet, daß strategisches Denken und Handeln zu einem integrierten Bestandteil der gesamten Organisation wird. Fundraising gehört in den Bereich der Führungsaufgaben von Nonprofit-Organisationen. Dies bedeutet die direkte Zuordnung der Fundraising-Abteilung zur Führungsebene, denn es ist, wie bereits im vorhergehenden Abschnitt dargelegt, eine enge Kooperation zwischen Leitung und Fundraising-Abteilung erforderlich.

Die Fundraising-Abteilung sollte nicht als reine Serviceabteilung verstanden werden, deren Aufgabe es ist, das Geld für die inhaltlichen Projekte heranzuschaffen. Vielmehr ist es erforderlich, um spätere »Übersetzungsschwierigkeiten« gegenüber (potentiellen) GeldgeberInnen zu vermeiden, daß FundraiserInnen in die Phase der Projektentwicklung mit einbezogen werden. Wichtig sind interne Kommunikationsstrukturen, die einerseits die Voraussetzungen schaffen, daß sich die Fachkompetenz der Projektzuständigen und die der FundraiserInnen wechselseitig ergänzen (indem beispielsweise beim Entwerfen eines Spendenbriefes beide Seiten beteiligt sind), die es aber andererseits ermöglichen, daß die Federführung und letztendliche Entscheidungskompetenz in Fundraising-Fragen bei den FundraiserInnen liegen. Endlose Diskussionen darüber, ob dies nun der richtige Zeitpunkt ist, um eine Spendenbriefaktion zu starten oder welcher Satz in einen Spendenbrief gehört oder nicht, können dazu führen, daß wichtige Fundraising-Gelegenheiten verpaßt werden.

FundraiserInnen müssen, nicht zuletzt weil die Organisationsaufgabe Fundraising in deutschen Nonprofit-Organisationen noch wenig Anerkennung findet, mit offenen und verdeckten Widerständen rechnen. Darüber darf nicht hinweggegangen werden; vielmehr sollten Strategien des Umgangs damit entwickelt werden. Eine altbekannte, aber noch immer erfolgreiche Methode ist es, nicht gegen, sondern mit dem Widerstand zu arbeiten. Das bedeutet konkret, die FundraiserInnen sollten KritikerInnen anhören und ihre Einwände, wenn möglich, berücksichtigen. Die Verankerung von Fundraising im Bereich der Führungsebene trägt in der Regel ebenfalls dazu bei, daß mit Widerständen produktiver umgegangen werden kann.

Der Aufbau des Bereichs Fundraising ist eine Investition in die Zukunft einer Organisation. Investitionen kosten in der Regel Geld; es dauert zwei bis drei Jahre, bevor sich Personalstellen in diesem Bereich selbst tragen. Ein Problem ist auch, wenn sich eine Person gleichzeitig um verschiedenartige GeldgeberInnen kümmern muß; dies setzt spezialisiertes Fachwissen über die verschiedenen Fördergeber und deren Förderlogiken sowie großes Koordinationstalent voraus. Größere Spendenorganisationen lösen dieses Problem, indem innerhalb der Fundraising-Abteilung jeweils eine oder mehrere Personen für Spezialbereiche (wie Mailings, Großspenden, Stiftungen, Erbschaften, Bußgelder etc.) zuständig sind. Auch das Gebiet PR/Öffentlichkeitsarbeit gehört an übergeordneter Stelle in die Fundraising-Abteilung. Beim Aufbau des Bereiches Fundraising und auch bei der Durchführung spezieller Kampagnen kann die Zusammenarbeit mit externen Beratern hilfreich sein, die durch ihr strukturierendes, organisierendes und motivierendes Wirken dafür sorgen, daß dieser Prozeß nicht im Alltagsgeschäft einer Organisation untergeht.

Zum anderen bringen Externe in der Regel den Vorteil des Blicks von außen ein, der es leichter macht, ungenutzte Potentiale zu erkennen und Widerstände abzubauen.

Organisationsaufgabe Fundraising: ein Problem für kleine Nonprofit-Organisationen

Größere Organisationen haben in der Regel, vorausgesetzt die Bereitschaft besteht, genügend finanzielle Spielräume, um personelle Kapazitäten für den Bereich Fundraising für einen gewissen Zeitraum vorzufinanzieren. Es stellt sich aber die Frage, ob sich kleine und/oder junge Organisationen (auch die meisten Frauenprojekte fallen in diese Kategorie) überhaupt eine FundraiserIn oder gar eine Fundraising-Abteilung leisten können und woher die Vorlaufkosten kommen sollen. In der Tat ist das ein Problem, das auch kleine Nonprofits in Amerika haben. Hier wird das Fundraising von Personen miterledigt, die auch inhaltlich arbeiten – und das ist oft schwierig. Seit einiger Zeit vergeben Stiftungen in den USA Gelder, die gerade solchen Organisationen für einen bestimmten Zeitraum eine Stelle finanzieren, deren Aufgabe es ist, Fundraising als Organisationsaufgabe zu entwickeln und somit das Fundraising-Potential zu entfalten. Diese Investition lohnt sich in der Regel.

Verantwortlichkeiten festlegen

Kleine Organisationen in Deutschland, die nicht in der Lage sind, eine volle Stelle für Fundraising zu finanzieren, sollten zumindest einer ihrer Angestellten die Verantwortung für diesen Bereich übertragen und ein Stundenkontingent pro Woche festlegen, das regelmäßig dieser Tätigkeiten gewidmet wird. Noch besser aber wäre es, wenn sie versuchen würden, die erforderlichen Mittel aufzubringen, um jemandem ausschließlich den Bereich Fundraising (evtl. in Kombination Öffentlichkeitsarbeit/PR) zu übertragen. Ein anderes Problem ist, daß sich gerade kleine Organisationen externe Beratung oft nicht leisten können, da diese in der Regel teuer ist. Stundensätze von 150 Mark sowie Tagessätze von 1500 Mark und mehr sind üblich. Es gibt jedoch auch Beratungseinrichtungen, die sich insbesondere an kleinere Organisationen im Sozialbereich richten und deren Beratungs- und Fortbildungsangebote (weil sie aus öffentlichen oder auch privaten Töpfen gefördert werden) relativ kostengünstig sind. Dazu gehören beispielsweise das Finanzierungsnetzwerk cash coop in Frankfurt/Main oder die *SPI Servicegesellschaft* des Sozialpädagogischen Instituts Berlin.

Kooperationsstrategien entwickeln

In den USA wurden auch politischen Strategien entwickelt, um mit dem Problem umzugehen, daß sich kleine Organisationen in Sachen Fundraising schwer tun. Die zahlreichen alternativen *federations*, die sich seit den siebziger Jahren entwickelt haben, aber auch viele der *women's funds*, sind Zusammenschlüsse, die das Ziel verfolgen, gemeinsam für kleine, vielfach radikale Organisationen Fundraising zu betreiben. Dies tun sie, wie in Teil I dargelegt, mit wachsendem Erfolg.

Die Entwicklung von projektübergreifenden Organisationsformen stellt auch in Deutschland eine Möglichkeit für Frauenprojekte und andere kleine Nonprofits dar, um sich auf professionelle Weise um die Einwerbung von SpenderInnen und Sponsoren zu kümmern. Ein interessantes Beispiel dafür, daß sich kleinere Projekte auf lokaler Ebene gemeinsam um Sponsoren aus dem Mittelstand bemühen, ist der *Verein Sozialsponsoring* in Aachen. Dieser Verein wurde von 12 gemeinnützigen Vereinen gebildet, darunter die Aids-Hilfe, der Arbeitskreis Straffälligenhilfe, die Drogenhilfe und der Verein für ausländische Mitbürger. Zwei der Mitgliedsorganisationen sind Frauenprojekte, der Verein Frauen helfen Frauen sowie der Notruf für vergewaltigte Frauen und Mädchen. Ziel des Vereins ist es, Unternehmen dazu zu bewegen, dem Verein jährlich 5 % ihrer betrieblichen Werbekosten, mindestens aber 500 Mark, zukommen zu lassen. Die Mittel werden den Mitgliedsvereinen zu gleichen Teilen zur Verfügung gestellt. Als Gegenleistung dürfen Unternehmen Imagewerbung für sich unter Verwendung eines speziell erstellten Logos *Sozialsponsor in Aachen* machen. Eine wichtige Rolle beim Zustandekommen dieses Vorhabens spielte eine der beiden großen Lokalzeitungen, die *Aachener Nachrichten*, die nicht nur die Idee insgesamt öffentlich machte und außerdem 10.000 Mark Startkapital zur Verfügung stellte, sondern auch einzelne Unternehmen, die sich beteiligten, in ihre Berichterstattung aufnahm. Im ersten Jahr, 1994, kamen bereits 50.000 Mark zusammen. Die Palette der Unternehmen, die sich beteiligten, reichte von Einzelhandelsgeschäften, einer Schokoladenfabrik, Autohändlern und -verleihern über Cafés, Sparkassen bis hin zu einer Seniorenresidenz.

Auch das in Teil II beschriebene feministische Finanzierungsnetzwerk *Goldrausch* in Berlin ist ein Beispiel für das Funktionieren von Verbundideen in Sachen Fundraising und zwar im Bereich Individualspenden. Es gilt zu überlegen, wie diese Modelle für frauenspezifische Ziele (sowie auch für andere kleine Organisationen) weiterentwickelt werden können. Eine Möglichkeit wäre, daß Frauenprojekte in Großstädten mit einer vielfältigen Frauenprojekteszene und einem großen Reservoir an potentiellen Förderern aus der Wirtschaft Zusammenschlüsse bilden mit dem Ziel, Unternehmen als »Frauensponsor« zu gewinnen. Vorstellbar wäre auch die Bildung entsprechender Zusammenschlüsse auf Landkreisebene. Noch vorteilhafter könnte es sein, wenn sich Fundraising-Zusammenschlüsse nach dem Vorbild von WOMENS WAY in Philadelphia oder den zahlreichen alternativen *federations* in den USA entwickeln würden, die sich um Unterstützung sowohl durch Unternehmen als auch durch Einzelpersonen bemühen. Eine wichtige strategische Frage, die jeweils vor Ort geklärt werden muß, ist, ob sich Frauenprojekte – wie in Aachen – mit anderen kleinen Projekten verbünden oder aber ob reine Frauenbündnisse geschaffen werden sollen.

Auch wenn die Geschäftsführung eines Fundraising Verbundes am Anfang – wie in Aachen – bei einer Mitgliedsorganisation angesiedelt sein kann, so ist dies doch keine Dauerlösung. Um wirklich erfolgreich Fundraising betreiben zu können, ist es notwendig, möglichst schnell in den Bereich personelle Kapazitäten, Räumlichkeiten, Betriebskosten, Werbeaktionen etc. zu investieren. Mehreren Initiativen dürfte es leichter fallen als nur einer einzelnen, die dazu benötigten Mittel aufzubringen; eine Möglichkeit wäre, sich zunächst um öffentliche Zuschüsse zu Personalkosten in Form von ABM-Mitteln oder ähnlichen Lohnkostenzuschüssen zu bemühen. Außerdem könnte – mit Verweis auf die amerikanischen Vorbilder – versucht werden, Stiftungen für die Idee der Schaffung von Fundraising-Zusammenschlüssen für kleine Projekte zu gewinnen, zumal doch Stiftungen besonders an der Förderung neuer, wegweisender Ideen interessiert sind.

3
FundraiserInnen –
Status, Aufgaben und Fähigkeiten

Trotz des Professionalisierungsschubs in den USA gibt es dort nach wie vor eine breite Kultur des Fundraising durch unbezahlte Freiwillige. Selbst Organisationen mit hochprofessionellen Fundraising-Abteilungen nutzen dieses Potential. Ein Kriterium für die Berufung in den Vorstand einer Nonprofit-Organisation sind Zugangsmöglichkeiten der jeweiligen Person zu potentiellen SpenderInnen. Ein Beispiel dafür ist das National Women's Law Center in Washington, D.C. Unter den Vorstandsmitgliedern ist die Präsidentin von *Maidenform*, einem Unternehmen für Damenwäsche. Sie wirbt bei den Lieferanten ihres Unternehmens für die Organisation. Jährlich kommen dadurch zwischen 10.000 und 15.000 Dollar zusammen. Von Vorstandsmitgliedern wird außerdem erwartet, daß diese selbst der Organisation Geldspenden zukommen lassen. Gerade für kleinere Organisationen in den USA ist es ein wichtiger Teil ihrer Überlebensstrategie, in Sachen Fundraising unbezahlte Freiwillige einzubeziehen.

Auch in Deutschland wird zunehmend erkannt, daß Ehrenamtliche ein wichtiges Potential bei der Einwerbung von Spenden bilden. Gemeinnützige Organisationen gründen Förderkreise oder -vereine, um einerseits ihre personelle Kapazität im Fundraising-Bereich zu erhöhen und andererseits Personlichkeiten zu gewinnen, die der Organisation Zugang zu neuen Förderern und Personenkreisen eröffnen. Oft sind es auch rechtliche Gründe, welche die Schaffung eines Fördervereins notwendig machen.

Fördervereine und -kreise bedürfen in der Regel der Betreuung und organisatorischen Unterstützung durch Hauptamtliche; sie funktionieren dann am besten, wenn sich ihre Arbeit aus der umfassenderen Fundraising-Strategie einer Organisation ableitet. Abgesehen von der Möglichkeit der Schaffung von speziellen Fördergremien ist es wichtig, bei der Besetzung von Vorständen Fundraising-Gesichtspunkte mit einzubeziehen. Alle Vorstandsmitglieder sollten sich aktiv als FürsprecherInnen für die Organisation einsetzen, selbst spenden und neue Kontakte erschließen; eine Person sollte formell die Federführung für den Fundraising-Bereich übernehmen. Vorstände und Beiräte, die zwar viel reden, aber de facto nichts Konkretes für die Organisation tun, sind ineffizient. Es ist sinnvoll, Vorstands- bzw. Beiratsmitgliedern durch schriftlich fixierte Richtlinien zu vermitteln, was von ihnen erwartet wird.

Ehrenamtliche in kleinen Organisationen

Gerade kleine Organisationen sollten sich ernsthaft um die Einbeziehung Ehrenamtlicher für den Bereich Fundraising bemühen. Dies gilt sowohl für im Vorstand tätige Personen als auch für die Schaffung von Förderkreisen oder die Bildung von Fundraising-Ausschüssen, in denen Haupt- und Ehrenamtliche gemeinsam tätig sind. Fundraising ist eine Tätigkeit, die für Ehrenamtliche durchaus attraktiv sein kann. Es handelt sich um eine klar abgegrenzte Aufgabe, die dazu direkte Erfolgserlebnisse mit sich bringt, anders als viele andere ehrenamtliche Tätigkeiten.

Viele werden einwenden, daß besonders kleine Vereine immer wieder Probleme haben, Menschen zu finden, die überhaupt bereit sind, sich in Vereinsgremien wählen zu lassen. Oft werden Leute sogar dazu überredet, derartige Aufgaben zu übernehmen. Eine Möglichkeit dieser Schwierigkeit zu begegnen ist, lange vor der Mitgliederversammlung mit einem Personenfindungsprozeß zu beginnen und möglichst viele daran zu beteiligen. Bei diesem Prozeß sollte versucht werden, über den Tellerrand der bisherigen Mitglieder hinauszuschauen und an neue Personen zu denken, die der Sache nahestehen (könnten). Der erste Schritt eines solchen Unterfangens könnte sein, daß sich eine Kerngruppe von Leuten zusammensetzt und eine Liste von Personen aus ihrem Bekanntenkreis zusammenstellt, die als KandidatInnen in Frage kommen. Außerdem muß darauf geachtet werden, daß Personen, die ehrenamtliche Aufgaben übernehmen, Anerkennung dafür bekommen und gerade in der Anfangsphase Einarbeitung und Unterstützung benötigen. Vielzu oft wird dies vernachlässigt.

Was FundraiserInnen können sollten

Ein klares Berufsbild für FundraiserInnen existiert in Deutschland bislang nicht, was angesichts des beschriebenen Entwicklungsstands von Fundraising nicht verwunderlich ist. Ein solches wird vermutlich auch noch länger auf sich warten lassen, zumal die konkreten Qualifikationsanforderungen im jeweiligen Einzelfall unterschiedlich sein können und meist in engem Zusammenhang mit organisationsspezifischen Voraussetzungen stehen.

Eine positive Einstellung

Was nun sollten FundraiserInnen können? Grundsätzlich ist erforderlich, daß Personen, die Fundraising-Aufgaben übernehmen, der Tätigkeit, andere Menschen um Geld zu bitten, positiv gegenüberstehen. Wer Fundraising als Betteln oder als Sich-Verkaufen empfindet, vermittelt dieses Image auch nach außen. Dies ist keine gute Voraussetzung für die Erzielung von Fundraising-Erfolgen. Fundraising-Aufgaben sollten niemanden aufgezwungen werden; nicht jeder kann oder will Fundraising betreiben. Es muß sich um Menschen handeln, welche die mit Fundraising verbundenen Tätigkeiten gerne übernehmen und die notwendigen Kompetenzen besitzen oder aber zumindest die Bereitschaft, sich diese anzueignen.

Soziale und kommunikative Fähigkeiten

Bei den Qualifikationsanforderungen an FundraiserInnen können soziale und kommunikative Fähigkeiten sowie Fachkenntnisse unterschieden werden. Ein wichtiges Fundraising-Prinzip aus den USA lautet »People give to people«, Menschen geben Menschen. Dies bedeutet in der Praxis, Menschen müssen andere Menschen zum Spenden motivieren. Daher kommt den sozialen und kommunikativen Fähigkeiten von FundraiserInnen eine zentrale Bedeutung zu. Menschen, die Fundraising (insbesondere mittels persönlicher Gespräche) betreiben, sollten nicht nur in der Lage sein, rhetorisch überzeugen zu können; sie müssen dazu fähig sein, auf die Bedürfnisse und Interessen ihres Gegenüber einzugehen. Förderer wollen als Individuen wahrgenommen werden und empfinden FundraiserInnen, die zwar eloquent, aber nicht in der Lage sind zuzuhören, als Personen, die ihnen etwas aufschwatzen oder verkaufen wollen. Genau darum geht es aber nicht beim Fundraising. Vielmehr sollten sich Fundraiser als Brückenschläger zwischen Individuum und gemeinnütziger Organisation verstehen und versuchen, inhaltliche Anliegen so zu präsentieren, daß sich SpenderInnen mit ihren Motiven angenommen fühlen. Menschen, die lediglich spenden, um den »Belästiger« loszuwerden, werden selten dauerhaft zu Förderern.

Gespür für politische Problemlagen

FundraiserInnen benötigen Gespür für politische Problemlagen, denn diese können die Grundlage für Fundraising-Aktivitäten bilden; außerdem werden potentielle Förderer vom aktuellen Zeitgeschehen beeinflußt. Dies bedeutet keineswegs, daß sich FundraiserInnen auf alle Krisenherde, die im Zentrum der Öffentlichkeit stehen, stürzen sollten. Im Gegenteil, die Bereitschaft zur Katastrophenspende ist rückläufig. Vielmehr sollten FundraiserInnen in der Lage sein, langfristig vorhandenen Problemlagen, welche die jeweilige Nonprofit-Organisation bearbeitet, mit aktuellen Anknüpfungspunkten in Verbindung zu bringen.

Ein Beispiel dafür ist die *pro choice*-Kampagne in den USA. Das Selbstbestimmungsrecht von Frauen ist eine Thematik, der sich viele Frauenorganisationen langfristig verschrieben haben. Als absehbar war, daß das Selbstbestimmungsrecht von Frauen beim Schwangerschaftsabbruch bedroht war, weil Abtreibungsgegner einen Fall vor den Supreme Court, den obersten Gerichtshof, gebracht hatten, nutzten dies Organisationen wie NOW zur Entwicklung von großangelegten Fundraising-Kampagnen; begonnen wurde damit zu einem Zeitpunkt, als das Thema noch nicht im Zentrum der öffentlichen Aufmerksamkeit stand. Spendenbriefe, die lediglich allgemein auf das Selbstbestimmungsrecht von Frauen oder auf das Thema Abtreibung abgestellt gewesen wären, hätten mit Sicherheit nicht zu den gleichen Fundraising-Erfolgen geführt. Dieses Beispiel zeigt, daß FundraiserInnen sowohl Interesse am aktuellen Zeitgeschehen als auch fundierte Sachkenntnisse auf dem von ihnen und ihrer Organisation vertretenen Sachgebiet besitzen sollten.

FundraiserInnen (insbesondere diejenigen, die mit den schriftlichen Seiten des Fundraising wie beispielsweise der Formulierung von Spendenbriefen oder Förderanträgen zu tun haben) sollten auch in den Lage sein, schriftlich gut und schnell formulieren zu können.

Organisationstalent

Soziale und kommunikative Fertigkeiten alleine machen jedoch noch keine erfolgreiche FundraiserIn aus. Fundraising-Erfolge stellen sich dann ein, wenn diese Eigenschaften in Kombination mit der Fähigkeit zu planen und zu organisieren sowie spezifischen Fachkenntnissen zum Tragen kommen. Planung impliziert langfristiges, zielorientiertes Vorgehen. Fundraising nach dem Zufallsprinzip funktioniert nicht; vielmehr ist eine über einen längeren Zeitraum (drei bis fünf Jahre) angelegte Konzeption notwendig, aus der sich dann die jeweiligen Jahrespläne und Arbeitsschritte ableiten. Ob Kontaktpflege mit (potentiellen) Förderern, Formulierung von Förderanträgen an Stiftungen, Spendenbriefaktionen oder Fundraising-Veranstaltungen – alle diese Aktivitäten bedürfen einer systematischen Vorgehensweise, die jeweils viele gut koordinierte Einzelschritte beinhaltet. Nur so gelingt es, an deren verschiedenen Förderern parallel »dranzubleiben«.

Fachkenntnisse

Wichtige Anhaltspunkte über das Spektrum der Fachkenntnisse im Bereich Fundraising lassen sich den Richtlinien entnehmen, die der Vorstand der BSM 1993 für Aus- und Fortbildungsinhalte im Bereich Fundraising entwickelt hat. Bildungs- und Weiterbildungsinstitutionen, die von der BSM als Bildungsträger anerkannt werden wollen, müssen sicherstellen, daß die folgenden Inhalte durch ihre Bildungsmaßnahmen abgedeckt werden:

- Ethische Grundsätze im Spendenwesen
- Methoden des Fundraising: passive und aktive Spenderverwaltung, Direktmarketing, Sponsoring, Veranstaltungen, Jahreskampagnen, Mittel aus öffentlichen Zuwendungen, Legats- und Testamentsverfügungen, große Spendenkampagnen
- Grundlagen des Marketing: Marktforschung, Zielgruppenanalyse, Productplacement, Test- und Teilmärkte
- Grundlagen des Direktmarketing: Adressenauswahl und Beschaffung, Gestaltung von Anschreiben, Aussendung, Kooperation mit Lettershops, Adressenpflege, Ergebniskontrolle, Telemarketing
- Kommunikationstechniken: Telefon- und Datenkommunikation, deutscher und internationaler Zahlungsverkehr, elektronische Kommunikationssysteme
- Media- und Werbetechniken: Übersicht über die unterschiedlichen Medien, Erarbeitung von Mediaplänen, Mediamix, Gestaltung von Werbebriefen und Anzeigen, Druck- und Satztechniken und Desktop publishing
- Gebrauch von Datenbanken und computergestützter Adreßverwaltung: Übersicht über marktgängige EDV-Systeme und

vorhandene Programme, Datenverknüpfung und Retrieval-Verfahren, Datenpflege, Datensicherung und Datenschutz, Vernetzung von Adreßdateien, electronic banking
- Rechtskenntnisse: deutsche und europäische Datenschutzbestimmungen, Werberecht, Bilanz und Steuerrecht für gemeinnützige Organisationen, der Deutsche Spendenrat, DZI und BSM und ihre Organe
- Buchhaltungskenntnisse: Kostenstellenrechnung, Bilanztechniken, Steuern und Abgaben, gewinnbringende wirtschaftliche Aktivitäten
- Aufbau von Spendenabteilungen und Gremien: Organisationsabläufe in der Spendenabteilung, Organigramme und sinnvolle Organisationsmuster, innerbetriebliche Einordnung, Einrichtung von Kuratorien und Spendenausschüssen, temporäre Unterstützergremien, Fach- und Planungsausschüsse

Nicht jede muß alles können

Dieser Anforderungskatalog sollte jedoch nicht aufgrund seines Umfanges abschreckend wirken. Nicht jede, die sich um die Einwerbung von Finanzmitteln bemüht, muß über alle diese Fachkenntnisse verfügen. Dies gilt besonders für ehrenamtliche FundraiserInnen. Fundraising-Aufgaben lassen sich auch arbeitsteilig erledigen. Allerdings sollte sichergestellt sein, daß alle Teile der beschriebenen Fachkompetenzen einer Organisation zur Verfügung stehen (was jedoch gerade kleineren Organisationen Schwierigkeiten bereiten könnte). Der Mangel an Fachwissen läßt sich in einigen Bereichen (beispielsweise Werbetechniken, Computer-Einsatz oder Organisationsaufbau) vorübergehend oder auch längerfristig durch die Zusammenarbeit mit Agenturen und BeraterInnen kompensieren. Allerdings sollten spendensammelnde Organsationen im eigenen Interesse für die Ausweitung der eigenen Fachkompetenz sorgen, indem bereits vorhandene MitarbeiterInnen sich weiterqualifizieren oder neue, entsprechend qualifizierte MitarbeiterInnen eingestellt werden. Mittlerweile gibt es eine ganze Reihe von Fortbildungsangeboten im Bereich Fundraising. Dabei sollte aber berücksichtigt werden, daß Fundraising, wie in diesem Abschnitt beschrieben, nicht lediglich eine Frage von Fachkenntnissen ist, sondern daß diese kombiniert werden müssen mit sozialen und kommunikativen Fähigkeiten. Denn, so erfolgreiche FundraiserInnen in den USA, »Fundraising is more art than science« (Fundraising ist mehr Kunst als Wissenschaft).

Frauen – die besseren Fundraiserinnen?

Männerdomäne Fundraising

Es gibt keine Zahlen darüber, wieviele Personen sich in Deutschland hauptberuflich oder ehrenamtlich mit Fundraising beschäftigen. So ist auch nicht bekannt, wie hoch der Anteil von Frauen unter den FundraiserInnen ist. Zur Beantwortung dieser Frage lassen sich lediglich einige Beobachtungen beschreiben. Unter den 139 Mitgliedern der BSM im Jahr 1995, des bislang einzigen FundraiserInnen-Berufsverbandes in Deutschland, befanden sich lediglich 26 Frauen. Der Frauenanteil lag demnach unter 20 %. Unter den 8 Vorstandsmitgliedern der BSM befinden sich nur zwei Frauen. Es geht nun nicht darum, diese Zahlen der BSM zum Vorwurf zu machen; diese noch junge Organisation sperrt sich keineswegs gegen die Mitgliedschaft und aktive Mitarbeit von Frauen, zumal seit 1996, ausgelöst durch die Gründung eines Fundraiserinnen-Netzwerks in der BSM, auch zunehmend Frauen dem Verband beitreten. Vielmehr geht es um einen Trend, den ich während meiner zahlreichen Seminare und Vorträge zur Fundraising-Thematik beobachten konnte: Bislang ist die noch kleine Fundraising-Branche in Deutschland eine Männerdomäne. Auch unter den Menschen, die sich neu für diesen Bereich interessieren, befinden sich mehr Männer als Frauen. Ein Grund dafür könnte sein, daß das Thema Geld für Frauen noch immer negativ besetzt ist und viele Frauen sich schwer tun, Geld zu fordern. Zum anderen aber fehlen den meisten Frauen in Deutschland ehrenamtliche Fundraising-Erfahrungen (was bei den US-Amerikanerinnen weit verbreitet ist).

Als sich Fundraising in den sechziger und siebziger Jahren in den USA zu einem Berufsfeld entwickelte, waren es zunächst ebenfalls Männer, welche die bezahlten Positionen einnahmen. Bei den Personen, die sich für diesen Bereich interessierten, handelte es sich nicht um Berufseinsteiger; meist waren es Männer mit längerer Berufserfahrung in anderen Gebieten. Interessanterweise wurden diese Männer oft bei ihrer bezahlten Fundraising-Tätigkeiten von ihren Ehefrauen – ohne Entgelt – unterstützt. Diese übernahmen Aufgaben, die heute als grundlegend für erfolgreiches Fundraising gelten: das Sich-Erinnern und Zusammentragen von Namen und Beziehungen. Auch das Timing und die Zwecke der Fundraising-Bemühungen wurden vielfach von diesen Ehefrauen beeinflußt (Faust/Whittier 1993).

Fundraising in den USA: Von der Männer- zur Frauendomäne

Zunehmend hat sich Fundraising in den USA zu einem Berufsfeld für Frauen entwickelt. Nach Angaben der *National Society of Fundraising Executives (NSFRE)* lag der Frauenanteil unter den hauptberuflichen Fundraisern 1981 bei 38%; eine erneute Untersuchung im Jahre 1988 erbrachte, daß der Frauenanteil auf 51% gestiegen war und damit den Männeranteil übertraf. Bis 1992 hat sich dieser Trend weiter bestätigt, der Frauenanteil betrug 57,6% (Elizabeth Klein 1988; Hall 1992b). Frauen sind am stärksten präsent in den Bereichen Bildung, Gesundheit, Kultur und Jugend. – Parallel zum Wachstum des Frauenanteils ist auch die Zahl der Nicht-Weißen unter den FundraiserInnen gestiegen (von 1,8% 1985 auf 10,7% 1992), auch wenn diese noch immer stark unterrepräsentiert sind gemessen an ihrem Anteil an der Gesamtbevölkerung (22%).

Die Entwicklung der Fundraising-Branche zu einer Frauendomäne hat verschiedene Ursachen. Die Zahl der professionellen FundraiserInnen in den USA ist während der achtziger Jahre ins gesamt stark gewachsen; Frauen profitierten von dem enormen Bedarf. Das Berufseinstiegsalter liegt inzwischen unter 30; im Gegensatz zu früher sind viele hauptberufliche FundraiserInnen Berufseinsteiger. Der Frauenanteil unter den Neueinsteigern ist doppelt so hoch wie der Anteil der Männer. Frauen werden als Fundraiserinnen eingestellt, weil es sich zum einen hierbei um ein Tätigkeitsfeld handelt, für das Frauen besonders qualifiziert sind, so die Ansicht vieler Fachleute. Ein anderer Grund aber ist, daß Frauen, gerade wenn es sich um Berufseinsteigerinnen oder -wiedereinsteigerinnen handelt, eher bereit sind, für geringere Gehälter zu arbeiten als Männer. Ihre Bereitschaft, lange Stunden ohne zusätzliche Bezahlung zu arbeiten, ist für viele Organisationen mit finanziellen Problemen attraktiv. So sind Frauen eher in Organisationen mit kleinem Budget zu finden.

Das Durchschnittseinkommen von weiblichen Fundraisern lag 1992 bei 40.000 Dollar im Jahr, während das Einkommen männlicher Fundraiser durchschnittlich bei 52.000 Dollar lag. Diese Kluft zeigt sich noch deutlicher im Bereich der Spitzenpositionen. Immerhin 16,5% der Männer verfügten über ein Jahreseinkommen zwischen 75.000 – 115.000 Dollar, bei den Frauen waren es lediglich 3,6% (Hall 1992b). Allerdings ist festzustellen, daß sich die Bezahlung der Frauen mit wachsender Berufserfahrung auf dem Gebiet des Fundraising erhöht und daß Frauen zunehmend Führungspositionen übernehmen. Ein Beispiel dafür ist die Brown University in Rhode Island, die 1991 als erste Elite-Universität eine Frau an die Spitze ihrer Fundraising-Abteilung stellte.

Die Feminisierung des Fundraising

Das Echo auf die Tatsache, daß Frauen Männer in der Fundraising-Branche zahlenmäßig übertreffen, ist geteilt. Dies belegen die unterschiedlichen Ansichten von Personen aus der Fundraising-Branche, die Kristin Goss für ihren Artikel »Influx of Women into Fund Raising Poses Paradox« befragte (*Chronicle of Philanthropy 1989*). Berater Steven Ast vertritt die Ansicht, daß die »Feminisierung« des Fundraisings weder der Profession noch den Frauen gut tut. Anita Rock, stellvertretende Direktorin der Fundraising School (Indiana University) befürchtet, daß sich dadurch das Gehaltsniveau und das Prestige dieses traditionell männlich dominierten Gebietes verringern könnte. Dagegen wendet Patricia Fleischer, *development director* der Washington Opera, ein, daß der gewachsene Frauenanteil im Bereich Fundraising zur (Wieder-)Aufwertung dieser Branche beiträgt, da in den achtziger Jahren das Ansehen der Profession geschädigt wurde von verschiedenen Gruppierungen, die hauptsächlich aus Männern bestanden (Tele-Evangelisten, politische Fundraiser). Rita Bornstein, *vice-president for development* der University of Miami (Vizepräsidentin der Universität, verantwortlich für den Fundraising-Bereich), ist der Meinung, daß die Statusprobleme der Fundraising-Branche nicht Frauen angelastet werden können. Vielmehr seien sie Ausdruck dafür, daß die Profession selbst Probleme habe. Das Berufsfeld Fundraising benötige dringend Personen, die Anerkennung und Glaubwürdigkeit genießen. Diese Glaubwürdigkeit komme zustande durch ein höheres Qualifikationsniveau der FundraiserInnen, durch deren gute Managementfähigkeiten, durch Gespür für die Bedürfnisse der Projektzuständigen sowie die Fähigkeit, ihre Institution nach außen zu vertreten.

Das Qualifikationsniveau in der US-amerikanischen Fundraising-Branche hat sich in der Tat in den vergangenen Jahren zunehmend verbessert. Fundraiserinnen verfügen oft über eine bessere Ausbildung als Männer. Fundraising ist genauer, systematischer und wissenschaftlich fundierter geworden. Dies hat u.a. damit zu tun, daß Frauen bei Beginn ihrer Tätigkeit als hauptberufliche Fundraiserinnen bewußter vorgehen mußten, um sich gegenüber Skeptikern zu beweisen. Frauen schenken, so Rita Bornstein, Details und Organisation mehr Aufmerksamkeit als ihre männlichen Kollegen. Vielleicht bereitet es einigen der männlichen Fundraising-Pioniere auch Probleme, daß der Profession durch das Wachstum der Branche an sich und auch durch die Arbeit der Frauen der Mythos des Geheimnisvollen genommen wurde.

Warum sich Frauen als Fundraiserinnen gut eignen

Frauen, die als Fundraiserinnen tätig sind, so die Erfahrungen aus den USA, sind meist sehr erfolgreich. Dies wird auch auf sogenannte weibliche Eigenschaften und Verhaltensweisen zurückgeführt, die Frauen aufgrund ihrer spezifisch weiblichen Sozialisation besitzen und die sich für das Fundraising als nützlich erweisen. An der Spitze der Liste der Qualifikationsmerkmale, über die FundraiserInnen verfügen sollten, stehen nach Einschätzung von US- amerikanischen FundraiserInnen *people skills* und *organizational skills* (Organisationstalent). Unter *people skills* wird die Begabung verstanden, mit Menschen auf einer Vielfalt von Ebenen kommunizieren zu können. Voraussetzung dafür sind Neugier, Mitgefühl, Ernsthaftigkeit, die Fähigkeit zu kommunizieren und zuzuhören. Organisationstalent wird definiert als die Fähigkeit, mit einer Vielfalt von Personen und Projekten sowie vielen Details gleichzeitig umgehen zu können (vgl. Faust/Whittier 1993).

Frauen besitzen oft bessere *people skills* als Männer. Sie können, so die frühere Vorsitzende des *Council for the Advancement and Support of Education* (CASE) Susan L. Washburn, schneller als Männer Beziehungen auf einer emotionalen oder persönlichen Ebene herstellen und bringen dadurch nicht nur mehr über die wirkliche Motivation ihrer Gegenüber in Erfahrung, sondern reden auch mit ihnen darüber. Potentielle SpenderInnen sprechen, zumindest in der Anfangsphase, mit Männern nicht über die gleichen Dinge wie mit Frauen. Karen Osborne, *vice president for institutional advancement* des Trinity College, berichtet, daß es ihr gelungen ist, Zugang zu Personen zu gewinnen, an die vorher niemand rankam. Auch was *organizational skills* anbetrifft, so wird Frauen eher – nicht zuletzt aufgrund ihrer Verantwortlichkeiten im Haushalt – zugetraut, Aufgaben mit sehr unterschiedlichen Anforderungen, ob Detailaufgaben oder konzeptionelle Tätigkeiten, parallel zu erledigen. Gerade dies ist auch beim Fundraising wichtig. Visionen müssen entwickelt und vermittelt werden, aber zur Umsetzung von Visionen in Fundraising-Aktivitäten bedarf es vieler Einzelschritte (vgl. Faust/Whittier 1993).

Zu den weiblichen Sozialisationsmerkmalen, die als förderlich für Fundraising-Aufgaben benannt werden, gehören Einfühlungsvermögen, Anpassungsfähigkeit, *nurturing qualities* (die Fähigkeit, andere zu hegen und zu pflegen) und auch die Bereitschaft, das eigene Ego zumindest vorübergehend zurückstellen zu können. Zu starke Selbstdarstellungsbedürfnisse können beim Fundraising störend wirken. FundraiserInnen müssen zuhören können. Es ist außerdem erforderlich zu akzeptieren, die eigene Arbeit eher im Hintergrund zu leisten. Meist sind diejenigen FundraiserInnen am erfolgreichsten, denen es gelingt, hinter der Bühne Aktionen in Gang zu setzen. Zur Ego-Thematik gehört auch, daß Frauen eher bereit sind, das Wohl der Gruppe oder des Teams zumindest auf die gleiche Stufe wie ihr persönliches Wohl zu stellen. Fundraising bedeutet Teamarbeit, das Zusammenwirken zwischen Fachabteilung und FundraiserInnen im Interesse der Organisation, für die Mittel beschafft werden sollen. Shirley Bird Perry, *vice-president for development and university relations* an der University of Texas in Austin, berichtet aus Bewerbungsgesprächen für Fundraising-Positionen, daß Männer eher persönliche Leistungen in den Vordergrund stellen (»Let me tell you what I did at this other college.«), während Frauen mehr mit Begriffen wie »we, the team, the college« operierten. Schließlich, so Jane Geever, Leiterin eines Fundraising-Consulting-Unternehmens, führt auch die Tatsache, daß Frauen ihr Projekt meist weicher als Männer »verkaufen« dazu, daß diese als FundraiserInnen zunehmend gefragt sind. Dies vermittelt dem Gegenüber den Eindruck, daß es vorrangig um die Sache und nicht um die Spende geht (vgl. Faust/Whittier 1993, Elizabeth Klein 1988).

Die Fundraising-Profession in Deutschland

Dies ist nicht der Ort zu diskutieren, wo die Ursachen der geschlechtsspezifischen Unterschiede zwischen Frauen und Männern liegen, obwohl ich bekennen muß, daß ich nicht zu denjenigen gehöre, die einer spezifisch weiblichen Natur das Wort reden. Die Erfahrungen und Diskussionen in den USA zeigen, daß Frauen einen starken Einfluß ausüben auf die Fundraising-Profession und die Qualifikationsmerkmale, die von FundraiserInnen erwartet werden. Auch in Deutschland sollten Frauen die Entwicklung der Fundraising-Branche nicht den Männern überlassen. Zu ihrer gegenseitigen Stärkung und Unterstützung sowie zur Vertretung von Fraueninteressen in der Fundraising-Branche haben Fundraiserinnen in den USA in den achtziger Jahren spezielle Berufsorganisationen für Frauen gegründet. Die Anfang der achtziger Jahre gegründete Organisation *Women in Development of Greater Boston* hat mittlerweile über 800 Mitfrauen; mehr als 300 Frauen gehören *Women in Financial Development* in New York City an. Die Gründung eines Zusammenschlusses von Fundraiserinnen und interessierten Frauen könnte auch in Deutschland hilfreich sein, um die Position von Frauen in der Fundraising-Branche zu stärken.

4

Fundraising bedeutet Marketing

Marketing ist ein Begriff aus der Wirtschaft, aus der Welt der Profitunternehmen. Viele werden sich fragen, was ein solcher Begriff im Nonprofit-Sektor zu suchen hat. Marketing wird oft mit Verkaufen gleichgesetzt; das Ziel gemeinnütziger Organisationen ist aber gerade nicht der Verkauf von Leistungen oder gar das »Sich-Verkaufen«, sondern die Befriedigung von öffentlichen Bedürfnissen, von Anliegen, die dem Gemeinwohl dienen.

Marketing heißt Kundenorientierung mit dem Ziel, die Bedürfnisse und Wünsche der Kunden eines Zielmarktes zu ermitteln und diese durch das Anbieten von Produkten, Programmen oder Dienstleistungen zu befriedigen. Verkaufen hingegen zielt darauf ab, andere zum Konsum dessen zu motivieren, was die jeweilige Organisation anzubieten hat; dabei steht die Befriedigung von Bedürfnissen der Organisation selbst (wie Überleben oder Profit) im Vordergrund.

Für viele Nonprofits ist das Wort Kundenorientierung ein Fremdwort. Das traditionelle Selbstverständnis von gemeinnützigen Organisationen in Deutschland läßt sich als produktorientiert charakterisieren, wobei es sich bei den Produkten in der Regel um Dienstleistungen handelt. Meist konzentrieren sich die Einrichtungen auf die Entwicklung, Herstellung und Perfektionierung guter Produkte, über die tatsächlichen Bedürfnisse und Wünsche der Kunden hingegen wissen sie oft kaum Bescheid. Aber haben denn Nonprofit-Organisationen überhaupt Märkte und Kunden?

Ein Markt existiert dann, wenn es Personen oder Organisationen mit Ressourcen wie Geld, Zeit, Informationen gibt, die sie gegen bestimmte Güter tauschen wollen, und wenn sich verschiedene Wettbewerber darum bemühen, die Bedürfnisse und Wünsche der MarktteilnehmerInnen zufriedenzustellen. Es lassen sich zwei Markttypen unterscheiden:

- der Absatzmarkt, der Markt, in dem die Dienstleistungen oder Waren verkauft werden,
- der Beschaffungsmarkt, der Markt, aus dem die erforderlichen Ressourcen für die Leistungsproduktion (wie Personal, Sachmittel, Kapitel) beschafft werden.

Auch Nonprofit-Organisationen müssen ihre Dienstleistungen an den Mann und die Frau bringen; sie müssen diese auf Märkten absetzen, auf denen vielfältige andere Angebote – aus dem Nonprofit- und aus dem Profitbereich – existieren. So konkurriert ein Frauenmuseum mit seinen Ausstellungsangeboten mit anderen Museen, aber auch mit sonstigen Angeboten im Kulturbereich. Die Veranstaltungen eines Frauenbildungsprojektes stehen im Wettbewerb mit den Veranstaltungen der Volkshochschule oder eines kirchlichen Bildungsträgers. Auch bei vielen sozialen Dienstleistungen gelten Marktgesetze; so existieren unterschiedliche Beratungsangebote, es gibt autonome Frauenhäuser und Frauenhäuser in kirchlicher Trägerschaft, Selbstverteidigungskurse für Frauen werden von Frauenprojekten, aber auch von Sportvereinen angeboten. Allerdings gibt es gerade im Sozialbereich auch die Situation, daß bestimmte Leistungen nur von einem einzigen Anbieter bereitgestellt werden (so kümmert sich nur der Flughafensozialdienst um die am Frankfurter Flughafen ankommenden Flüchtlinge) oder aber, daß die bestehenden Angebote (beispielsweise Frauenhausplätze) nicht ausreichen. Die Thematik der Absatzmärkte von Nonprofit-Organisationen ist nicht Gegenstand dieses Buches; sie kann daher hier nicht weiter vertieft werden. Wichtig ist, sie bei Überlegungen bezüglich der Ressourcenbeschaffung einzubeziehen und u.a. zu überprüfen, ob nicht auch die LeistungsempfängerInnen selbst oder zumindest einige unter ihnen zu (höheren) Entgelten herangezogen werden können. Die hohe Staatsquote bei der Finanzierung von Nonprofit-Organisationen in Deutschland bewirkt, daß Leistungen auch an Personen »verschenkt« werden, für die es kein Problem wäre, dafür etwas zu zahlen.

Fundraising – eine besondere Variante des Beschaffungsmarketings

Bei Wirtschaftsunternehmen kommt das Geld in der Regel dadurch ins Haus, daß Kunden für die Produkte bezahlen. Bei Nonprofit-Organisationen hingegen sind die Geldgeber (= Kunden) oft nicht identisch mit den Nutznießern (= Klienten) der Leistungen. Das Auseinanderfallen von Kunden und Klienten bedeutet, daß versucht werden muß, die Bedürfnisse dieser unterschiedlichen Zielmärkte auf differenzierte Art und Weise zu befriedigen. Fundraising ist eine besondere Variante des Beschaffungsmarketings, bei der es zum einen darum geht, auf dem Absatzmarkt Leistungen ohne Entgelt oder zumindest ohne kostendeckendes Entgelt anbieten zu können und zum anderen Förderer (= Kunden) zu finden, die bereit und in der Lage sind, diese Arbeit zu finanzieren.

Alle potentiellen Geldgeber von Nonprofit-Organisationen – ob öffentlich oder privat – stellen Märkte dar, auf denen eine Vielfalt von Ideen und Anliegen um Fördermittel konkurrieren. Bei der Bereitstellung von Finanzmitteln durch private Geldgeber besitzen Marktgesetze eine besondere Bedeutung. Private Förderer können Unterstützung leisten, sind allerdings weder durch Gesetze dazu verpflichtet, noch müssen sie Prinzipien der Gleichbehandlung einhalten. Damit sind wir wieder bei dem Begriff Marketing. Der Zweck von Marketing besteht in der freiwilligen Herbeiführung von Austauschvorgängen. Privatpersonen, Unternehmen oder Stiftungen stellen ihre Leistungen an gemeinnützige Organisationen freiwillig zur Verfügung. Sie sind im Austausch für ihre Leistung jedoch nicht NutznießerInnen der eigentlichen Produkte, vielmehr besteht der Austauschprozeß darin, daß sie durch ihre Spende an eine Nonprofit-Organisation dazu beitragen, Menschen in Not zu helfen, Zukunft in ihrem

Sinne zu gestalten oder durch Sponsoring ihr Image zu verbessern. Fundraising bedeutet konkret die Erstellung einer Marketingkonzeption für die Einwerbung von Fördermitteln. Es geht darum, das Konzept der Kundenorientierung auf die Förderer anzuwenden und sich zu bemühen, deren Fördermotive und Kommunikationswünsche zu ermitteln und diese wirksamer als die Wettbewerber (= andere gemeinnützige Organisationen bzw. im Falle von Privatpersonen auch Konsum- oder Investitionsangebote) zu befriedigen.

Die Entwicklung einer Fundraising-Konzeption

Der Prozeß der Entwicklung einer Fundraising-Konzeption sollte möglichst unter Beteiligung externer BeraterInnen gesteuert werden. Er beinhaltet folgende Stufen: Organisationsanalyse, Marktanalyse, Maßnahmenplanung und -umsetzung. Schnellwirkende Patentrezepte gibt es nicht. Das »Geheimnis« für erfolgreiches Fundraising liegt darin, eine langfristig angelegte Kommunikationsstrategie zu entwickeln und daraus die notwendigen Handlungsschritte abzuleiten.

Organisationsanalyse: Corporate identity und Organisation der Ressourcenbeschaffung

Alle für die Mittelbeschaffung relevanten Bereiche einer Organisationen sollten hierbei unter die Lupe genommen werden. Von besonderer Bedeutung ist die *Corporate identity* (CI), die Identität einer Organisation. Dieser Begriff aus der Privatwirtschaft findet seit einigen Jahren zunehmend Anwendung im Nonprofit-Bereich. Marketingkonzepte und so auch Fundraising funktionieren dann am besten, wenn sie auf einer strategisch geplanten und in der Alltagspraxis der Organisation gelebten CI basieren.

Organisationen haben wie natürliche Personen eine Identität. Das Problem ist jedoch die Komplexität der verschiedenen Elemente (wie Personen und deren Handlungen, Produkte, Gebäude etc.), die eine Organisation ausmachen. Nach dem CI-Ansatz ist ein in sich stimmiges, einheitliches und unverwechselbares Gesamtbild der unterschiedlichen Faktoren anzustreben, denn es geht darum, den Geist der Organisation in die Köpfe der MitarbeiterInnen zu transportieren und von dort auf den Markt zu übertragen.

Im Idealfall sind Selbstbild und Fremdbild (*Corporate image*) einer Organisation identisch; in der Praxis jedoch klaffen beide oft auseinander. Das bei anderen vorhandene Image setzt sich aus kognitiven Komponenten (Kenntnisse, Erfahrungen, Wahrnehmungen) und affektiven Komponenten (Vorurteile, Gefühle, Erwartungen, Wünsche, Sympathie, Antipathie) zusammen. Vorhandenes Wissen wird komprimiert, Wissenslücken werden durch meist gefühlsmäßig bestimmte Mutmaßungen ersetzt. Ziel eines CI-Prozesses ist es, die Imagebildung bewußt zu steuern.

Der Kern einer CI ist die Philosophie einer Organisation, die ihren Ausdruck in einem ausformulierten Leitbild finden sollte. Es handelt sich hierbei um die Grundwerte und Grundideen einer Organisation, Auffassungen über Sinn und Zweck der Organisation, Qualitätsstandards, Kundenbedürfnisse, Zusammenarbeit, menschlichen Umgang. Vom Leitbild abgeleitet werden das visuelle Erscheinungsbild (wie MitarbeiterInnen selbst, schriftliche Materialien, Räume), das Verhalten (z.B. kompetent, effizient, ökologisch) und die Kommunikation (intern: MitarbeiterInnen-Informationen, Teamsitzungen, persönlicher Umgangston; extern: Presse- und Öffentlichkeitsarbeit, Lobbyarbeit, Veranstaltungen, Umgang am Telefon, Werbung).

Organisationsanalysen bei Nonprofit-Organisationen ergeben in der Regel, daß diese nicht auf der Grundlage eines CI-Konzeptes agieren. Trotz der Existenz von Vereinssatzungen etc. ist ein klares Selbstbild selten vorhanden. Je länger eine Organisation besteht und je mehr neue MitarbeiterInnen dazu kommen, desto mehr verschwimmen Visionen, Werte und Ziele. Die aktuellen Aufgabenbereiche stimmen vielfach längst nicht mehr mit den Tätigkeitsfeldern der Gründungsphase überein. Auch Erscheinungsbild, Verhalten und Kommunikation basieren eher auf Zufällen als auf abgestimmten Konzepten.

Welchen Nutzen bringt eine klare CI für das Fundraising? Wenn Nonprofit-Organisationen private GeldgeberInnen von der Notwendigkeit überzeugen wollen, sie finanziell zu unterstützen, dann ist es erforderlich, daß sie diesen ihre Ziele und ihr Leistungspotential vermitteln. Wenn sich die MitarbeiterInnen einer Organisation über deren Ziele und Zukunftspläne selbst im Unklaren sind, so ist es unmöglich, andere davon zu überzeugen. Hinzu kommt, daß Fördergeber unter einer Vielfalt unterschiedlicher Organisationen auswählen können.

Organisationen, denen es gelingt, ein klares Leistungsprofil in einer verständlichen Form und Sprache Dritten zu vermitteln, haben die besten Chancen auf dem Fundraising-Markt. Wenn Organisationen ihren potentiellen Geldgebern langatmige, theoretische Abhandlungen zukommen lassen oder aber schlecht kopierte Standardbriefe, so machen sie dadurch Aussagen über sich selbst. Die Ziele und die Notwendigkeit der Förderung durch andere müssen in kurzer Zeit aufnehmbar und begreifbar sein; das zu einer Botschaft (drei Sätze) und zu einem Motto (Slogan) verdichtete Leitbild einer gemeinnützigen Organisation sollte das Interesse der Förderer wecken und sie zum Mitmachen in Form von Fördermitteln bewegen.

Ein guter Slogan oder schöne Selbstdarstellungsbroschüren alleine nützen wenig. Gerade bei Nonprofit-Organisationen sind die RepräsentantInnen meist die wichtigsten VermittlerInnen der Botschaft. Ihr Erscheinungsbild (ob gepflegt oder ungepflegt, auffällig oder unscheinbar, konservativ oder alternativ, usw.) und ihre Art und Weise zu kommunizieren (freundlich oder unfreundlich, klar oder verwirrend, aggressiv oder vermittelnd, langatmig oder kurz und prägnant, usw.) hat einen entscheidenden Anteil an der Glaubwürdigkeit einer Organisation.

Ob Profit- oder Nonprofit-Organisation, ein umfassender CI-Prozeß erweist sich in der Regel als nützlich, sowohl was die Motivation der MitarbeiterInnen anbetrifft, als auch im Hinblick auf die Außenwirkung. Das Problem ist, daß sich dieser über einen längeren Zeitraum erstreckt und daß sich gerade Organisationen mit einer dünnen Finanzierungsdecke schwer tun, die anfallenden Kosten (ob für BeraterInnen oder neue Selbstdarstellungsmaterialien) zu tragen. Bei der Maßnahmenplanung, die sich aus der Organisationsanalyse ableitet, kommt es darauf an, Prioritäten zu setzen und diejenigen Schritte vorzuziehen, die für das Fundraising (wie beispielsweise die Klärung von Selbstbild und Fremdbild, eine funktionierende Öffentlichkeitsarbeit und das sichere Auftreten der RepräsentantInnen) unabdingbar sind.

Zur Organisationsanalyse gehört auch die Frage der Organisation der Mittelbeschaffung. Gerade in diesem Bereich sind viele Schwächen feststellbar. Die Entwicklung und Umsetzung der organisatorischen Voraussetzungen (vgl. die vorgangenen Abschnitte 2 und 3) sind Maßnahmen, ohne die eine Fundraising-Konzeption nicht funktioniert.

Marktanalyse

Im Anschluß an die Organisationsanalyse sollte eine Marktanalyse erfolgen, denn nur wer seine Märkte kennt, kann auf diesen erfolgreich Fundraising betreiben. Im Zentrum dieser Analyse steht die Erkennung der für die finanzielle Förderung einer gemeinnützigen Organisation relevanten Zielgruppen, deren Segmentierung und Beschreibung (einschließlich ihrer Erreichbarkeit). Die Beobachtung der Konkurrenz, also der anderen Organisationen, die diese Gruppen bereits ansprechen, sowie die Verfolgung politischer und gesellschaftlicher Entwicklungen sind weitere Punkte.

Zur Strukturierung der Zielgruppendefinition ist es zunächst erforderlich, Obergruppen zu bilden, innerhalb derer sich Förderer finden lassen bzw. die dazu beitragen können, daß Fördermittel fließen:

1. Öffentliche Fördergeber
   - Kommune
   - Land
     Bund

- EG
- Kirchen
- Gerichte (Bußgelder)

2. Private Fördergeber
   - Individuen
   - Stiftungen
   - Unternehmen
   - Vereine und Verbände

3. Multiplikatoren
   - Personen aus der eigenen Organisation
   - SympathisantInnen
   - PolitikerInnen
   - JournalistInnen/Medien

Innerhalb dieser Obergruppen lassen sich anhand einer Mischung unterschiedlicher Kriterien (wie Werte, politische Grundhaltung, persönliche Betroffenheit, Lebensstil, Geschlecht, Alter, Bildung, Beruf, Familienstand, Lebensstandard, Einkommen, Wohnort) Zielgruppen abgrenzen (vgl. Teil IV: Die Segmentierung der SpenderInnen). Die Grundanforderung bei der Festlegung der Kriterien ist die Annahme, daß sich daraus Beweggründe für die Förderung der jeweiligen Organisation ergeben. Die gebildeten Zielgruppen sollten dann möglichst genau beschrieben werden (Größe, wirtschaftliches Potential, Kommunikationskanäle).

Die Marktanalyse fördert oft zutage, daß Informationen über die aktuellen und insbesondere die potentiellen Förderer lediglich in Form diffuser Mutmaßungen existieren. Gerade was private SpenderInnen anbetrifft, so ist meist nur oberflächliches Wissen vorhanden. Fundraising aber funktioniert dann am besten, wenn gründliche Marktforschung betrieben wird und mit den richtigen Personen und Institutionen gezielt kommuniziert wird. Die Zielgruppenbeschreibungen bilden die Grundlage für die Entwicklung von Kommunikationsmaßnahmen, also von Fundraising-Methoden.

Teil IV
Fundraising-Methodik

1
Das Hegen und Pflegen der Förderer

Fundraising heißt, wie in Teil III dargelegt, Marketing und Kundenorientierung. Förderer sollten als Kunden betrachtet und behandelt werden. Förderer sind allerdings Kunden, die meist nicht von sich aus auf die Anbieter zugehen, vielmehr müssen die gemeinnützigen Organisationen auf die Fördergeber zugehen. Ziel ist die Herstellung von möglichst langfristigen Beziehungen. Beziehungen aber funktionieren dann am besten, wenn man sie pflegt. In vielen Fällen obliegt es einer Seite, die Beziehungsarbeit zu leisten. Dies ist auch beim Fundraising der Fall. Das Hegen und Pflegen der Fördergeber ist eine Aufgabe, die von den Fördernehmern geleistet werden muß. Sie müssen die Motive und Erwartungen der Förderer herausfinden und möglichst individuelle Kommunikationspläne entwickeln, um diese zu befriedigen.

Spendenmotive

Die Motive, die Menschen zum Spenden bewegen, sind komplex und vielfältig. Rein altruistische Motive sind selten, fast immer sind auch eigennützige Motive im Spiel. Es ist wichtig zu akzeptieren, daß jeder Mensch ein Recht auf seine Motive hat. Nachfolgend werden einige der wichtigsten Spendenmotive erläutert, die im jeweiligen Einzelfall zu einem Geflecht von emotionalen und rationalen Beweggründen führen. Unternehmen und Stiftungen sind Institutionen, in deren Fördermotive oft noch andere

Gesichtspunkte als die beschriebenen hineinspielen. Darauf wird in den Abschnitten 3 und 4 näher eingegangen. Dennoch spielen die nachstehend beschriebenen Motive bei den Förderentscheidungen der Verantwortlichen (auch dies sind Individuen) mit hinein.

Werte und Glaubensgrundsätze. Diese sind von zentraler Bedeutung für das Spendenverhalten von Menschen; hieraus leiten sich in der Regel auch die inhaltlichen Spendenpräferenzen ab. Die Werte eines Menschen erwachsen aus seiner eigenen Lebenserfahrung. In diese Kategorie gehören auch Stichworte wie soziales Engagement, Solidarität und politische Einstellungen.

Zugehörigkeit. Das Bedürfnis nach Zugehörigkeit zu einer Gemeinschaft ist ein wesentliches menschliches Grundbedürfnis. In früheren Zeiten ließ sich dieses Bedürfnis durch die geographischen Gegebenheiten und Lebensgewohnheiten leichter befriedigen. Heute wird dieses Gefühl oft durch Spenden hergestellt. Der lokale Bezug ist ein wichtiges Spendenmotiv; ein Zugehörigkeitsgefühl läßt sich auch darüber herstellen, daß jemand für eine Organisation oder ein Anliegen spendet, mit dem er oder sie sich identifiziert.

Steigerung des Selbstwertgefühls. Viele Menschen erhalten in ihrem Lebens- und Berufsalltag keine Bestätigung ihres Selbstwertgefühls oder sie empfinden die materielle Anerkennung, die sie im Beruf erhalten, als unbefriedigend. Sie versuchen daher, Anerkennung aus anderen Quellen zu beziehen. Spenden sind eine Möglichkeit der Erhöhung der Selbstachtung.

Über den eigenen Tod hinaus wirken. Nur wenige Menschen haben das Glück bzw. das Geld, sich dadurch verewigen zu können, daß ein Gebäude oder gar eine Stiftung nach ihnen benannt wird. Doch auch Spenden ohne dauerhafte namentliche Anerkennung geben Menschen das Gefühl, ihren Beitrag zu einer besseren Zukunft zu leisten.

Einflußnahme. Viele Menschen wollen sich für ihnen wichtige Anliegen engagieren. Da die individuellen Einflußmöglichkeiten auf das politische Geschehen gering sind, offerieren Spenden eine Möglichkeit für Individuen, Einfluß auszuüben. Das Bedürfnis nach Einflußnahme kann sich gerade bei höheren Spenden auch darin ausdrücken, daß die Personen direkt bestimmen wollen, was mit ihrem Geld geschieht.

Sich gut fühlen. Vielen Menschen bereitet die Tatsache Schwierigkeiten, daß es ihnen selbst gut geht, während es anderen schlecht geht. Spenden ist eine Möglichkeit der Kompensation von schlechtem Gewissen.

Außer den genannten Motiven können auch ganz banal klingende Gründe den Ausschlag dafür geben, ob jemand spendet oder nicht. Dazu gehören Punkte wie: Geld haben oder nicht; keine Zeit, selbst aktiv zu werden; in Ruhe gelassen zu werden; Gewohnheit oder die Hoffnung auf Gegenspende, wenn man es selbst einmal nötig hat.

Neben immateriellen Beweggründen können auch materielle Anreize die Grundlage zum Spenden bilden. Steuerersparnis gilt als das wichtigste materielle Spendenmotiv. Es ist jedoch ein Irrtum anzunehmen, daß Steuervorteile bei der Entscheidung, ob jemand spendet oder nicht, als Motiv im Vordergrund stehen. In der Regel handelt es sich dabei um einen Mitnahme-Effekt, denn die Steuerersparnis macht lediglich einen Teil dessen aus, was SpenderInnen und StifterInnen geben. Im Endeffekt leisten sie mehr für das Gemeinwohl, als wenn sie lediglich Steuern gezahlt hätten. Zu den materiellen Anreizen gehören auch die *Teilnahme an Benefiz-Veranstaltungen, Lotteriegewinne* (wie bei der Fernsehlotterie GlücksSpirale) oder *Waren mit Spendenzuschlag* (wie Benefiz-CDs, UNICEF-Weihnachtskarten oder Wohlfahrtsbriefmarken).

Was Förderer erwarten

Die im folgenden beschriebenen Erwartungen sind im Prinzip bei allen unterschiedlichen Gruppen von Fördergebern vorhanden. Allerdings sollten die Spezifika der jeweiligen Gruppen berücksichtigt werden. So erwarten beispielsweise Stiftungen eine andere Form von Anerkennung als Einzelpersonen.

Lösungen

Förderer erwarten mehr, als lediglich Geld abgeben zu dürfen. Sie erwarten vor allen Dingen keine permanenten Katastrophenmeldungen; vielmehr wollen sie sich mit ihrer Förderung daran beteiligen, daß Probleme gelöst bzw. daß zumindest Lösungsansätze entwickelt werden. Viele Nonprofit-Organisationen neigen zum Jammern. Zum einen werden Katastrophen oder Notlagen in den Bereichen, in denen die Organisation tätig ist, ausführlich geschildert (ob Flüchtlingselend, fehlende Arbeitsplatzangebote für Frauen oder zunehmende Gewalt in Familie und Gesellschaft). Zum anderen steht oft die finanziell prekäre Situation der eigenen Organisation im Mittelpunkt von Spendenaufrufen oder Gesprächen mit Förderern. Jammern bewirkt keine langfristige Fördermotivation; Förderer lassen sich dadurch bestenfalls vorübergehend dazu motivieren, eine Organisation zu unterstützen. Jammern verstärkt das Gefühl der Ohnmacht, daß einzelne angesichts der allgegenwärtigen großen Probleme nichts ausrichten können. Statt zu jammern, sollten Nonprofit-Organisationen in den Vordergrund stellen, was sie zur Lösung von Problemen leisten.

Vertrauen

Förderer erwarten, daß sie der Organisation, die sie unterstützen, Vertrauen schenken können. Die Mittel sollen nicht verschwendet oder mißbraucht werden, sei es durch überhöhte Verwaltungskosten, durch die Durchführung nicht durchdachter Aktionen oder gar dadurch, daß die Gelder in die Taschen Unbefugter wandern. Vielmehr sollen sie in möglichst vollem Umfang denjenigen Zielgruppen und Zielen zugute kommen, welche die Förderer bei ihrer Entscheidung im Auge haben.

Insbesondere große Organisationen haben sich in den vergangenen Jahren mit dem Thema Vertrauen auseinandersetzen müssen. Immer wieder wurden Fälle von unsachgemäßem Umgang mit Spendenmitteln bekannt, parallel dazu sind Medien und SpenderInnen kritischer geworden, und das Bedürfnis der SpenderInnen nach Vertrauensbeweisen hat zugenommen. Dies ist der Hintergrund, warum sich nun auch in Deutschland Entwicklungen abzeichnen, die Glaubwürdigkeit spendensammelnder Organisationen zu fördern.

Das *Deutsche Zentralinstitut für soziale Fragen (DZI)* in Berlin vergibt seit 1992 ein Spendensiegel für überregional tätige humanitär-karitative Organisationen, die sich überwiegend durch Spendensammlungen finanzieren, bzw. für solche Organisationen, die zwar für ihre Grundfinanzierung nicht auf Spenden angewiesen sind, aber regelmäßige Spendensammelaktionen mit humanitär-karitativer Zielsetzung durchführen. Das DZI nimmt allerdings keine Spendensiegelanträge von Umweltorganisationen, kulturellen, politischen und religiösen Vereinigungen entgegen; es befaßt sich auch nicht mit dem Spendenaufkommen regional und lokal tätiger Organisationen oder mit einmaligen Großspendenkampagnen (wie beispielsweise die Rußland-Hilfe). Vor diesem Hintergrund entstand 1993 der *Deutsche Spendenrat* mit Sitz in Bonn, dessen Trägerverein Fachleute aus dem Spendenwesen in den Spendenrat beruft. Der Deutsche Spendenrat kann dann angerufen werden, wenn die Spendenwerbung gemeinnütziger Organisationen beanstandet oder vermutet wird, daß Mitgliedsorganisationen des Trägervereins die eingegangene Selbstverpflichtung zur Sauberkeit und Offenheit ihrer Spendeneinwerbung verletzen.

Lokale Initiativen und Organisationen genießen gegenüber spendensammelnden Großorganisationen einen wichtig Vorteil: Sie haben es leichter, das Vertrauen ihrer Förderer auch ohne Siegel oder Spendenrat zu gewinnen, da die Aktiven häufig persönlich bekannt sind. Anders als Großorganisationen, denen oft kein direkter persönlicher Kontakt mit ihren vielen SpenderInnen möglich ist, können sie die Beziehungen zu ihren Förderern persönlich pflegen und vor Ort ihr Leistungspotential demonstrieren.

Information

Vertrauen läßt sich am besten durch Information herstellen. Viele Nonprofit-Organisationen versäumen es, ihre Fördergeber regelmäßig über ihre Arbeit zu informieren. Information bedeutet nicht das Verschicken dicker Papierpakete oder Informationsbroschüren an alle UnterstützerInnen. Vielmehr geht es darum, die unterschiedlichen Förderer möglichst differenziert mit Auskünften zu versorgen, die sie interessieren und die nicht erschlagend wirken. Information bedeutet auch einen transparenten Umgang mit dem Thema Finanzen; die jährlichen Einnahmen- und Ausgabenrechnungen sollten offengelegt werden. Auch Mittelbeschaffungskosten dürfen nicht verheimlicht werden. Gerade auf diesem Gebiet herrscht viel Erklärungsbedarf; hier besteht die Notwendigkeit aufzudecken und nicht zu verschleiern.

Anerkennung

Förderer erwarten Anerkennung. Ohne die Bestätigung, daß ihr Förderbeitrag angekommen ist und positiv wahrgenommen wird, erleben viele Fördergeber, insbesondere IndividualspenderInnen, Frustrationsgefühle. Diese können sich negativ auf die künftige Beziehung zwischen Fördergebern und -nehmern auswirken. Die Anerkennung der UnterstützerInnen kann auf unterschiedliche Art und Weise erfolgen: Dankesschreiben, ein freundliches Telefonat, Nennung der Namen im Mitteilungsblatt, im Jahresbericht der Organisation oder einer Zeitungsannonce, Einladung der Förderer zu einen Fest. Je mehr Zeit zwischen

Förderhandlung und Anerkennung liegen, desto größer ist die Gefahr, daß ein Bruch in der Beziehung entsteht.

Ein wichtiger Unterpunkt des Anerkennungsthemas ist die Spendenbescheinigung. Nichts ist ärgerlicher für eine Spenderin, als wenn sie beim Ausfüllen ihrer Steuererklärung merkt, daß die Spendenquittung noch nicht vorliegt. Bescheinigungen sollten den SpenderInnen automatisch, entweder unmittelbar nach dem Eingang der Spende oder aber, sofern die SpenderInnen darüber informiert wurden, am Jahresende ohne Aufforderung zugesandt werden.

Wahrnehmung als Persönlichkeit

Insbesondere IndividualspenderInnen, aber auch die zuständigen Personen in Stiftungen oder Unternehmen wollen als Personen und nicht als anonyme UnterstützerInnen gesehen werden. Aus diesem Grunde ist es wichtig, einen möglichst persönlichen Umgang mit allen Förderern zu pflegen und auch auf scheinbare Banalitäten, wie die richtige Schreibweise von Namen oder die korrekte Anrede, zu achten. Schreiben mit unpersönlicher Ansprache (»Sehr geehrte Damen und Herren«) können negativ wirken. Besonders kritisch ist es, wenn auf Bitten von SpenderInnen nicht eingegangen wird (z.B. nach bestimmten Auskünften oder nach Nichtnennung des Namens).

Einfluß auf die Mittelverwendung

Viele Förderer spenden dann am ehesten, wenn sie sich konkret vorstellen können, was mit dem Geld geschieht. Förderappelle mit dem Ziel, eine Nonprofit-Organisation an sich zu unterstützen, sind selten von Erfolg gekrönt. Es ist daher sinnvoll, konkrete Projekte zu benennen, die gefördert werden sollen. Eine Möglichkeit, um SpenderInnen das Gefühl zu vermitteln, sie hätten Einfluß darauf, was mit ihrem Geld geschieht, ist die Beschreibung dessen, was mit einem bestimmten Förderbetrag finanziert werden kann. So ist in einem Spendenbrief des UNHCR (Hochkommissariat für Flüchtlinge der Vereinten Nationen) zu lesen, daß mit 25 Mark drei Decken, mit 50 Mark 150 Kilogramm Reis oder mit 500 Mark ein Zelt für eine Familie zu finanzieren ist.

Die Förderkartei

Das A und O für erfolgreiches Fundraising ist eine gewissenhaft geführte Förderkartei, denn diese bildet die Grundlage für die Kommunikation mit den aktuellen und potentiellen Förderern. Außerdem ist es wichtig, daß das Wissen über die Geldgeber nicht nur im Gedächtnis einzelner Personen angesiedelt ist. Die Förderkartei ermöglicht mehreren Personen den Zugang zu Informationen über die Fördergeber. Dies ist nicht nur dann notwendig, wenn personelle Wechsel in einer Organisation stattfinden. Personen können aufgrund von Krankheit ausfallen oder aber die Fundraising-Abteilung wird vergrößert.

Die Kartei dient zum einen der Adressenverwaltung (Name, gültige Anschrift, evtl. Telefonnummer, bei Unternehmen AnsprechpartnerIn sowie deren Funktion). Zum anderen aber sollten darin alle über die SpenderInnen gewonnenen Informationen gesammelt werden (wie Alter, Beruf, Geschlecht, Spendenmotive). Unbedingt notiert werden müssen der Eingang von Spenden, deren Höhe und deren Anlaß (z.B. als Reaktion auf den Spendenbrief vom März 1995).

Die Förderkartei kann manuell mit einem Karteikastensystem geführt werden. Zunehmend aber führen Nonprofit-Organisationen auch in Deutschland ihre Förderkarteien mit Hilfe von Computerprogrammen. Dadurch wird nicht nur die Adressenverwaltung und die Spendenbuchhaltung erleichtert. Eine Fundraising-Software bringt viele andere Vorteile mit sich. Daten lassen sich leichter und in größerem Umfang sammeln; die Kommunikation mit den Förderern kann individuell gesteuert werden. Wird der Eingang einer Spende eingegeben, so werden automatisch Spendenbescheinigung und Dankesschreiben ausgedruckt. Für jede Förderin kann eine detaillierte Kontakthistorie aufgebaut werden. Durch beliebige Selektionsmöglichkeiten könnten Fundraising-Aktionen auf kleine Zielgruppen ausgerichtet werden. Möglich ist auch das Führen einer Beziehungskartei, in der alle Informationen darüber, wer wen kennt, festgehalten werden.

Die Anschaffung einer professionellen Fundraising-Software ist in Deutschland bisher noch relativ teuer (rund 5000 Mark). Hinzu kommen Schulungs- und Wartungskosten, denn die beste Software nützt nichts, wenn es in einer Organisation niemanden gibt, der in der Lage ist, damit umzugehen. Es gibt allerdings auch Organisationen, die mit einer selbst entwickelten Softwarekonfiguration arbeiten.

Gerade kleine Initiativen, die bislang kaum über Spendeneinnahmen verfügen, und vielleicht gar keinen Computer besitzen, werden sich fragen, ob für die Durchführung von Fundraising-Aktivitäten unbedingt ein Computer mit der entsprechenden Software notwendig ist. Grundsätzlich lautet die Antwort darauf »Nein«, allerdings ist dann dringend zu einer guten, per Hand geführten Förderkartei zu raten. Doch wo immer möglich, ist der Einsatz eines Computers anzuraten. Dies lohnt sich bereits bei einer kleinen Anzahl von SpenderInnen, vor allen Dingen dann, wenn das Ziel die Vergrößerung des Fördererpotentials ist.

Ein Problem bei der Führung einer Förderkartei ist das möglichst vollständige Sammeln aller Informationen über die einzelnen Fördergeber. Dies ist davon abhängig, daß alle diejenigen, die mit Förderern in Kontakt kommen bzw. Informationen über diese erhalten, dafür sorgen, das diese wirklich in die Kartei aufgenommen werden. Dies kann besonders Organisationen, die über keine hierarchischen Strukturen bzw. keine klare Arbeitsteilung verfügen oder aber in denen viele Ehrenamtliche mitarbeiten, Probleme bereiten.

Bei der computermäßigen Speicherung von Daten über Förderer muß darauf geachtet werden, daß Datenschutzbestimmungen nicht verletzt werden. Grundsätzlich dürfen Nonprofit-Organisationen alle möglichen Daten über ihre Förderer sammeln. Auch jeder Versicherungsagent macht sich Notizen über Gespräche, die er führt. Es macht keinen großen Unterschied, ob diese nun per Hand auf eine Karteikarte geschrieben oder in einem Computer gespeichert werden. Datenschutzfragen werden dann relevant, wenn personenbezogene Daten an Dritte weitergegeben werden. Werden Anschriftenlisten erstellt mit dem Ziel, diese zu verkaufen oder zu vermieten (was im Direktmarketing gang und gäbe ist), so muß strikt auf die Einhaltung des Bundesdatenschutzgesetzes geachtet werden. So dürfen bespielsweise keine Daten weitergegeben werden, die ein schutzwürdiges Interesse der Betroffenen verletzen (z.B. Daten über gesundheitliche Verhältnisse oder religiöse Anschauungen).

Die Segmentierung der SpenderInnen

Fundraising bedeutet das gezielte Kommunizieren mit aktuellen und potentiellen Förderern. Daher ist es erforderlich, eine Segmentierung (also Aufteilung) in möglichst homogene Teilgruppen vorzunehmen.

Zunächst sollten die Fördergeber, wie in Teil III (Marktanalyse) beschrieben, in Obergruppen (wie Individuen, Stiftungen, Unternehmen) aufgeteilt werden. Im Anschluß daran geht es darum, innerhalb der einzelnen Gruppen Teilgruppen zu identifizieren. Im folgenden soll anhand der Obergruppe Individuen dargelegt werden, welche Segmentierungskriterien für das Fundraising relevant sein können.

Im kommerziellen Direktmarketing geht der eigentlichen Segmentierung der Kunden zunächst die Frage voraus, auf welcher Stufe der »Loyalitätsleiter« eine Zielperson einzuordnen ist. Folgende Stufen werden unterschieden: keine Kenntnisse, Kenntnisse, Produktinteresse, Kaufinteresse, Erstkauf, Folgekauf, Mehrfachkauf, Stammkunde. Diese Kategorien sind auch auf SpenderInnen übertragbar. Einer Person, die keinerlei Kenntnisse über eine bestimmte Nonprofit-Organisation und deren Ziele besitzt, müssen zunächst auf eine ihr verständliche Weise Grundkenntnisse vermittelt werden. Bei einer Person, die bereits über Kenntnisse über die Arbeit einer Organisation verfügt, kommt es darauf an, diese Kenntnisse in Interesse und Spendenbereitschaft zu verwandeln. Nach dem Erstkauf, also der Erstspende, geht es darum, die Personen zu weiteren Spenden zu motivieren und sie als DauerspenderInnen zu gewinnen. Je nach Stufe der Loyalitätsleiter sollte auf unterschiedliche Weise mit den SpenderInnen kommuniziert werden. Dies erklärt, warum es so wichtig ist, für jede einzelne SpenderIn Daten über Art und Zeitpunkt von Ansprachen, ihre Reaktion darauf sowie Einzelheiten über ihr konkretes Spendenverhalten (Spendeneingang, Höhe) zu sammeln.

Folgende Kriterien können für Segmentierung von Einzelpersonen herangezogen werden:

Geographische Kriterien: Region, Wohnort, Stadtteil, Straße. Geographische Kriterien sind leicht zugänglich. Sie spielen beim Spendenverhalten eine wichtige Rolle. Eine lokal tätige Organisation hat die besten Chancen bei SpenderInnen, die in ihrem Einzugsgebiet wohnen. Stadtteil oder Straßenzug können außerdem Anhaltspunkte über Einkommen und Schichtenzugehörigkeit geben.

Soziodemographische Kriterien: Alter, Geschlecht, Einkommen, Beruf, Haushaltsgröße, Zahl der Kinder. Alle diese Daten sind für das Spendenverhalten von Bedeutung; sie sind jedoch (mit Ausnahme des Geschlechts) ebenso wie die weiteren Kriterien schwieriger zugänglich als geographische Daten.

In Deutschland befinden sich ein Drittel des Vermögens in den Händen der über 65jährigen, die 45-65jährigen besitzen über 40% des Vermögens. Diese Zahlen deuten darauf hin, welche Altersgruppen es sich leichter leisten können zu spenden. Wissen sollte man auch, daß die Spendenbereitschaft der Generation ab 60 Jahren besonders hoch ist, denn diese Menschen haben selbst in den Kriegs- und Nachkriegsjahren erlebt, was Not bedeutet.

Untersuchungen aus den USA belegen, daß Einkommen und Bildungsstand das Spendenverhalten beeinflußen. Je höher diese sind, desto größer ist die Spendenbereitschaft.

Verhaltensmerkmale: Nutzung von Medien, Informationsverhalten, Einkaufsstättenwahl, Kaufverhalten. Jemand, der die *taz* liest, hat meist andere politische Präferenzen, als jemand der die *Bildzeitung* liest. Eine Frau, die im Bioladen einkauft, ist eher für die Unterstützung eines Frauengesundheitsprojektes zu gewinnen als eine Kundin von Aldi.

Psychographische Kriterien: Einstellungen, Meinungen, Persönlichkeitsmerkmale. Die Wahrscheinlichkeit, einen CSU-Wähler für die Unterstützung eines Lesbenprojektes zu gewinnen, ist geringer als bei einer Grünen-Wählerin. Der Erstkontakt zu einem wertkonservativen Banker, der darum gebeten werden soll, für ein Jugendprojekt zu spenden, läßt sich nur schwer über einen schrill aussehenden Punker herstellen.

Benefitkriterien: Nutzenerwartungen. Es ist wichtig zu wissen, welchen konkreten Nutzen sich SpenderInnen versprechen. Dazu kann gehören, daß sie an der regelmäßigen Zusendung einer Zeitschrift interessiert sind, daß ein Gebäude nach ihnen benannt werden soll oder daß sie im Fernsehen verfolgen können, wenn Greenpeace-Aktivisten eine Ölbohrinsel besetzt haben.

Lebensstilkriterien: beruhen auf einer Kombination aus psychographischen und demographischen Kriterien sowie Verhaltensmerkmalen. In den vergangenen Jahrzehnten veröffentlichten Marktforschungsinstitute immer wieder neue Lifestyle-Modelle (wie »die Traditionsverbundenen, die Streber, die Erfolgstypen, die Erfahrungssucher, die sozial Engagierten« oder »die bescheidenen Pflichtbewußten, die aufgeschlossenen Häuslichen, die Bodenständigen, die Angepaßten, die Arrivierten, die Aufstiegsorientierten, die trendbewußten Mitmacher, die Geltungsbedürftigen, die fun-orientierten Jugendlichen, die jungen Individualisten«). Die Einbeziehung von Lebensstilkriterien bei der Definition von SpenderInnenzielgruppen kann für die Spendeneinwerbung sehr hilfreich sein, Voraussetzung dafür ist allerdings, Lebensstile zu definieren, die eine Relevanz für den jeweiligen Spendenzweck besitzen. So könnte beispielsweise eine

Tierschutzorganisation mit den Lebensstilkategorien »alternative Vegetarierin« oder »einsame Rentnerin« arbeiten.

Es ist nicht möglich und auch nicht sinnvoll, eine für alle Nonprofit-Organisationen gleichermaßen sinnvolle SpenderInnenkategorisierung zu erstellen. Die Art der zu definierenden Zielgruppen steht in einem engen Zusammenhang mit organisationsspezifischen Gegenheiten. Anhand der Kombination verschiedener Selektionskriterien lassen sich unterschiedliche SpenderInnenzielgruppen definieren (Computer können dabei eine große Hilfe sein), für die dann unterschiedliche Kommunikationspläne ausgearbeitet werden können.

Die Kommunikation mit der Zielgruppe Frauen

In den USA haben Nonprofit-Organisationen unterschiedlichster Couleur in den vergangenen Jahren damit begonnen, sich mit der Frage zu befassen, wie sie mehr Frauen als Spenderinnen gewinnen und wie Frauen zu höheren Spenden motiviert werden können. Traditionelle, von Männern für Männer geschaffene Fundraising-Methoden, so die dortigen Erfahrungen, funktionieren nicht so gut bei Frauen; vielmehr verhindern sie, daß das Spendenpotential von Frauen voll ausgeschöpft wird.

Frauen werden zum Spenden ermutigt, wenn sie sich angenommen fühlen und wenn mit ihnen auf eine Art und Weise kommuniziert wird, die ihnen angenehm ist. Es gibt viele Beispiele aus den USA, die belegen, daß Frauen als Spenderinnen weniger ernst genommen werden und daß ihnen weniger zugetraut wird als Männern. Bei verheirateten Paaren richtet sich die Aufmerksamkeit der Fundraiser meist auf den Mann. Ehefrauen werden nicht als Individuen wahrgenommen, Einladungen erfolgen an »Mrs. James Smith«, Dankesschreiben werden an den Ehemann gerichtet, obwohl die Ehefrau den Spendenscheck unterschrieben hat. Noch gravierender wirkt sich aus, daß Frauen seltener als Männer um Spenden gebeten werden, oder wenn

Frauen, die einer Nonprofit-Organisation von sich aus ihre Spendenbereitschaft signalisierten, durch einen rüden Umgangston verschreckt werden. Außerdem werden Frauen oft, ohne daß sie dies wollen, in die Frauenecke gestellt (indem sie beispielsweise lediglich darum gebeten werden, das Frauenstudienprogramm zu unterstützen, während Männern in den Spendenaufrufen die ganze Institution vorgestellt wird).

Einige Nonprofits in den USA haben mittlerweile Aktivitäten gestartet, mit der Absicht mehr Frauen dazu zu bewegen, ihre Institution mit höheren Summen zu unterstützen. Ein Beispiel dafür ist die UCLA (University of California in Los Angeles). Um die Kritik, Wünsche und Vorschläge ihrer Spenderinnen in Erfahrung zu bringen, wurden Frauen, die mehr als 25.000 Dollar gespendet hatten, zur Teilnahme an Fokus-Gruppen eingeladen. Das Interesse an diesen Gruppen war riesig. Als Ergebnis wurden zahlreiche Neuerungen beim Fundraising eingeführt, die bereits nach kurzer Zeit zur Steigerung der Spendeneinnahmen führten (Dundjerski 1995b).

Nun werden regelmäßig Schulungsmaßnahmen für Angestellte durchgeführt, in denen es darum geht, ein Gespür für die Bedürfnisse von Spenderinnen zu entwickeln. Mehr Frauen werden um mehr Geld gebeten. Es zeigte sich, daß Frauen positiv auf die Konfrontation mit höheren Erwartungen reagieren. Weitere Empfehlungen: Um Frauen nicht durch stereotype Erwartungen zu verärgern, sollte herausgefunden werden, wo ihre wirklichen Interessensschwerpunkte liegen. Frauen benötigen Frauen als Spenderinnenvorbilder; die Veröffentlichung von Großspenden von Frauen ermutigt andere Frauen zum Spenden. Die Spendenbereitschaft von Frauen wächst, wenn ihnen Gelegenheiten geboten werden, sich selbst an Aktivitäten der Organisation zu beteiligen. Frauen erwarten auch die Präsenz von Frauen im Vorstand und bei den leitenden Angestellten einer Organisation.

Was das Thema Kommunikation anbetrifft, so berichten FundraiserInnen aus den USA, daß Frauen mehr über die Organisation insgesamt sowie den Verwendungszweck ihrer Spende wissen wollen als Männer. Sie stellen daher detailliertere Fragen. Gewöhnlich muß mehr Zeit aufgewendet werden, um Großspenden von Frauen zu erhalten. Was Gesprächsinhalte anbetrifft, so sollten FundraiserInnen berücksichtigen, daß Männer gerne über Aktionen, Ereignisse und Erfolge reden, während Frauen meist mehr an Beziehungen, Personen und Gefühlen interessiert sind. Wenn männliche Fundraiser Frauen um Geld bitten, so sollten sie ihnen Fragen stellen und ihnen viel Gelegenheit zum Reden bieten, denn oft neigen Männer in Gesprächen dazu, mehr zu reden als Frauen. Dabei werden das Nicken und Lächeln von Frauen oft fälschlicherweise als positive Signale interpretiert.

Die beschriebenen Erfahrungen und Anregungen aus den USA können auch von Nutzen sein, um die Spendenbereitschaft von Frauen auch in Deutschland auszuweiten. Es ist jedoch möglich, daß beim »Hegen und Pflegen« von Spenderinnen in Deutschland andere Gesichtspunkte relevanter sind. Das Problem ist, daß bei uns die Notwendigkeit der Einbeziehung geschlechtsspezifischer Unterschiede bei der Ansprache von SpenderInnen bisher noch kein Thema ist, das FundraiserInnen beschäftigt.

Auch wenn allen Frauen ihr Geschlecht gemeinsam ist, so genügt das Segmentierungskriterium »Frau« alleine nicht, um Fundraising-Strategien zu entwickeln. Für die Frage, ob eine Frau überhaupt spendet oder nicht, sind insbesondere die Kriterien Alter, Bildung, Einkommen/Vermögen sowie Familienstand von Relevanz. Die Wahrscheinlichkeit, daß eine geschiedene Ärztin im Alter von 50 Jahren, deren Kinder erwachsen sind, spendet, ist größer als bei einer alleinerziehenden Verkäuferin im Alter von 22 Jahren. Eine 75jährige kinderlose Beamtenwitwe kann es sich eher leisten zu spenden, als eine 28jährige alleinlebende Mathematikerin, die gerade ihre erste Stelle angetreten hat. Bei der Frage, welche Ziele Frauen unterstützen, spielen deren politische und weltanschauliche Einstellungen (also psychographische Kriterien) eine große Rolle. Eine Unternehmerin, die der CDU nahesteht, ließe sich sicherlich dafür gewinnen, ein Projekt zu unterstützen, das der Karriereförderung junger Frauen dient. Ob eine streng gläubige Katholikin bereit ist, *Pro Familia* mit Spenden zu unterstützen, ist eher fraglich. Für die Frage, über welche Kommunikationswege eine Frau zu erreichen ist, sind

Verhaltensmerkmale sowie Benefitkriterien von Bedeutung. Ein Spendenaufruf, der sich an eine *Cosmopolitan*-Leserin richtet, muß anders aussehen, als ein Spendenaufruf, mit dem eine *Bild-der-Frau*-Leserin als Spenderin gewonnen werden soll. Die Einladung zu einem Klassik-Benefizkonzert kann ein Kommunikationsweg sein, auf dem sich eine kulturinteressierte Lehrerin ansprechen läßt, ob dies allerdings auch für eine sportbegeisterte Ingenieurin zutrifft, ist fraglich.

2
Der Weg zu den Individuen

In den folgenden Abschnitten werden Fundraising-Methoden beschrieben, deren Ziel es ist, Individuen als SpenderInnen zu gewinnen und zu halten. Die Wahl der Fundraising-Methode sowie die Art und Weise ihrer Umsetzung in die Praxis ist abhängig von der Zielgruppe, die angesprochen werden soll. Dabei gilt der Grundsatz: Persönliche Kontakte stoßen auf die größte Resonanz und sind, wenn möglich und sofern es sich rentiert, anderen Fundraising-Methoden vorzuziehen. Die nachstehenden Zahlen aus den USA belegen dieses Prinzip auf eindrucksvolle Weise.

Die Frage »Spenden Sie, wenn...«

eine Person, die Sie gut kennen, fragt	bejahten 80,8 % aller SpenderInnen
eine PfarrerIn fragt	... 62,5 %
Sie einen Bericht in den Medien lesen, hören oder sehen	... 48,6 %
am Arbeitsplatz darum gebeten werden	... 42,7 %
an der Haustür darum gebeten werden	... 32,1 %
eine Telethon- oder Radiothon-Aktion läuft (Fundraising-Sondersendungen)	... 24,5 %
Sie einen Brief erhalten	... 23,8 %
Sie am Telefon gefragt werden	... 17,0 %
Sie eine Zeitungsannonce lesen, in der um Spenden gebeten wird	... 17,0 %
Sie einen TV-Werbespot sehen, der zum Spenden aufruft	... 16,2 %
eine prominente Persönlichkeit Sie darum bittet	... 12,8 %

Quelle: Independent Sector 1994

Bei der Differenzierung der SpenderInnen nach Spendenzwecken zeigte sich, daß diese Reaktionsmuster variierten. So lag unter den Förderern von Umweltorganisationen der Anteil derjenigen, die aufgrund von Spendenbriefen, Bitten an der Haustür und aufgrund von Medienberichten spendeten, weit höher als der Durchschnitt. UnterstützerInnen von Organisationen im Kulturbereich hingegen reagierten überdurchschnittlich positiv auf die Ansprache von jemandem, den sie persönlich kennen.

Ein weiterer Grundsatz ist, daß jede Zielgruppe mehrstufig über verschiedene Kommunikationskanäle angesprochen werden sollte. Dieses Prinzip gilt nicht nur für die Gewinnung von neuen SpenderInnen. Es ist besonders wichtig, wenn es darum geht, SpenderInnen langfristig zu halten. Jede Organisation braucht SpenderInnen, auf die sie zählen kann; hinzu kommt, daß die Steigerung der SpenderInnenbindung kostengünstiger ist als die Neugewinnung. Auch ErblasserInnen sind am ehesten unter den StammspenderInnen zu finden. Aus einmaligen SpenderInnen werden aber nur dann DauerspenderInnen, wenn es gelingt, eine Beziehung zu ihnen aufzubauen. Dies jedoch ist nicht möglich, wenn der einzige Kontakt pro Jahr in einem Spendenbrief besteht. Besser ist es, regelmäßig und in unterschiedlichen Formen von sich hören zu lassen (z.B. durch weitere Spendenbriefe, durch Einladungen zu Diskussionsveranstaltungen, durch eine Info-Zeitungen, durch Medienberichte).

Wie sich SpenderInnen finden lassen

Der Wahl der Fundraising-Methode geht die Frage voraus, wie man an die Namen von potentiellen SpenderInnen herankommt. Listen von Personen, die garantiert spenden, gibt es nicht. Das Zusammentragen der Namen von potentiellen SpenderInnen ist eine zentrale Aufgabe von FundraiserInnen.

Personen mit direktem Eigeninteresse

Die Kerngruppe von Personen, die als SpenderInnen in Frage kommen, sind Individuen mit direktem Eigeninteresse an der Organisation. Dazu gehören die Angestellten und Vorstandsmitglieder der Organisation, Vereinsmitglieder, Klienten, Ehrenamtliche. Ein gängiges Argument ist: Die haben doch alle so wenig oder gar kein Geld oder die tun doch sowieso schon soviel. Dieses Argument hält jedoch einer genaueren Überprüfung oft nicht stand. Vielfach steht dahinter die Barriere des Sich-Schwertuns beim Bitten um Geld. Nehmen wir einmal das Beispiel eines Jugendzentrums. Ein Teil der Jugendlichen, die das Zentrum regelmäßig besuchen, haben wahrscheinlich das Geld für eine Spende nicht. Daß die Portemonnaies von Jugendlichen keineswegs vollkommen leer sein können, zeigt sich an ihrem beachtlichen Konsumpotential (ob Computer-Spiele, Marken-Jeans, CDs oder Naschsachen). Auch die Eltern der Jugendlichen sind der »internen Klientel« dieses Jugendzentrums zuzuordnen. Wenn es nicht gelingt, den inneren Kreis zum Spenden zu überzeugen, dann wird es zu einem unmöglichen Unterfangen, ausgerechnet irgendwelche unbekannten Fremden zu gewinnen.

Der »persönliche Kontakthof«

Die nächste Personengruppe, die als SpenderInnen in Frage kommt, sind Personen, die der Kerngruppe persönlich bekannt sind: FreundInnen, KollegInnen, Bekannte. Versammeln Sie doch einmal eine Kerngruppe von Leuten aus Ihrer Organisation und versuchen Sie in einer Art Brainstorming eine Liste von Individuen zusammenzutragen, die möglicherweise bereit wären, Ihre Organisation zu unterstützen, sofern man an sie herantritt. Das Ergebnis ist oft verblüffend: Der sogenannte »persönliche Kontakthof« der Anwesenden ist größer, als man annimmt. Eine neue Theatergruppe in den USA hatte die Idee, alle persönlichen FreundInnen der SchauspielerInnen, RegisseurInnen und der anderen Aktiven um Unterstützung zu bitten. Anhand der Adreßbücher wurden 2.700 Namen zusammengetragen. Zusammen mit einem Spendenaufruf wurden persönliche Briefe der jeweiligen »AdressenspenderIn« verschickt. Auf Anhieb kamen immerhin 15.000 Dollar zusammen.

Ehemalige

Ein Personkreis, den man gut zum Spenden motivieren kann, sind Ehemalige. Mit diesem Prinzip arbeiten Bildungseinrichtungen (insbesondere Hochschulen) in den USA mit großem Erfolg. Zu den Ehemaligen gehören auch frühere MitarbeiterInnen, Aktive (z.B. bei einem Pfadfinderverein Erwachsene, die in ihrer Jugendzeit aktiv waren) oder KlientInnen (z.B. bei einem Frauenhaus Bewohnerinnen, die es geschafft haben, sich eine neue Existenz aufzubauen). Ehemalige verfügen (sofern sie nicht im Streit gegangen sind) oft über eine starke emotionale Bindung zu einer Organisation, sind dankbar für das, was die Organisation ihnen gegeben hat, und interessiert daran, daß auch anderen entsprechende Leistungen zugute kommen. Außerdem haben sie vielfach langjährige Erfahrungen mit eben dieser Organisation; auch das bindet.

(Fach-)Interessierte, GeschäftspartnerInnen

Als SpenderInnen in Frage kommen auch Fachinteressierte (z.B. Ärztinnen bei einem Frauengesundheitsprojekt), BesucherInnen von Veranstaltungen der Organisation, Personen, die sich an Unterschriftsaktionen des Vereins beteiligt haben, Anforderer von Info-Material, Personen bzw. Organisationen, mit denen man Geschäfte macht (z.B. Computerhändler, Bürobedarf).

Adressenkauf

Eine besonders von großen Spendenorganisationen, die hauptsächlich mit Spendenbriefen Fundraising betreiben, praktizierte Möglichkeit der Anschriftengewinnung ist der Kauf bzw. das Mieten von Anschriftenlisten. Es gibt Adressenverlage, die Adreßdateien zum Zwecke der Vermarktung aufbauen und unterhalten. Adressenvermarkter sammeln, soweit es die Datenschutzbestimmungen erlauben, auch Daten, die für den Spendenbereich wichtig sein können (verboten ist allerdings die Weitergabe von Daten über religiöse und politische Anschauungen). Man könnte sich beispielsweise eine Liste der in einem bestimmten Postzustellungsbereich ansässigen Ärztinnen oder Rechtsanwältinnen zwischen 40 und 50 Jahren besorgen. Es gibt aber auch Adressenmittler (Listbroker), welche die Schaltstelle bilden zwischen Organisationen, die eigene Adreßdateien besitzen und bereit sind, diese auch an Dritte zu vermieten sowie Organisationen, die Adressen für ihre Spendenwerbung mieten wollen. Es ist daher nicht verwunderlich, daß, wenn jemand dem Roten Kreuz aufgrund eines Spendenbriefes eine Spende hat zukommen lassen, auch bald darauf einen Spendenbrief der Welthungerhilfe erhält.

GroßspenderInnen

Viele Nonprofit-Organisationen hoffen auf eine oder noch besser mehrere SpenderInnen, die ihnen größere Beträge zukommen läßt. Zwar gibt es immer wieder Fälle, daß sich durch Zufall eine GroßspenderIn meldet; doch lohnt sich die gezielte Suche nach GroßspenderInnen. Dies setzt intensive Vorarbeiten voraus, bei denen es darum geht, potentielle GroßspenderInnen zu identifizieren und Informationen (Vermögenslage, Interessen, Hobbies, Familie) über diese zusammenzutragen. In diesem Prozeß sind persönliche Hinweise, eine gründliche Zeitungslektüre (gerade des Wirtschaftsteils) und auch das Wälzen von Nachschlagewerken wie »Who is Who« hilfreich. In der US-amerikanischen Fundraising-Branche hat der Bereich *Donor Research* (Recherchen über GroßspenderInnen) einen festen Platz; auch bei uns gibt es inzwischen BeraterInnen, die Nonprofits bei der Entwicklung und Umsetzung von Großspendenkampagnen unterstützen. Im übrigen sind auch unter den bisherigen SpenderInnen des öfteren Personen, die es sich leisten könnten, größere Summen zu spenden. Rückschlüsse darauf lassen sich aus der Beobachtung des Spendenverhaltens schließen.

Auch unter den Mitgliedern ortsansässiger Clubs (wie Lions, Rotary, Zonta), deren Ziel soziales Engagement ist, sind potentielle GroßspenderInnen zu finden. Die Namen der Vorsitzenden dieser Clubs lassen sich leicht in Erfahrung bringen (z.B. über Zeitungsartikel oder persönliche Kontakte). Zu den Clubtreffen werden gerne ProjektvertreterInnen zu Vorträgen einladen. Dies ist eine gute Gelegenheit, um in Kontakt mit »TüröffnerInnen« und auch GroßspenderInnen zu kommen.

Wenn es um mögliche SpenderInnen geht, fallen vielen zuerst Namen von PolitikerInnen und auch Prominenten ein. Das Problem ist, daß dieser Kreis von Personen mit Spendenaufrufen überhäuft wird. Dies bedeutet nun nicht, daß sie nicht um eine Spende gebeten werden sollten, aber oft eignen sie sich eher als »TüröffnerInnen«, als KontaktvermittlerInnen, gerade zu GroßspenderInnen.

ErblasserInnen und ErbInnen

Bekanntermaßen rollt in diesem Jahrzehnt eine riesige Erbschaftswelle über Deutschland (vgl. Teil II). Wie nun können gemeinnützige Organisationen daran partizipieren und Personen finden, die ihnen etwas vererben oder die ihnen einen Teil ihres Erbes zukommen lassen? Grundsätzlich ist es erforderlich, äußerst sensibel mit dem Thema Erben umzugehen, denn es handelt sich um einen emotional stark besetzten Bereich. Erbschaften stehen in engem Zusammenhang mit dem Tabuthema Tod, über das viele ungern sprechen. ErblasserInnen haben auch oft Ängste, andere wollten sich ihres Vermögens bemächtigen, während die ErbInnen befürchten, sie könnten um ihr Erbe gebracht werden.

Die Personen, die am ehesten bereit sind, eine gemeinnützige Organisation testamentarisch zu bedenken, sind diejenigen, zu denen bereits eine Beziehung besteht (d.h. Stammförderer). Liegen keine Altersangaben vor, so besteht die Möglichkeit, das vermutliche Alter über das Analysieren der Fördererdaten (z.B.

Vornamensanalysen) zu bestimmen. Über die Möglichkeit, die jeweiligen Organisation testamentarisch zu bedenken, sollte, wo immer möglich, geschrieben und gesprochen werden, niemand aber sollte aktiv und direkt auf sein/ihr Erbe angesprochen werden. Eine ganze Reihe von Spendenorganisationen betreibt inzwischen *Legat-Marketing*. Die Erstansprache erfolgt dabei über eine Streuinformation. So verschickte der WWF (World Wide Fund For Nature) ein Faltblatt an seine über 40jährigen SpenderInnen, in dem zum einen die Tätigkeit des WWF in aller Kürze anschaulich dargestellt wird. Zum anderen wird das Beispiel einer Frau beschrieben, die der Organisation ihr Vermögen hinterlassen hat und die Gedenktafel vorgestellt, auf der alle TestamentsspenderInnen verewigt werden. Das Faltblatt ist – und dies ist von besonderer Bedeutung für die weitere Arbeit – mit einem abtrennbaren Umschlag versehen, mit dem eine Broschüre angefordert werden kann, die das Thema Erben, insbesondere aus rechtlicher Sicht, auf verständliche und anschauliche Weise erläutert. Viele der Angeschriebenen forderten die Broschüre an. Auch das darin formulierte Angebot, sich mit der zuständigen Mitarbeiterin in der Fundraising-Abteilung in Verbindung zu setzen, stieß auf positive Resonanz. Beim Legat-Marketing ist es wichtig, daß eine feste AnsprechpartnerIn benannt wird, die mit älteren Menschen vertrauensvoll umgehen kann.

Es gibt noch viele weitere Möglichkeiten, um Namen potentieller SpenderInnen zusammenzutragen. Wichtig ist generell, dabei möglichst ohne Schere im Kopf vorzugehen. Sätze wie: »Der würde uns doch nie etwas spenden« oder »Ich würde mich nicht getrauen, meine Mutter um eine Spende zu bitten« sind Killerphrasen, die erfolgreiches Fundraising verhindern.

Das Fundraising-Gespräch

Die wichtigste Fundraising-Methode, um Individuen als SpenderInnen zu gewinnen, ist das persönliche Gespräch. Auch im Umgang mit Unternehmen spielt es eine große Rolle. Fundraising-

Gespräche sind besonders dann, wenn Personen um größere Förderbeträge gebeten werden sollen, unumgänglich. Bei kleineren Spenden ist es eine Abwägungsfrage, ob sich der Aufwand eines persönlichen Gespräches lohnt. Möglicherweise aber kann aus einer Kleinspenderin, die persönlich angesprochen wird, eine Großspenderin werden.

Ein Fundraising-Gespräch muß gut vorbereitet werden. Um aus einer potentiellen eine tatsächliche GroßspenderIn zu machen, bedarf es oft einer Vorlaufzeit von zwei bis drei Jahren. Es müssen Hintergrundinformationen (auch in Form von Gesprächen mit Dritten) über die entsprechende Person gesammelt (verfügbarer Besitz, beruflicher Werdegang, Hobbies, Familienverhältnisse) und vor allem die Hauptinteressen der GesprächspartnerIn ergründet werden.

Von großer Bedeutung ist die Frage, wer wen fragt. In vielen Fällen ist die angestellte Fundraiserin nicht die geeignete Person. Die größten Chancen, jemanden als Förderin zu gewinnen, bestehen dann, wenn diejenige Person, die das Fundraising-Gespräch führt, der potentiellen Spenderin persönlich bekannt ist. Zumindest aber sollte es sich bei der fragenden Person um jemanden handeln, die vom Gegenüber als Gesprächspartnerin akzeptiert wird und die sich eignet, dessen Vertrauen zu erwecken. Dabei können Statusfragen, aber auch Äußerlichkeiten eine Rolle spielen. Ein Gespräch mit einem Bankdirektor sollte von der Geschäftsführerin oder der Vorsitzenden einer gemeinnützigen Organisation geführt werden; in Frage käme aber auch jemand, der Mitglied in seinem Golfclub ist. Zu den Äußerlichkeiten gehören insbesondere Kleidung und Haarfrisur. In den USA gilt für Personen, die andere um Spenden bitten, noch ein weiterer Grundsatz: Sie sollten zuerst selbst für die Sache spenden, denn dann sind sie besser in der Lage, andere zu bitten. Dies ist sogar durch Videoaufnahmen belegt: Menschen, die selbst gespendet hatten, wirkten überzeugender.

Führt nicht die gut informierte Fundraiserin selbst, sondern eine andere Person das Gespräch, so ist es die Aufgabe der Fundraiserin, diese Person zu »coachen«. Die gesprächsführende Person sollte nicht nur über die Gesprächspartnerin Bescheid wissen, sie sollte auch in der Lage sein, die betreffende gemeinnützige Organisation gut darstellen zu können und vor allen Dingen einen klaren Auftrag haben (für welches Projekt, wieviel Geld). Ein Problem, besonders von Fundraising-Newcomern, ist die innere Barriere, andere um Spenden zu bitten. Diese Barriere läßt sich oft durch *learning by doing* überwinden. Es besteht aber auch die Möglichkeit, mittels Rollenspielen daran zu arbeiten.

Im Rahmen der Vorbereitung ist es wichtig, sich auch auf den Ort des Gespräches einzustellen; ein Gespräch mit einem Ehepaar in dessen Wohnzimmer läuft anders als eines in einem Büro oder Restaurant. Die Wahl des Ortes trifft meist der potentiellen Förderer. Man sollte aber versuchen, darauf hinzuwirken, daß es sich um einen Ort handelt, an dem sich ein Gespräch möglichst ungestört führen läßt. Zu einer guten Vorbereitung gehört auch die Wahl des richtigen Zeitpunktes. So sollte beispielsweise eine reiche Erbin, die sich gerade inmitten eines Scheidungsprozesses befindet, besser erst zu einem späteren Zeitpunkt um ein Gespräch gebeten werden.

Nun zum Gesprächstermin selbst: Falls nicht schon vorab zugesandt, ist das Mitführen knapper und ansprechender Informationsmaterialien anzuraten. Bereits die Eingangssituation eines Gespräches kann über dessen Verlauf und Ergebnis entscheiden. Wichtig ist, sich mental auf unterschiedliche Gegebenheiten vorzubereiten. So kann es sein, daß man noch einige Zeit im Vorzimmer warten muß, daß sich die Gesprächspartnerin sofort als freundlich und interessiert oder aber als eher abweisend erweist. Die fundraisende Person sollte eine Gesprächsstrategie im Kopf haben und diese, selbst wenn es nicht immer leicht ist, in die Praxis umzusetzen. Dabei muß auch der zur Verfügung stehende Zeitrahmen beachtet werden (den man am besten vor dem Gespräch oder zu Beginn klärt). Auch das Thema Sprache ist wichtig. FundraiserInnen sollten in einer Sprache reden, die dem Gegenüber angenehm ist (also nicht aggressiv oder aufgeladen mit politischen Kampfbegriffen), und vor allen Dingen gut zuhören können. Sie müssen sich auf unterschiedliche Gesprächsstile ihrer Gegenüber einzustellen, ohne jedoch die Verfolgung ihres Zieles aus den Augen zu verlieren.

Trotz möglicher Aufgeregtheit sollte die Vorstellung (eigener Name, Bezeichnung und Leistungsfeld der Organisation) zu Anfang nicht vergessen werden. Im Verlauf eines Fundraising-Gespräches kommt es darauf an, der Gesprächspartnerin verständlich zu machen, für welchen Zweck ihre Spende bestimmt ist und warum gerade sie als Spenderin wichtig ist. Wesentlich ist auch die Nennung von konkreten Beträgen (was das zu finanzierende Projekt insgesamt kostet und was man sich von der Förderin erhofft). Es kann sich auch sinnvoll erweisen, (bedeutende) Förderzusagen anderer Personen zu erwähnen, allerdings muß dabei sichergestellt sein, daß es sich nicht gerade um eine langjährige Rivalin der Gefragten (oder Personen, zu denen ähnliche Animositäten bestehen) handelt.

Auch wenn am Ende des Gespräches ein Nein steht, sollte man nicht dem Gefühl der Enttäuschung freien Lauf lassen. Unabhängig vom Ausgang des Gespräches ist es sinnvoll, noch am gleichen Tag oder zumindest am nächsten ein Dankesschreiben abzusenden (für die Absicht zu spenden oder im Falle einer Ablehnung dafür, daß er oder sie sich Zeit genommen hat). Hinterläßt man einen guten Eindruck, so besteht die Möglichkeit, daß sich die potentielle Förderin doch noch zu einem späteren Zeitpunkt positiv stimmen läßt.

Meist ist es besser, wenn Fundraising-Gespräche mit Privatpersonen von einer Person geführt werden. Vertrauen läßt sich so leichter herstellen. Es gibt aber auch Situationen, insbesondere dann, wenn es darum geht, eine Spende von einem Unternehmen zu bekommen, in denen es nützlich ist, wenn zwei Personen die Interessen der spendensuchenden Organisation vertreten. Dabei können unterschiedliche Rollen verabredet werden; zudem kann eine Person Dinge nachtragen, welche die andere vergessen hat. Das gemeinsame Auftreten zweier oder gar mehrerer Personen kann jedoch problematisch sein, wenn sich diese vorher nicht genau verabreden und aufgrund dessen während des Gespräches Widersprüche zu Tage treten.

Der Spendenbrief

Das *Mailing* (so lautet der mittlerweile eingedeutschte Fachbegriff für den Spendenbrief) ist eine weit verbreitete und erfolgreiche Fundraising-Methode. Bei einem Spendenbrief kann es sich um einen handgeschriebenen Brief an eine Freundin, um einen fotokopierten Brief an hundert Personen aus dem Stadtteil oder aber um einen nach professionellen Direktmarketingprinzipien aufgemachten Drucksatz an Tausende von Leute handeln. Es besteht also die Möglichkeit, sowohl an Bekannte zu schreiben als auch an eine anonyme Masse. Spendenbriefe kommen insbesondere dann zum Einsatz, wenn es sich um das Einwerben von kleineren Spenden (unter 100 Mark) handelt. In diesem Abschnitt wird nicht näher eingegangen auf den handgeschriebenen Fundraising-Brief an eine persönlich bekannte Person; dafür gibt es keine festen Regeln. Es soll jedoch nicht unerwähnt bleiben, daß es sich lohnt, diese Methode zumindest teilweise einzusetzen. Ein sehr erfolgreicher Fundraiser in Deutschland erzählte kürzlich, daß er pro Tag sieben handgeschriebene Briefe an Spenderinnen schreibt.

Der Vorteil von Spendenbriefen liegt darin, daß es sich dabei um eine effiziente Möglichkeit handelt, um über die eigene Organisation zu informieren. Spendenbriefe können auch der politischen Mobilisierung dienen, wie die *pro choice*-Kampagne in den USA belegt. Der Nachteil von Spendenbriefaktionen ist die Kostenintensität (Konzeption, Druck, Verschickung, Porto). Man muß zunächst Geld ausgeben, um Geld einzunehmen. Damit ist auch ein finanzielles Risiko verbunden, das besonders bei großen Stückzahlen hoch sein kann. Größere Spendenbriefaktionen können zwei bis drei Jahre erfordern, bevor sie Überschüsse erzielen. Bei der ersten Verschickung an Unbekannte kann eine Rücklaufquote von 0,5 % 1 % schon als Erfolg bewertet werden.

Ein Mailing pro Jahr ist zu wenig

Wenn eine Organisation mit dem Einsatz der Fundraising-Methode »Spendenbrief« Erfolg haben will, so reicht eine einzige Verschickungsaktion pro Jahr nicht aus. Viele Personen gehen nicht sogleich zur Bank, wenn sie einen Spendenbrief erhalten. Die Ursachen dafür können unterschiedlich sein. In vielen Fällen hat die angeschriebene Person in der Tat kein Interesse daran, gerade dieser Organisation eine Spende zukommen zu lassen. Es mag aber auch sein, daß das Schreiben selbst sie nicht anspricht. Es gibt unter den Adressaten meist eine ganze Reihe von Menschen, die dem Anliegen grundsätzlich nicht ablehnend gegenüberstehen, aber dennoch den Brief erst mal zur Seite legen und nicht spenden. Eine Person, die noch nicht für diese Organisation gespendet hat, könnte sich noch auf den ersten Stufen der »Loyalitätsleiter« befinden (vgl. Abschnitt 1.4.) und ihr »Produktinteresse« verwandelt sich erst nach dem Erhalt mehrerer Schreiben in »Kaufinteresse«. Bei einer Person, die bereits gespendet hat, mag es sein, daß sie dem Anliegen aufgeschlossen gegenübersteht, aber in jenem Monat bereits zwei anderen Organisationen eine Spende hat zukommen lassen. Es ist auch möglich, daß sie noch mehr Informationen über die Sache benötigt. Auch ganz banale Gründe sind denkbar; vielleicht ist das Bankkonto gerade in diesem Monat überzogen.

Liegt zwischen zwei Spendenbriefen ein ganzes Jahr, so ist der Brief vom letzten Jahr meist in Vergessenheit geraten und der Prozeß des Interesseweckens fängt von vorne an. Eine (potentielle) SpenderIn sollte pro Jahr mindestens drei bis vier Spendenbriefe von einer Organisation erhalten. Dabei kommt es darauf an, die Mailings als Informationsmedium gegenüber den Förderern zu nutzen, d.h. die jeweilige Verschickung sollte mit einem Informationsanlaß verbunden werden. Der Monat, in dem üblicherweise die meisten Spendenbriefe verschickt werden, ist der November. Viele Organisationen wollen die Weihnachtsstimmung, einschließlich des schlechten Gewissens aufgrund des großen Konsums, nutzen und sie haben in der Tat vielfach Erfolg damit. Die Überhäufung mit Mailings und anderen Spendenaufrufen während dieser Zeit führt jedoch auch zu Negativreaktionen. In den USA gibt es inzwischen Nonprofits, die ganz bewußt gerade in der Weihnachtszeit keine Spendenbriefe versenden.

Wann ist ein Mailing sinnvoll?

Der Zeitpunkt für eine Mailing-Kampagne ist insbesondere dann sinnvoll, wenn eine Sache öffentliche Aufmerksamkeit genießt und im Zentrum der Medienberichterstattung steht. Ein Beispiel dafür ist die Senatsanhörung in den USA, bei der es um die Bestätigung von Clarence Thomas zum Richter am *Supreme Court* ging. Seine frühere Mitarbeiterin Anita Hill warf ihm vor, sie am Arbeitsplatz sexuell belästigt zu haben. Das öffentliche Interesse an der Anhörung war riesig. Frauenorganisationen nutzten diesen Anlaß mit Erfolg, um Fundraising für das besagte Thema zu betreiben. Gleiches gilt für den Bereich Mißhandlung von Frauen. Diesem Thema wird große öffentliche Aufmerksamkeit geschenkt, seit der frühere Football-Star O.J. Simpson, der seine geschiedene Ehefrau Nicole Brown ermordet haben soll, vor Gericht stand. Während der Verhandlung wurde bekannt, daß Simpson seine Frau des öfteren brutal geschlagen hat.

Öffentliche Anlässe, die sich zu Spendenbriefaktionen nutzen lassen, können aber auch von einer Organisation geschaffen werden. Dies zeigt die Arbeit von Greenpeace. Wird eine öffentlichkeitswirksame Protestaktion (z.B. die Blockade der Zufahrt eines Atomkraftwerkes) geplant, so bildet diese oft auch den Anlaß zu einem Mailing.

Soll für Anliegen Fundraising betrieben werden, die nicht im Mittelpunkt der öffentlichen Aufmerksamkeit stehen, so sollte der Zeitpunkt der Mailings sich möglichst an Anläßen orientieren, die auch der EmpfängerIn als sinnvoll erscheinen. Dies könnte die Verschickung des Jahresberichtes im Februar sein, die Eröffnung neuer Räume, der Beginn oder Abschluß einer Maßnahme, der »Geburtstag« der Organisation oder äußere Anlässe wie beispielsweise der Internationale Frauentag bzw. die Weltfrauenkonferenz. Doch auch während dieser eher unspektakulären Spendenbriefaktionen darf die Pressearbeit nicht vernachlässigt werden. Die Wahrscheinlichkeit, daß jemand spendet, ist größer, wenn sie parallel zum Erhalt des Spendenbriefs in der Lokalzeitung einen Bericht über die Arbeit der Organisation liest.

Der Umgang mit Beschwerden

Bei der (häufigeren) Verschickung von Spendenbriefen muß damit gerechnet werden, daß auch Beschwerden eingehen. Es gibt eine ganze Reihe von Leuten, die sich durch Mailings belästigt fühlen. Dies ist allerdings mehr der Fall, wenn es sich um den Spendenbrief einer Organisation handelt, der sie ohnehin ablehnend gegenüberstehen. Doch es gibt auch StammspenderInnen, die sich beklagen. Wichtig ist, die Proteste als normal anzusehen, freundlich darauf zu reagieren und nachzufragen, an welchen Information die jeweilige Person in Zukunft interessiert ist. Diese Wünsche sollten dann in der Förderkartei festgehalten und bei künftigen Verschickungen genauestens beachtet werden. Dennoch dürfen derartige Klagen nicht zum Anlaß genommen werden, das Prinzip der wiederholten Verschickungen grundsätzlich fallenzulassen.

Ein Einspruch, der immer wieder vorgebracht wird, ist das Thema Umweltbelastung aufgrund der Papierflut, die Mailings mit sich bringen. Das ist ein ernstzunehmendes Argument. Dennoch muß unterschieden werden zwischen kommerziellen Direktmarketingverschickungen und Spendenbriefaktionen. Kein anderes Medium bietet einer gemeinnützigen Organisation die Möglichkeit, ungekürzt und unzensiert Informationen an eine größere Anzahl von Menschen zu senden. Es sollte aber dafür gesorgt werden, daß der Umfang der Versandstücke nicht zu groß ist. Statt der Verschickung einer dicken Broschüre an alle besteht die Möglichkeit, eine Anforderungspostkarte beizulegen, damit diejenigen, die wirklich daran interessiert sind, diese bestellen können. Außerdem sollte Recyclingpapier verwendet werden.

Das Argument, dies würde die EmpfängerInnen abschrecken, zählt nicht mehr, denn inzwischen sind qualitativ hochwertige Produkte auf dem Markt.

Das Versandstück

Die erste Barriere, die es insbesondere bei Massenspendenbriefen zu überwinden gilt, ist, daß der Brief nicht ungeöffnet in den Papierkorb wandert. Der Umschlag sollte zum Öffnen einladen. Dies kann beispielsweise durch Abdrucken eines Bildes bzw. eines Symbols (wie das Laborschiff Beluga von Greenpeace oder der Pandabär des WWF) geschehen, das bei den EmpfängerInnen Assoziationen erweckt. Auch ein Slogan wie »Wasser ist Leben« (aus einer Aktion der Welthungerhilfe) oder aber eine interessante Absenderangabe (in USA erhielt ich einen Spendenbrief von der bekannten Feministin Gloria Steinem) können hilfreich sein. Bei kleinen Spendenbriefaktionen sind handgeschriebene Umschläge oder die Verwendung von Sonderbriefmarken (aber bitte keine Wohlfahrtsmarken, die fördern ein falsches Bild) eine gute Möglichkeit, die EmpfängerIn neugierig auf den Inhalt zu machen.

Ein Mailing besteht üblicherweise aus einem Anschreiben und einem (personalisierten) Zahlungsträger; meist werden aber noch andere Beilagen (Info-Broschüren, kleine Geschenke wie Aufkleber oder Kalender) mitversandt.

Das Anschreiben

Nach Öffnen des Briefes entscheidet es sich im Durchschnitt innerhalb von 20 Sekunden, ob ein Mensch das Mailing positiv beurteilt oder nicht. Bei dieser Entscheidung spielt die Form des Anschreibens eine zentrale Rolle. Je persönlicher ein Anschreiben, desto besser. Ein Brief ohne persönliche Anrede ist nur ein halber Brief. Wenn möglich, sollte die Unterschrift handgeschrieben sein oder erscheinen (einige Organisationen arbeiten inzwi schen mit Unterschriftsgeräten, die täuschend echt aussehende Unterschriften produzieren). Auch eine ganz persönliche Ansprache wirkt positiv. So reagierte ich hocherfreut, als ich kürzlich einen Spendenbrief aus den USA erhielt, bei dem die mir persönlich bekannte Leiterin der Organisation neben ihre Unterschrift ein handgeschriebenes »Hi, Marita!« setzte.

Massenspendenbriefe sind meist nach kommerziellen Direktmarketing-Gesichtspunkten aufgebaut. Viele dieser Prinzipien sollten auch beachtet werden, wenn es sich um kleine Briefaktionen handelt. Ein Brief sollte zum Lesen einladen, zu diesem Zwecke muß er Elemente enthalten, die gleich zu Anfang die Aufmerksamkeit der Leserin wecken. Zu empfehlen sind Bilder, Slogans oder Symbole im Briefkopf, die das Thema zu umreißen vermögen. Allerdings sollte die Verwendung abschreckender Bilder vermieden werden. Aufgrund der täglichen Schreckensbilder im Fernsehen führen diese zu einer Erhöhung der Ohnmachtsgefühle. Besser sind Bilder, die positiv stimmen und zeigen, was mit der Spende bewirkt werden kann (z.B. ein lachendes Flüchtlingskind oder ein zu renovierendes Gebäude). Eine geläufige Methode ist auch das Abdrucken von Testimonials (zustimmender Meinungsäußerungen) prominenter Persönlichkeiten im Briefkopf. So druckte die Welthungerhilfe in einem ihrer Spendenbriefe ein Foto der Tagesthemensprecherin Sabine Christiansen ab mit ihrem Bekenntnis »Ich unterstütze die Deutsche Welthungerhilfe, weil ... «.

Was den Aufbau des Brieftextes anbetrifft, so sollte darauf geachtet werden, daß nicht der Eindruck einer »Bleiwüste« erweckt wird. Wichtig ist das Arbeiten mit Überschrift und P.S., denn dahin wandert der Blick nach Erfassen des Briefkopfes zuerst. Bereits aus der Überschrift sollte der Inhalt des Briefes hervorgehen. So überschrieb die Welthungerhilfe ihren erwähnten Brief mit »Wasser ist Leben. Nicht nur die Schreckensbilder aus Ruanda haben uns das dramatisch vor Augen geführt.« Im P.S. dürfen keineswegs irgendwelche Nebensächlichkeiten erscheinen, sondern eine Zusammenfassung des Themas, eine klare politische Aussage oder, wie das folgende Beispiel des Deutschen Roten Kreuzes zeigt, eine Darstellung des Leistungspotentials der Organisation: »P.S. Seit dem ersten Tag des jugoslawischen Bürgerkriegs ist das Rote Kreuz mit seinen Helfern für die Opfer aller Konfliktparteien, insbesondere für Frauen, Kinder und alte Menschen, im Einsatz. Dank Ihrer Hilfe ist die Versorgung von über 1 Million Flüchtlingen auch im Winter möglich.«

Der eigentliche Text darf nicht zu lang sein (eine Seite oder maximal 1 1/2 Seiten). Die Sätze müssen kurz sein; Absätze sowie Unterstreichungen sollten als Lesehilfen verwendet werden. Jeder einzelne Satz sollte möglichst so abgefaßt sein, daß er eine positive Reaktion bei der Leserin auslöst.

Was den Stil (ob dramatisch, ernst, emotional) des Anschreibens betrifft, so empfiehlt es sich, die Präferenzen der AdressatInnen vor Augen zu haben. Das Anschreiben muß deutliche Gründe benennen, warum die EmpfängerIn spenden sollte. Wenn möglich, so ist es ratsam, den zentralen Gedanken des Schreibens anhand der Beschreibung eines Einzelschicksals oder eines einzelnen Projektes zu verdeutlichen. Sinnvoll ist auch das Nennen von Leitbeträgen, denen ein Äquivalent an Leistungen gegenübersteht (z.B. ein Stuhl für die Einrichtung eines Beratungsraums kostet 80 Mark, ein Tisch 400 Mark). Es muß darauf geachtet werden, daß Inhalte im Vordergrund des Briefes stehen, nicht das Geld. Die Tatsache, daß eine Spendenbescheinigung ausgestellt wird, ist eine Selbstverständlichkeit, die nur nebenbei angemerkt werden darf (nicht gleich im ersten Satz). Es lohnt sich, das Verstandstück vor der eigentlichen Versandaktion zu testen, indem man es an eine Kontrollgruppe verschickt oder aber bei kleinen Aktionen Bekannten zum Lesen gibt.

Nach dem Versand

Nach Durchführung der Verschickung ist es wichtig, die Rückläufe im Auge zu haben und das Ergebnis im Hinblick auf künftige Aktivitäten auszuwerten. Spenden sollten mit einem Dankesschreiben und dem Ausstellen einer Spendenbescheinigung anerkannt werden; insbesondere bei NeuspenderInnen empfiehlt es sich, möglichst umgehend zu reagieren.

Die Benefizveranstaltung

Die in den USA am weitesten verbreitete Fundraising-Methode ist die Durchführung von *special events*, Veranstaltungen mit dem Ziel, Spenden zu sammeln. Dabei gibt es, je nach Adressatenkreis und Art der veranstaltenden Organisation, ein breites Spektrum unterschiedlicher Veranstaltungsformen. Auch viele der größeren Frauenorganisationen arrangieren meist einmal im Jahr ein gesellschaftliches Ereignis. Persönlich geladene Gäste aus der Frauenszene sowie des gesellschaftlichen, wirtschaftlichen und politischen Lebens werden zu einem offiziellen Lunch oder Dinner eingeladen, gegen eine hohe, festgelegte Eintrittsgebühr versteht sich. Denn dieser Betrag deckt nicht nur die Kosten des Ereignisses ab, sondern enthält gleichzeitig eine Spende. Je renommierter die Organisation, desto höher die Gebühr, desto prominenter die TeilnehmerInnen, desto größer der Einnahmegewinn. Fundraising-Events mit einer Eintrittsgebühr von 100 Dollar sind keine Seltenheit, oft liegt der Betrag sogar darüber. So können an dem einen Tag Summen von weit über 100.000 Dollar zusammenkommen. Um potentielle TeilnehmerInnen zum Kommen zu bewegen, ist es bei der Vorbereitung von Fundraising-Events von großer Bedeutung, ein attraktives Image von der Organisation zu vermitteln, d.h. über einen öffentlichen Bekanntheitsgrad zu verfügen und ein interessantes Programm am Tage X auf die Beine zu stellen. Ein Teil der Frauenorganisationen hat sich interessant klingende Preisverleihungen ausgedacht, wie *Big Wheel Award, Wise Women Award* oder *Gloria Steinem Award*. Oft werden Prominente aus Politik, Wirtschaft und Kultur als Aushängeschilder gewonnen. In Washington, New York oder anderswo gehört es quasi zum guten Ton, daß eine frauenmäßig engagierte Frau auch an den örtlichen Fundraising-Events der Frauenorganisationen teilnimmt.

Neben der Möglichkeit Gelder einzunehmen, liegt der besondere Vorteil von Benefizveranstaltungen darin, die jeweilige Organisation und ihre Anliegen in sichtbarer, ja greifbarer Form darzustellen. Sie dienen der persönlichen Kontaktpflege und sind eine Form von Öffentlichkeitsarbeit, durch die sich der UnterstützerInnenkreis erweitern läßt und gerade kritischen Stimmen etwas entgegengesetzt wird. Der besondere Anreiz für die Umworbenen besteht darin, etwas für ihr Geld zu bekommen und gleichzeitig Gutes für eine wohltätige Sache getan zu haben. Trotz gelegentlicher Streßerscheinungen in der Endphase bereitet den VeranstalterInnen das Organisieren von Fundraising-Events meist Spaß; auch der Gruppenzusammenhalt wird gefördert.

Der Nachteil von Benefizveranstaltungen ist, daß sie, insbesondere dann, wenn es an der Vorbereitung hapert, auch Verluste einfahren können. Zu Vorbereitung gehört auch die Frage, wer eingeladen werden soll, wie diese Personen am besten zu erreichen sind und wieviel diese bereit sind zu zahlen (Austesten der Preise bei Bekannten). Eine Gefahr kann sein, daß Benefizveranstaltungen zuviel Zeit binden und damit von anderen Fundraising-Aktivitäten ablenken können.

Größere Fundraising-Events bedürfen einer langfristigen Planung (ideal ist ein Jahr). Dabei muß darauf geachtet werden, daß nicht gleichzeitig Konkurrenzveranstaltungen laufen und Ferien wie Feiertage berücksichtigt werden. Unter Umständen kann es sinnvoll und kostengünstiger sein, das Ereignis an ohnehin stattfindende Veranstaltungen (z.B. am Vorabend der jährlichen Mitgliederversammlung oder die Eröffnung einer Ausstellung) anzuhängen. Zur Vermeidung finanzieller Verluste und zur Erhöhung der Einnahmen sollte man versuchen, sich alles Mögliche spenden zu lassen (z.B. Raumkosten, Essen, Getränke, Druck der Tickets, Plakate, Gegenstände zum Versteigern, Auftritte von KünstlerInnen). Wichtig ist es auch, Freiwillige für die Organisation zu gewinnen. Wenn man sich gezielt darum bemüht, stehen die Aussichten dafür meist nicht schlecht.

Was die Veranstaltung selbst anbetrifft, so sollte das oberste Ziel sein, daß die Teilnehmenden sich wohlfühlen. Langweilige Reden sind ebenso zu vermeiden wie langatmige Programme; vielmehr sollte Raum für Gespräche mit möglichst vielen interessanten Menschen gelassen werden.

Die Veranstaltung von Fundraising-Events hat auch in Deutschland in den vergangenen Jahren stark zugenommen. Wichtig ist, daß kleine Organisationen an diesem Trend teilhaben, denn auch für sie kann sich eine Benefizveranstaltung lohnen. So brachte ein schön arrangiertes Benefizessen, das eine lokale Jugendinitiative veranstaltete, mehrere Tausend Mark ein. Besonders kreative Ideen sind gefragt. Die Liste der Möglichkeiten ist riesig, wobei das Ereignis allerdings nicht im Widerspruch zu den Zielen einer Organisation stehen sollte. So könnte beispielsweise ein Schlemmeressen für ein Obdachlosenprojekt Negativproganda bewirken. Ein anderes Problem ist, daß viele Nonprofit-Organisationen Fundraising-Möglichkeiten verstreichen lassen, indem sie ihre UnterstützerInnen mit schönen Festen beschenken oder nur geringe Kostenbeiträge für liebevoll selbst bereitetes Essen etc. verlangen. Damit aber wird zum Ausdruck gebracht, daß es der Organisation finanziell gut geht. Zwar werden es sich viele nicht leisten können, die 1.400 Mark (der Spendenbetrag macht die Hälfte davon aus) zu bezahlen, um am Ball des Sportes der Deutschen Sporthilfe teilzunehmen, dennoch übersteigt bei diesem Ereignis die Zahl der Interessierten die Zahl der Plätze bei weitem. Erfolgreiche Fundraising-Events, auch wenn sie nicht so hochkarätig besetzt sind, können zu einer Tradition werden und jedes Jahr neue Menschen anziehen.

Weitere Fundraising-Methoden

In den vorangegangenen Abschnitten wurden die drei gängigsten Methoden für das Fundraising von IndividualspenderInnen beschrieben. Es existiert jedoch eine große Palette weiterer Möglichkeiten, von denen einige im folgenden kurz dargestellt werden sollen. Die Wahl bzw. die Kombination der Methoden ist, wie bereits dargelegt, abhängig von den Zielen, Zielgruppen und auch den personellen sowie finanziellen Kapazitäten einer Organisation. Grundsätzlich ist jedoch zu sagen, daß sich gerade mit originellen Fundraising-Ideen oft gute Erfolge erzielen lassen. Kürzlich kam mir ein toller Einfall zu Ohren, der von *Pro Familia* in einer Stadt in Norddeutschland mit Erfolg praktiziert wird: das Spenden von Zahngold. ZahnärztInnen werden dafür gewonnen, PatientInnen, denen Zahngold entfernt werden muß, zu bitten, dieses nicht mit nach Hause zu nehmen, sondern es der gemeinnützigen Organisation zu überlassen. Durch den Verkauf ist bereits eine hohe Summe zusammengekommen.

Spendenaufrufe in den Medien

Das Fernsehen, aber auch der Hörfunk sowie Printmedien gewinnen bei der Spendeneinwerbung zunehmend an Bedeutung. Es existieren unterschiedliche Formen der Medienwerbung. Nonprofit-Organisationen können sich darum bemühen, daß die Medien über ihre Arbeit berichten und daß dieser Bericht mit einem Spendenaufruf verbunden wird. Es besteht auch die Möglichkeit, Anzeigen zu veröffentlichen. Viele Zeitungen und Zeitschriften drucken sogar kostenlose Füllanzeigen ab (Anzeigen, die dem Füllen von Zwischenräumen zwischen bezahlten Anzeigen dienen). Doch mehr und mehr treten die Medien auch selbst als Organisatoren von Spendenkampagnen auf, teilweise in Kooperation mit gemeinnützigen Organisationen. Zeitungen führen in der Weihnachtszeit mit großem Erfolg Sammelaktionen für bestimmte Anliegen durch. Ein Beispiel dafür ist die Altenhilfe-Kampagne der *Frankfurter Rundschau*. Dabei wird tagtäglich über Einzelschicksale berichtet sowie darüber, wie mit den Spenden geholfen werden konnte. Die SpenderInnen erhalten nicht nur eine Spendenquittung, ihre Namen werden einschließlich des Spendenbetrages in der Zeitung abgedruckt. Die Hessenschau, das Landesnachrichtenmagazin des 3. TV- Programmes in Hessen, wirbt regelmäßig gemeinsam mit der Lobby für Wohnsitzlose in Frankfurt/Main um die Unterstützung von Menschen ohne Unterkunft. Bei Katastrophenfällen in anderen Ländern (ob Rußland, Bosnien oder Ruanda) rufen Hörfunk und Fernsehsender (oft im Anschluß an Nachrichtensendungen) zum Spenden auf, indem die Kontonummer von Hilfsorganisationen eingeblendet werden.

Grundsätzlich ist anzumerken, daß die Spendenwerbung mittels Medien besonders bei der Einwerbung kleinerer und mittlerer Spendenbeträge große Erfolge zeigt. Die Wirkung ist um so größer, je höher die allgemeine Aufmerksamkeit für ein Anliegen ist. Das Problem ist jedoch, daß viele Nonprofits mit eher alltäglichen Problembereichen es oft nicht leicht haben, von den Medien, insbesondere dem Fernsehen, beachtet zu werden. Dennoch sollte versucht werden, ein gutes Verhältnis insbesondere zur Lokalpresse aufzubauen und die kleinen, berichtenswerten Anlässe im Verlaufe eines Jahre nicht nur für Pressearbeit zu nutzen, sondern diese auch mit Spendenaufrufen zu verbinden.

Haus- und Straßensammlungen

Hierbei handelt es sich um eine äußerst erfolgreiche Fundraising-Methode, die jedoch nicht den besten Ruf genießt. Haus- und Straßensammlungen bedürfen der Genehmigung durch die örtlichen Ordnungsämter; sie werden bei uns meist von traditionellen Hilfsorganisationen wie dem Müttergenesungswerk, dem Roten Kreuz oder den Sternsingern des Päpstlichen Missionswerks durchgeführt. In den USA ist das Fundraising an der Haustür weiter verbreitet als in Deutschland; auch fortschrittliche Organisationen wie NOW oder Greenpeace arbeiten mit dieser Methode. Die hohe Erfolgsquote dieser Fundraising-Methode rührt daher, daß es vielen Menschen schwer fällt, sich einer direkten persönlichen Ansprache zu entziehen. Oft wird gespendet, um den Frager loszuwerden. Das schlechte Ansehen von Haus- und Straßensammlungen hat zum einen mit unangenehmen Erinnerungen an derartige Situationen zu tun, zum anderen aber befinden sich gerade unter denjenigen, die mit dieser Fundraising-Methode arbeiten, des öfteren Spendenbetrüger.

Mit einer guten Vorbereitung könnten auch kleine, lokale Projekte in Deutschland Haussammlungen für ihre Ziele nutzen. Eine Woche vor dem eigentlichen Sammlungstermin sollten alle Haushalten ein Ankündigungsblatt in ihrem Briefkasten vorfinden. Daraus müßte nicht nur hervorgehen, wofür gesammelt wird, sondern auch der Zeitpunkt und die SammlerIn benannt werden. Günstig wirkt es sich dabei aus, wenn es sich um eine bekannte, vertrauenswürdige Person aus der Nachbarschaft handelt.

Fundraising per Telefon

In den USA hat sich das Fundraising per Telefon in den vergangenen Jahren zunehmend zu einer Alternative zum Spendenbrief entwickelt. Hierbei handelt es sich um eine sehr erfolgreiche Methode. Vielen Menschen fällt es schwer, Nein zu sagen, wenn sie persönlich von einer freundlichen Stimme um eine Spende gebeten werden. Gerade Alleinlebende freuen sich über einen Anruf, oder aber der Anruf erfolgt während des Abendessens mit der Familie und man wird die Anruferin durch eine Zusage am schnellsten los. Tele-Fundraising ist kostengünstiger als Mailingaktionen. Die Streuverluste sind geringer; man weiß meist schnell, ob es sich lohnt, eine SpenderIn weiterhin anzusprechen oder nicht. Inzwischen gibt es Softwareprogramme, mittels derer der Computer die Auswahl und das (oft wiederholt notwendige) Anwählen der potentiellen SpenderInnen übernimmt; das Gespräch selbst übernehmen dann allerdings Menschen (Hall 1991).

In Anbetracht der Tatsache, daß Fundraising in Deutschland bisher ein nicht gerade positives Image besitzt, ist anzunehmen, daß hier viele eher negativ auf telefonisches Fundraising reagieren würden. Außerdem sind dem Marketing per Telefon und per Fax, also auch dem Fundraising, enge rechtliche Grenzen gesetzt. Privatpersonen dürfen nur dann im Rahmen von Werbeaktionen angerufen werden, wenn sie vorher schon Interesse signalisiert haben. Daher ist nur eine passive Telefonwerbung erlaubt, d.h. die Bekanntgabe einer Telefonnummer für Interessierte. Auch die Anforderung von Info-Material kann zum Anlaß genommen werden, eine Person anzurufen.

Fundraising über Computernetzwerke

Viele US-AmerikanerInnen sind begeistert über die Möglichkeiten der Kommunikation mittels Computernetzwerken (wie Internet oder CompuServe). Wer noch nicht über eine E-mail Addresse verfügt, wird zunehmend als rückständig angesehen. Auch Spendenorganisationen sind dabei auszuloten, wie Computernetzwerke für Fundraising genutzt werden können. Dafür werden sowohl Kostengründe angeführt als auch die Zugangsmöglichkeiten gerade zu jungen Menschen. Über E-mail können Spendenaufrufe verschickt werden; doch das Medium eignet sich ebenfalls gut zur Ergänzung anderer Fundraising-Methoden, so können beispielsweise Hintergrundinformationen, noch dazu in einer visuell ansprechenden Form, abgerufen werden (Moore 1995).

Verkauf von Waren mit Spendenaufschlag

Das Spektrum der Waren, die mit einem Aufschlag verkauft werden, der einem wohltätigen Zweck zugute kommt, wird immer vielfältiger. Ursprünglich handelte es sich hauptsächlich um Schallplatten und Bücher. KünstlerInnen bzw. AutorInnen erklären sich oft von sich aus bereit oder werden von anderen darum gebeten, auf einen Teil ihrer Einnahmen zu verzichten; der Vertrieb erfolgt über den Handel. Gemeinnützige Organisationen entwickeln zunehmend selbst Produkte, die dem Fundraising dienen. Besonders beliebt sind Telefonkarten, aber auch Dinge wie T-Shirts, Pandabären oder Waren aus Entwicklungsländern werden angeboten.

Daß sich mit Benefizwaren, wenn diese Teil einer größeren Kampagne sind, immense Summen verdienen lassen, zeigt ein Beispiel aus den USA. Die Ms.Foundation startete Anfang der neunziger Jahre eine USA-weite Aktion, den *Take Our Daughters to Work Day*. Um die Probleme von Mädchen ins Licht der Öffentlichkeit zu rücken, sollen Eltern ihre Töchter für einen Tag mit an ihren Arbeitsplatz nehmen. Die Aktion ist äußerst erfolgreich, ArbeitgeberInnen zeigen sich kooperativ. Im Rahmen dieser Aktion werden Produkte wie T-Shirts, Tassen, Postkarten etc. verkauft. Im vergangenen Jahr betrugen die Überschüsse aus dem Verkauf 200.000 Dollar (Dundjerski 1995b).

Waren mit Spendenaufschlag können sich, zumal zunächst Investitionskosten erforderlich sind, aber auch als Flop erweisen. Daher ist es notwendig, vor dem Beginn derartiger Aktivitäten den Markt gründlich zu sondieren.

Spenden aufgrund besonderer Anlässe

Die Tendenz, daß sich Menschen anläßlich eines Jubiläums, einer Hochzeit oder eines runden Geburtstages anstelle eines Geschenkes eine Spende an eine Organisation ihrer Wahl wünschen, steigt derzeit an. Es ist schwierig, aktiv auf solche SpenderInnen zuzugehen, doch die Möglichkeit an sich sollte von gemeinnützigen Organisationen an geeigneten Stellen publik gemacht werden.

In diesen Bereich fallen auch Kranzspenden bei Beerdigungen. Des öfteren ist in Todesanzeigen zu lesen, daß anstelle von Blumen oder Kränzen Geldspenden an eine gemeinnützige Organisation gewünscht werden. Hat die verstorbene Person die Organisation nicht selbst gewählt, so müssen die Angehörigen auf die Schnelle einen geeigneten Spendenzweck bestimmen. Oft werden andere hierbei um Rat gebeten. Viele mögen es pietätlos finden, doch es gibt Nonprofits, die gute Beziehungen zu Beerdigungsunternehmen pflegen.

3

Der Weg zu den Stiftungen

Ein wesentliches Charakteristikum der über 7000 Stiftungen in Deutschland ist ihre Unterschiedlichkeit; letztlich ist jede Stiftung anders. Zur Vielfalt der Rechtsformen, StifterInnen und Stiftungszwecke kommt ein breites Spektrum an interner Organisationsgestaltung, an Förderrichtlinien, an Vorstellungen über die Antragsgestaltung und -abwicklung hinzu. Dies bedeutet für die Fundraiserin, daß es den Weg zu Stiftungen nicht gibt. Wer auf der Suche nach Fördermitteln ist, muß sich auf die Eigenarten der jeweiligen Stiftungen einstellen. Ziel dieses Abschnittes ist, trotz dieser Verschiedenartigkeit einige Empfehlungen für den Umgang mit Stiftungen vorzustellen, die jedoch den Gegebenheiten entsprechend modifiziert werden müssen.

Kommt Stiftungsförderung überhaupt in Frage?

Bevor man sich auf die Suche nach Fördergebern macht, ist es notwendig, die Idee für ein zu finanzierendes Projekt zumindest grob zu umreißen und schriftlich festzuhalten. Eine wichtige Frage ist, ob es sich um ein Vorhaben handelt, für das die Finanzierung durch Stiftungen überhaupt denkbar ist. Möglicherweise kommen nur Teilbereiche für die Stiftungsfinanzierung in Frage. Auch wenn andere Projekte nicht ausgeschlossen sind, so sind Stiftungen doch überwiegend an der Unterstützung von innovativen Vorhaben, von Modellprojekten, von Objekten mit investivem Charakter (wie Gebäudeumbau oder Einrichtungsgegenstände), von Veranstaltungen, Studien und Veröffentlichungen interessiert; auch die Vergabe von Stipendien und Preisen gehört zu den häufig vorkommenden Aktivitäten von Stiftungen. Die Förderung eines Projektes kann sich über mehrere Jahre erstrecken, doch sind Stiftungen grundsätzlich nicht bereit, Dauerverpflichtungen einzugehen.

Die passende Stiftung

Auch wenn die Informationsmöglichkeiten über Stiftungen in Deutschland im Vergleich zu den USA dürftig sind, so stehen doch mittlerweile immerhin mehrere Stiftungsführer zur Verfügung (vgl. Teil II). Das Nachschlagen in diesen Werken alleine führt allerdings selten zum Erfolg, wenn es darum geht, die passende Stiftung für die Förderung eines Projektes zu finden. Die Handbücher enthalten zwar einige für die Grundorientierung wichtige Angaben (wie Anschrift, Förderzweck, Fördervolumen), doch anders als in US-amerikanischen Nachschlagewerken sind die konkreten BewilligungsempfängerInnen, die geförderten Projekte und die Höhe der jeweiligen Bewilligungen nicht enthalten. Dies aber sind gerade die Informationen, anhand derer sich klären läßt, ob es sich überhaupt lohnt, sich an eine bestimmte Stiftung zu wenden oder nicht.

Es ist eine Vergeudung von Energie, wenn beispielsweise ein Mädchenprojekt mit einer Art Rundbrief an alle Stiftungen herantritt, in deren Förderzweck irgend etwas mit Kindern vermerkt ist. Vielmehr ist es erforderlich, gezielt an diejenigen Stiftungen heranzutreten, bei denen man sich aufgrund von genaueren Vorinformationen wirkliche Chancen verspricht. Daher ist es sinnvoll, Augen und Ohren offenhalten, um in Erfahrung zu bringen, welche Stiftungen was konkret gefördert haben. Ob in Gesprächen mit VertreterInnen anderer Vereine oder bei der Lektüre von Zeitungen und Fachzeitschriften, alles, was man über das Förderverhalten von Stiftungen erfährt, sollte festgehalten werden, um später darauf zurückgreifen zu können. Auch dann, wenn man bereits in Kontakt mit einer Stiftung ist, lohnt es sich herumzufragen oder aber in den Tätigkeitsberichten nachzulesen, um jemanden zu finden, der bereits mit dieser Stiftung zu tun hatte.

Bevor man einer Stiftung etwas Schriftliches zukommen läßt, sollte man dort anrufen und um Zusendung eines Tätigkeitsberichtes, der Förderrichtlinien und, sofern vorhanden, anderer schriftlicher Informationsmaterialen bitten. Dieser Anruf ist auch eine Gelegenheit, um die Person in Erfahrung zu bringen, an die Schreiben gerichtet werden sollten. Wichtig ist es dabei, sich den Namen richtig zu notieren (evtl. buchstabieren lassen); die meisten Menschen reagieren abweisend, wenn ihr Name verunstaltet wird.

Diese Unterlagen bilden die Grundlage für das weitere Vorgehen. Daraus läßt sich entnehmen, ob das geplante Vorhaben wirklich in die Förderbereiche der Stiftung paßt und ob es sich von der Größenordnung her gesehen überhaupt lohnt, an diese Stiftung heranzutreten. Den Jahresberichten sind selten die Förderbeträge für die einzelnen Projekte zu entnehmen, wohl aber das Gesamtfördervolumen. Es ist unwahrscheinlich, daß eine Stiftung, deren gesamtes Fördervolumen bei 150.000 Mark pro Jahr liegt, ein Projekt mit 100.000 Mark bezuschußt. Finanziert eine kleinere oder mittlere Stiftung eine Reihe von Projekten, so wird dem am höchsten dotierten Vorhaben meist nicht mehr als 15% des Jahresetats zugesprochen, doch auch größere Stiftungen haben Limits. Bei der Frage, ob ein Projekt in die Förderbereiche einer Stiftung paßt, sollte man eine gewisse Flexibilität walten lassen. So läßt sich ein Projekt von Designerinnen aus dem Bereich Umwelttechnik dem Förderbereich Frauen, dem Förderbereich Umwelt, aber auch dem Förderbereich Technologie zuordnen. Hinzu kommt, daß Stiftungen, anders als öffentliche Fördergeber, Verhandlungsspielräume haben, wenn ein Projekt nicht genau in ihre Förderrichtlinien paßt. Voraussetzung dafür ist allerdings das Interesse an dem Projekt.

Von der Kontaktaufnahme zur Förderung

Ist eine geeignete Stiftung identifiziert, so sollte man ihr eine Projektskizze (mit einem kurzen Anschreiben) zusenden. Diese hat das Ziel, dem Fördergeber die Projektidee und das Ziel des Vorhabens schmackhaft zu machen. Das genaue Fördervolumen sollte möglichst noch nicht genannt werden. Es kann sich als hilfreich erweisen zu erwähnen, daß andere Geldgeber (z.B. ein Landesministerium) bereits ihre Zusage für einen Teilbereich signalisiert haben. Kurze Zeit (ca. zehn Tage) nach Zusendung der Projektskizze sollte ein Anruf bei der Stiftung erfolgen. In diesem Gespräch geht es darum herauszufinden, ob für das beschriebene Projekt grundsätzlich eine Fördermöglichkeit besteht oder nicht. Dabei lassen sich auch Dinge wie Förderobergrenzen, augenblickliche Antragslage und Schwerpunkt des inhaltlichen Interesses herausfinden. Das Telefonat sollte – sofern dies nicht aus den Unterlagen hervorgeht – auch dazu dienen, Genaueres über die Antragsmodalitäten, Einreichungs- und Entscheidungstermine in Erfahrung zu bringen. Einige Stiftungen haben eigene Antragsformulare, andere hingegen erbitten formlose Anträge (gerade hierfür muß man wissen, was hinein soll und welche Länge gewünscht ist).

Ist das Telefonat positiv verlaufen, kann die Phase der Antragsverhandlungen beginnen. Zunächst muß der Antrag formuliert und eingereicht werden. Für den Antrag, aber auch bereits für das Exposé gilt: Der optische Eindruck spielt eine wichtige Rolle. Allein schon das Fehlen von Datum und Unterschrift machen sich nicht gut. Noch problematischer ist, wenn es sich erkennbar um einen Rundbrief an mehrere Stiftungen handelt. Ein Antrag besteht üblicherweise aus einem Anschreiben und dem eigentlichen Antrag. Das Anschreiben sollte eine kurze Zusammenfassung des Antrages sein, aus der neben Angaben zur antragstellenden Organisation das Vorhaben, zeitliche Vorstellungen sowie die Summe der beantragten Mittel hervorgehen.

Der Antrag selbst umfaßt meist folgende Punkte: (a) Am Anfang stehen Angaben zur Person der AntragsstellerIn und zur Organisation (z.B. deren Zielsetzung, Rechtsform, Mitgliedszahl).

Dann erfolgt eine ausführliche Darstellung des Vorhabens. Zuerst sollte die (b) Ausgangssituation, also die Problemlage, beschrieben werden. Wichtig ist dabei das Herausarbeiten der Mängel bzw. der Lücken, die durch das geplante Projekt beseitigt werden sollen. Als nächstes sollte das (c) Lösungskonzept, also die Projektidee, dargelegt werden. Es folgt eine Beschreibung der (d) praktischen Umsetzung des Vorhabens. Eine Strukturierung in einzelne Arbeitsabschnitte sowie ein realistischer Zeitplan unterstreichen die Glaubwürdigkeit. Was den Zeitplan anbetrifft, so sollte der Maßnahmenbeginn keineswegs zu früh angesetzt werden. Auch wenn es manchmal schneller geht, so müssen doch mindestens sechs Monate für den Zeitraum zwischen Antragsstellung und Bewilligung einkalkuliert werden. Im nächsten Punkt sollten die (e) vorhandenen Ressourcen (Fachkräfte, Räumlichkeiten) beschrieben werden, damit für die Stiftung erkennbar ist, daß die AntragstellerIn in der Lage ist, das Projekt auch wirklich in die Praxis umzusetzen. Dann kommt der (f) Finanzierungsplan. Dieser besteht aus einer detaillierten Kostenaufstellung und einer Darlegung darüber, wie die Mittel insgesamt aufgebracht werden sollen (Eigenmittel, Zuwendungen anderer Fördergeber). Hier wird auch die Antragssumme genannt. Oft müssen dem eigentlichen Antrag Anlagen (z.B. die Vereinssatzung, Baupläne oder auch Referenzen) beigefügt werden.

Es ist normal, daß Stiftungen nach Eingang des Antrags noch die Beantwortung weiterer Fragen oder die Nachreichung von Unterlagen (z.B. Referenzen oder Gutachten) verlangen. Möglicherweise bittet eine VertreterIn der Stiftung die Organisation um einen Ortstermin. Die zuständige Stiftungsreferentin ist oft nicht identisch mit den Personen, die über die Bewilligung entscheidigen; meist liegt diese Kompetenz beim Vorstand. Dennoch kommt ihr und ihrem Votum bei der Entscheidungsvorbereitung eine wichtige Bedeutung zu. Allerdings muß man damit rechnen, daß auch gute Anträge abgelehnt werden, denn üblicherweise übersteigt die Zahl der Anträge das Fördervolumen. Ebenso kommt es jedoch vor, daß zu einem Entscheidungstermin nicht genügend Anträge vorliegen. Pro Jahr gibt es in der Regel zwei bis drei Entscheidungstermine.

Nach der Bewilligung erfolgt die schriftliche Förderzusage. Es ist wichtig, sich an die Bewilligungsbedingungen zu halten. Die Mittel sind zweckgebunden; Änderungen des Verwendungszweckes und auch Verschiebungen innerhalb des Kostenplanes bedürfen der Genehmigung der Stiftung. Ein großer Vorteil von Stiftungsgeldern gegenüber staatlichen Fördermitteln liegt darin, daß die bewilligten Mittel nicht an das Haushaltsjahr gebunden sind und daß Einwände eines Rechnungshofes nicht zu befürchten sind. Dennoch ist es nach Durchführung des Vorhabens erforderlich, eine korrekte Abrechnung der Mittel vorzunehmen und auch die entsprechenden Verwendungsnachweise einzureichen.

Nach Abschluß des gesamten Projektes oder aber bereits nach Fertigstellung von Teilabschnitten verlangen Stiftungen nicht nur eine Abrechnung der Mittel, sondern meist auch einen schriftlichen Bericht. Darüberhinaus erwarten sie die Anerkennung ihrer Leistungen. Die FörderungsempfängerInnen werden gebeten, schriftlich (z.B. in Broschüren des Vereins) und mündlich (z.B. bei der Eröffnung einer Ausstellung) darauf hinweisen, daß die Stiftung XY die Durchführung des Projektes unterstützt hat.

Die Antragstellung und -abwicklung bei Stiftungen ist – trotz der erwähnten Unterschiede – dem Umgang mit öffentlichen Fördergebern ähnlich. Gerade während der Antragsphase ist es notwendig, viel Arbeit zu investieren und dran zu bleiben. Allerdings kommt man bei Stiftungen mit Jammern und Betteln nicht zum Zuge. Wichtig ist, mit der Haltung »Wir haben eine Superidee und ihr habt das Glück, uns fördern zu können« an eine Stiftung heranzutreten (ohne aber überheblich zu wirken). Die besten Karten hat, wem es gelingt, die Zuständigen zu begeistern und das Vorhaben in einen überzeugenden Antrag zu gießen.

4
Der Weg zu Wirtschaftsunternehmen

Die Suche nach Förderern aus der Wirtschaft ist in der Regel mühevoll und arbeitsintensiv. Eine Faustregel lautet: Auf 40 Absagen kommt eine Zusage (allerdings gibt es auch Beispiele, wo einmal Fragen den gewünschten Erfolg brachte). Aufgrund der großen Zahl und Vielfalt von Wirtschaftsunternehmen gibt es, wie bei den Stiftungen, nicht nur einen einzigen, sondern viele unterschiedliche Wege, um Förderer zu gewinnen. Wer Unternehmen als Unterstützer gewinnen will, muß viel Einfallsreichtum besitzen und vor allen Dingen die Bereitschaft, sich auf die Gepflogenheiten der Wirtschaft einzustellen. Oft führen gerade unkonventionelle Wege zum Erfolg. Hinzu kommt, daß besonders bei größeren Sponsorships im Nonprofit-Bereich die Chancen, von Unternehmen Unterstützung zu erhalten, besser sind, wenn direkte persönliche Beziehungen zu den EntscheiderInnen oder noch besser zur Geschäftsleitung bestehen. Auch »TüröffnerInnen« (vielfach aus der Politik) spielen eine wichtige Rolle. Beispiele dafür sind die Finanzierung einer Wanderausstellung der Behindertenanstalt Stetten durch Daimler Benz, die durch Vermittlung des Sozialbürgermeisters von Stuttgart zustandekam, und die Förderung der Feminale in Köln durch RTL, für die sich der Chef der nordrhein-westfälischen Staatskanzlei bei RTL-Boß Thoma eingesetzt haben soll. Als MittlerInnen kommen aber auch Personen aus einem Unternehmen selbst in Frage (z.B. Betriebsratsmitglieder oder die Frauenbeauftragte).

Trotz der Tatsache, daß die Wege zu Unternehmen stark variieren, können die folgenden Ratschläge für eine systematische

Vorgehensweise hilfreich sein. Angesichts des stark gestiegenen Interesses an Sponsoren haben diejenigen die besseren Aussichten, die wissen, worauf es ankommt bei der Zusammenarbeit mit Wirtschaftsunternehmen. Eine explizite Unterscheidung zwischen Spenden und Sponsoring erfolgt in den folgenden Abschnitten nur da, wo es erforderlich ist. Viele der notwendigen Schritte sind ähnlich. Oft läßt es sich ohnehin nur aus der Buchführung des Unternehmens erkennen, ob es sich nun um eine Spende oder um Sponsoring handelt.

Empfängerorientierte Kommunikation des Leistungsprofils

Zentrale Voraussetzung für erfolgreiches Fundraising ist ein klares Leistungsprofil sowie die Fähigkeit dieses nach außen darzustellen (vgl. Teil III). Dieser Punkt ist von ganz besonderer Bedeutung, wenn Unternehmen als Förderer gewonnen werden sollen. Zwischen den Wertmustern von Wirtschaft und Nonprofit-Organisationen besteht eine große Kluft. Leistung ist ein zentraler Begriff im Profitsektor. Langatmige Problemanalysen oder Erklärungen zum konzeptionellen Ansatz der eigenen Arbeit bewirken eine Abwehrhaltung. Ein Unternehmen will wissen, was die gemeinnützige Organisation leistet, um ein spezifisches gesellschaftliches Problem zu lösen. Dabei muß auch beachtet werden, daß sich die Sprach- und Vorstellungswelt in Unternehmen von der Sprachwelt des eigenen Projektes unterscheidet. Für die Mitarbeiterinnen eines Drogenhilfe-Projektes ist der Begriff *akzeptierende Drogenarbeit* und das dahinterstehende Konzept eine Selbstverständlichkeit; der Besitzer eines Autohauses hingegen wird sich wenig darunter vorstellen können. Für die Mitarbeiterinnen eines autonomen Frauenprojektes ist das Wort *feministisch* ein positiv besetzter, identitätsstiftender Begriff, während es für den Sponsoringzuständigen eines Computerkonzerns wahrscheinlich ein negativ besetzter Kampfbegriff ist. Es geht nicht darum, die eigene Sprache zu verbiegen, doch es ist erforderlich, sich in die Lage derer zu versetzen, die über die Vergabe von Spenden- und Sponsoringmitteln entscheiden. Die meisten Organisationen machen den Fehler, senderorientiert zu kommunizieren, d.h. sie legen den Fokus auf ihre eigene Befindlichkeit und das, was ihnen besonders am Herzen liegt. Sie schildern das Elend ihrer Klientel und die staatliche Untätigkeit in aller Ausführlichkeit, oder sie jammern über ihre Finanzlage. UnterstützerInnen aus der Wirtschaft lassen sich am besten durch eine empfängerorientierte Ansprache, also eine Sprache, die sie verstehen, gewinnen. Sie müssen an ihrem Eigeninteresse gepackt werden; es ist Aufgabe derjenigen, die unterstützt werden wollen, einem Unternehmen klarzumachen, was es von einer Zusammenarbeit hat.

Zielgruppendefinition

Die spezifischen Eigeninteressen von Unternehmen sind unterschiedlich gelagert. Hinzu kommt, daß Entscheidungen letztlich immer von Individuen getroffen werden und auch deren Interessen eine wichtige Rolle spielen. Dennoch steht über allem ein zentraler Punkt: Das oberste Ziel von Wirtschaftsunternehmen ist, Profit zu machen. Wesentliche Voraussetzung dafür sind günstige Produktionsbedingungen und gute Absatzmöglichkeiten. Alle Aktivitäten eines Unternehmen dienen direkt oder indirekt der Verfolgung dieses Zieles. Unternehmen vergeben Spenden bzw. betreiben Sponsoring, um sich bei ihren unterschiedlichen Zielgruppen (seien es Kunden, MitarbeiterInnen, das Umfeld vor Ort, Medien, Politik) zu profilieren. Sie müssen insbesondere beim Sponsoring davon überzeugt werden, daß die Maßnahme dazu geeignet ist, ihr Image zu verbessern, ausgewählte Zielgruppen anzusprechen, die Motivation der MitarbeiterInnen zu erhöhen und die Unternehmenskultur zu stärken. Gute Kenntnisse über die eigenen Zielgruppen sowie die Kommunikationswege zu diesen bilden eine wesentliche Voraussetzung, wenn eine Nonprofit-Organisation ein Unternehmen davon überzeugen will, daß mit der Fördermaßnahme einige seiner Zielgruppen angesprochen werden.

Spende oder Sponsoring?

Unternehmen können, wie in Teil II dargelegt, als Spender oder als Sponsoren in Betracht kommen. Soll ein Unternehmen als Sponsor gewonnen werden, so muß es sich um ein ungewöhnliches, medienwirksames Projekt handeln. Geht es um Alltägliches, so kommen eher Spenden in Frage. Doch auch dabei ist es sinnvoll, einen möglichst konkreten Verwendungszweck (z.B. Druckkosten für eine Broschüre oder die Anschaffung von Kinderspielzeug) zu definieren, denn Wirtschaftsunternehmen sehen es nicht als ihre Aufgabe an, die Grundfinanzierung von gemeinnützigen Organisationen abzusichern.

Was Spenden anbetrifft, so sollte man auch daran denken, daß Firmen zunehmend auf Werbegeschenke zu Weihnachten verzichten oder Jubiläen einer gute Sache widmen. Außerdem gibt es auch Beispiele für Sammlungen der Belegschaft (die u.U. aus der Unternehmenskasse aufgestockt werden).

Die Auswahl der Unternehmen

Bevor die Suche nach Förderern aus der Wirtschaft beginnt, muß geklärt werden, wie die Mitarbeiterinnen und Vereinsmitglieder zu einer Unterstützung durch Unternehmen stehen und ob es bestimmte Unternehmen gibt, die von vornherein nicht in Frage kommen.

Leider existieren, wie bereits an anderer Stelle erwähnt, bei uns keine Nachschlagewerke über das Spenden- bzw. Sponsoringverhalten von Unternehmen. Der Identifikation von Unternehmen, die als Förderer in Frage kommen, sollten daher Kriterien zugrundegelegt werden, welche die Wahrscheinlichkeit einer Unterstützung erhöhen. Ein wichtiges Kriterium ist der *Ort*. Kleine Organisationen mit lokalem Wirkungsfeld haben die größten Chancen bei ortsansässigen Unternehmen; auch kleine Einzelhandelsgeschäfte in der Nachbarschaft sollten, besonders wenn es um Sachspenden geht, nicht vergessen werden. Großunternehmen kommen eher für Projekte mit überregionaler Ausstrahlung in Frage.

Ein Kriterium, das besonders beim Sponsoring von Bedeutung ist, ist die Branche bzw. *die Produkt- und Dienstleistungspalette*. Als Sponsoren kommen insbesondere die Hersteller oder Vertreiber von Produkten bzw. Dienstleistungen für EndverbraucherInnen in Frage. Gerade wenn es sich um Märkte handelt, wo ein heftiger Konkurrenzkampf tobt, sind Unternehmen oft als Sponsoren tätig. Beispiele dafür sind die Zigarettenindustrie oder Computerhersteller. Das Kriterium Branche/Produkt ist auch wichtig für die Frage der Zielgruppenübereinstimmung. Ist die Klientel einer Nonprofit-Organisation mit einer wichtigen Kundenzielgruppe eines Unternehmens identisch, so erhöht dies die Wahrscheinlichkeit einer Zusammenarbeit. Dies zeigt das von C&A gesponserte Kinder- und Jugendtelefon des Kinderschutzbundes. Kinder und Jugendliche stellen ein Riesenmarktpotential für den Verkauf von Kleidung dar. Ein gutes Beispiel für das Zusammenwirken der Kriterien Ort und Branche ist die Unterstützung des Mütter- und Familienzentrums in Friedrichsdorf durch Milupa (vgl. Teil II). Die Produktpalette eines Unternehmens ist noch aus einem anderen Grund relevant: Möglicherweise handelt es sich um Produkte oder Dienstleistungen, die eine gemeinnützige Einrichtung benötigt (z.B. Computer, Fahrzeuge, Druck). So wäre Krupp vielleicht bereit, einer Künstlerin, die eine Skulptur aus Stahl herstellen will, das Material zur Verfügung zu stellen.

Ein wichtiger Prüfstein, der oft in engem Zusammenhang mit der Produktpalette eines Unternehmens steht, ist dessen *Image*. Das Image von Milupa, aber auch von anderen Kindernahrungsherstellern, wurde in den vergangenen Jahren aufgrund der durch Kindertees verursachten Zahnschäden bei Kleinkindern stark angekratzt. Für eine Elterninitiative, die um Schadensersatz für die Geschädigten kämpft, käme eine Förderung durch Milupa wohl kaum in Frage. Das Kriterium Image spielt eine vielleicht noch wichtigere Rolle auf seiten des Unternehmens. Vor einer Zusammenarbeit mit einer gemeinnützigen Organisation, insbesondere wenn es sich um Sponsoring handelt, wird genauestens überlegt, ob dies dem Image des Unternehmens förderlich ist.

Ein weiteres Kriterium ist das *bisherige Förderverhalten* eines

Unternehmens. Hat ein Unternehmen in der Vergangenheit bereits Spenden vergeben oder Sponsoring betrieben? Wenn ja, in welchen Bereichen? Eine Negativantwort in diesem Bereich sollte allerdings nicht dazu führen, ein Unternehmen von vornherein auszuschließen. Manchmal gelingen Überraschungstreffer gerade bei Unternehmen, an die nicht alle zuerst denken, wenn es um Spenden und Sponsoring geht. Es gibt auch Unternehmen, die Sponsoring nach dem Prinzip »Wir tun, was keiner von uns erwartet« betreiben. Informationen zu dem bisherigen Förderverhalten eines Unternehmens müssen durch Zeitungslektüre (auch des Wirtschaftsteils), durch Mundpropaganda sowie durch das aufmerksame Betrachten von Veranstaltungsplakaten, Ankündigungsprospekten etc. zusammengetragen werden.

Für die Erstellung einer Sponsorliste sind Branchenbücher, Markenhandbücher, Messehandbücher, Fachzeitschriften, IHK-Listen sowie die Handbücher von Hoppenstedt über Groß- und mittelständische Unternehmen hilfreich. Kommen Lebensmittelhersteller in Betracht, dann leistet das erwähnte Buch *Der Unternehmenstester* große Hilfe. Für den Bereich Konzerne ist auch das Buch von Rüdiger Liedtke *Wem gehört die Republik* (1994) interessant.

Die Projektskizze

Vor der Kontaktaufnahme mit den ausgewählten Unternehmen sollte eine Projektskizze erstellt werden. Dies ist besonders wichtig, wenn es sich um Sponsoring handelt, aber auch bei größeren Spendenbeträgen. Geht es lediglich um einen kleinen Spendenbetrag, dann kann ein persönliches Gespräch oder ein Spendenbrief ausreichen.

Die Projektskizze sollte nicht zu lange sein (maximal eine Seite pro Gliederungspunkt, dazu ein Deckblatt) und folgende Punkte enthalten: Idee/Projektbeschreibung, Zielgruppenanalyse, Sponsornutzen, begleitende Kommunikationsmaßnahmen intern und extern, Termine, Kosten/gewünschte Leistung des Unternehmens. Aus der Projektskizze sollte auch hervorgehen, ob daran gedacht ist, nur einen Sponsor zu gewinnen oder aber mehrere. Bei Co- Sponsorships muß das Prinzip der Branchenexklusivität (keine Konkurrenzunternehmen) beachtet werden. Beim Punkt *Idee/Projektbeschreibung* kommt es darauf an, das Neue (z.B. die Einrichtung des Mütter- und Familienzentrums in Friedrichsdorf; vorher gab es dies in dieser Stadt nicht), das Außergewöhnliche (wie die von Daimler-Benz gesponserte Pilgerreise schwer erziehbarer Jugendlicher nach Nordspanien; Veranstalter war das Christopherus-Jugendwerk, Oberrimsingen), das Einzigartige (die Feminale, das einzige Frauenfilmfestival in Köln) oder Überraschende (wie die Wanderausstellung behinderter KünstlerInnen, unterstützt von Daimler-Benz) des Projektes herauszustellen.

Bei der Zielgruppenanalyse ist es wichtig herauszuarbeiten, mit welchen ausgewählten Zielgruppen der Sponsor in Kontakt treten kann und über welche Kommunikationswege diese zu erreichen sind (z.B. Veranstaltungen oder Medienberichterstattung). Es genügt dabei nicht, das Konsumentinnenargument pauschal einzusetzen, indem beispielsweise darauf hingewiesen wird, Frauen seien potentielle Käuferinnen und das Unternehmen müsse sein Image gegenüber Frauen aufbessern. Gerade wenn es sich um ein Sponsoringprojekt handelt, kommt es darauf an, dieses Argument möglichst mit konkreten, auf die Produkte des Unternehmens bezogenen Daten zu untermauern und nachzuweisen, daß eine frauenspezifische Ansprache dazu beitragen kann, den Marktanteil des Unternehmens zu erhöhen. Um beispielsweise einen Computerhersteller davon zu überzeugen, eine Mädchenwerkstatt zu sponsern, sollte man zumindest wissen, wieviele Mädchen es insgesamt in der Bundesrepublik gibt und wie deren Verteilung auf die verschiedenen Altersstufen ist. Auch Daten über die Ausstattung von Mädchen mit Computern sind hilfreich.

Ziel der Formulierung des Punktes *Sponsornutzen* ist es, einem potentiellen Sponsor klarzumachen, welche konkreten Vorteile (z.B. Logoeindruck auf Plakaten und Einladungskarten, Ausstellungseröffnung, gemeinsame Veranstaltungen, Pressekonferenz zur Scheckübergabe) er aus der Zusammenarbeit mit der gesponserten Organisation (oder auch Person) ziehen kann. Mit Ausnahme des Sportbereichs sind Sponsoren selten an einer platten Form von Sichtbarkeit (z.B. einem riesengroßen Logoaufdruck) interessiert. Sie wissen, das dies eher negative Auswirkungen auf ihre Zielgruppen haben könnte und sind daher auf der Suche nach Darstellungsformen, die einen dezenten, wenn möglich, ungewöhnlichen Charakter besitzen. Ein Beispiel dafür ist das von der Nassauischen Sparkasse gesponserte Theaterstück »Madame Pompadour« des Pariser Hoftheaters in Wiesbaden; die Bank wurde während des Stückes auf lustige Weise von einem der Schauspieler erwähnt.

Aus der *Projektskizze* sollte hervorgehen, wann die Realisierung die Projektes vorgesehen ist. Dabei muß beachtet werden, daß auch Unternehmen (ähnlich wie staatliche Fördergeber oder Stiftungen) selten eine sofortige Zusage erteilen. Unternehmen lassen sich nicht durch einen unmittelbar bevorstehenden Projektbeginn unter Druck setzen; im Gegenteil: meist zieht dies eine Absage nach sich. Was Spenden anbetrifft, so ist es zwar zutreffend, daß viele Unternehmen in der Weihnachtszeit besonders spendenfreudig sind. Mit der Kontaktaufnahme muß jedoch schon viel früher begonnen werden. Besonders bei größeren Sponsoringvorhaben müssen längere Vorlaufzeiten berücksichtigt (oft ein bis zwei Jahre) werden, denn Unternehmen planen ihre Marketingstrategien langfristig. Bei kleineren Sponsoringvorhaben (z.B. Veranstaltungen) können sechs Monate ausreichen. Die in einer Projektskizze genannten Beträge sollten gut kalkuliert sein und den tatsächlichen Kosten entsprechen.

Bei der *gewünschten Leistung des Unternehmens/Kosten* handelt es sich um einen heiklen Punkt. Zunächst sollte man dabei nicht nur an Geld, sondern auch an Sach- oder Dienstleistungen denken. Was das Thema Geld anbetrifft, so liegt die Schwierigkeit darin, daß Sponsoringmaßnahmen zwar öffentlich kommuniziert werden, doch über die konkreten Beträge schweigt man sich meist aus. Während im Sportbereich teilweise von Millionenbeträgen die Rede ist, werden im Sozialbereich zur Zeit Sponsoringsummen von 30.000 – 50.000 Mark genannt. Die EmpfängerInnen und der Betrag von Spenden sind schon mal eher in der

Lokalzeitung zu lesen. Da die Höhe viel mit der Größe des jeweiligen Unternehmens zu tun hat, ist es schwierig, konkrete Zahlen zu nennen. Für den Bäcker um die Ecke können 500 Mark ein hoher Betrag sein, für eine Bank fangen hohe Beträge vielleicht erst bei 5.000 Mark an.

Der Kontakt mit dem Unternehmen

Für den Erstkontakt mit den ausgewählten Unternehmen gibt es vier verschiedene Möglichkeiten: persönlich, Brief, Telefon, Agentur. Die besten Erfolgschancen verspricht der persönliche Erstkontakt, doch vielen Organisationen fehlt ein solcher Zugang, es sei denn, ein »Türöffner« hat diesen hergestellt oder es handelt sich um das Autohaus nebenan, vielleicht hat man auch die zuständige Person auf einer Veranstaltung (z.B. Messe oder Tagung) kennengelernt.

In der Regel empfiehlt sich für den Erstkontakt die Kombination Telefon-Brief-Telefon. Für das Sponsoring ist meist die Abteilung Marketing oder Öffentlichkeitsarbeit zuständig. Großunternehmen haben für den Spendenbereich oft eigene Abteilungen (oder Stiftungen), bei mittleren und kleineren Unternehmen entscheidet üblicherweise die Geschäftsleitung. In einem ersten Telefonat sollte man den Namen der/des Verantwortlichen erfragen, sich verbinden lassen, das Projekt ganz kurz vorstellen und die Zusendung der Projektskizze ankündigen. Danach folgt die Verschickung der Projektskizze einschließlich eines Anschreibens. In dem personalisierten Anschreiben sollte auf das Telefonat Bezug genommen und ein Nachtelefonat angekündigt werden. Bei diesem Anruf (sieben bis zehn Tage später) geht es darum herauszufinden, ob eine Förderung in Frage kommt oder nicht. Erfolgt eine Absage, so ist es wichtig, den Grund dafür zu erfragen (auch wegen einer etwaigen Kooperation zu einem späteren Zeitpunkt).

Ist das Unternehmen interessiert, so erfolgt die Vereinbarung eines Termines. Bei diesem Termin entscheidet sich, ob für das Unternehmen und natürlich auch die Sponsorsuchenden eine

Zusammenarbeit wirklich in Frage kommt. Das Sponsoringprojekt muß daher überzeugend präsentiert werden. Dabei muß man sich darauf einstellen, daß Unternehmen auch eigene Vorstellungen bezüglich ihrer Sichtbarkeit haben. Nach der endgültigen Formulierung des Konzeptes erfolgt, sofern es sich um Sponsoring handelt, der Abschluß eines Vertrages. Darin sollten alle Vereinbarungen (Beschreibung des Projektes, AnsprechpartnerInnen, Termine, Vertragsdauer, Leistungen, Kostenrahmen, Zahlungsbedingungen, Haftung, Nutzungsrechte, Kündigung) festgehalten werden. Ein schriftlicher Vertrag dient nicht nur der Absicherung des Unternehmens, sondern auch der Gesponserten. Es hat Fälle gegeben, bei denen Unternehmen mündlich bestimmte Leistungen zugesichert hatten, sich aber später nicht mehr daran erinnern wollten. Nach Abschluß des Vertrages beginnt die eigentliche Durchführung des Sponsoringprojektes. Für dessen Erfolg ist eine gute Öffentlichkeitsarbeit unverzichtbar.

Der Kontakt zu Unternehmen kann auch durch eine Sponsoringagentur hergestellt werden. Besonders im Sportsponsoring, aber auch im Kultursponsoring, spielen Agenturen eine große Rolle. Sie vermitteln nicht nur Sponsoren, sondern organisieren die Öffentlichkeitsarbeit, die Konzeption und Erstellung von Plakaten, Broschüren etc. wie auch ganze Veranstaltungen. Im Sozialbereich sind Agenturen bislang noch dünn gesät. Der Grund dafür ist zum einen, daß Sozialsponsoring noch nicht lange praktiziert wird. Zum anderen aber nehmen viele Unternehmen lieber direkt mit einer Sozialorganisation Kontakt auf und zwar nicht nur, um die Agenturkosten zu vermeiden, sondern auch, um die Gegenüber direkt zu begutachten. Hinzu kommt, daß der Erfahrungsvorsprung der Agenturen gegenüber den Sozialeinrichtungen selbst nicht sehr groß ist, sieht man einmal von Ausnahmen ab (wie z.B. die Agentur Neues Handeln in Köln, die die Partnerschaft C&A/Kinder- und Jugendtelefon betreut). Keine Agentur kann von vornherein garantieren, daß ein Sponsor gefunden wird. Außerdem sind sie meist nur an der Vermittlung größerer Sponsorships interessiert. Mein Rat: Die Stärkung der eigenen Fundraising-Kompetenz ist der Zusammenarbeit mit einer Agentur vorzuziehen. Man sollte sich aber in jenen Teilbereichen von einer Agentur unterstützen zu lassen, in denen spezifische Fachkenntnisse gefragt sind (z.B. die Erstellung von Materialien für die Öffentlichkeitsarbeit).

Frauen und Sponsoren

Wirtschaftsunternehmen steht es frei, ob sie Frauenbelange fördern oder nicht. Frauen müssen daher mit einer anderen Einstellung an Sponsoren aus der Wirtschaft herantreten als an staatliche Geldgeber. Am Anfang eines Sponsoringverhältnisses steht oft das »Klinkenputzen«, das von vielen Frauen als erniedrigend empfunden wird. Männer haben damit meist weniger Probleme, für sie ist es eine Art sportliche Herausforderung, einen Sponsor an Land zu ziehen. Allerdings muß dazu gesagt werden, daß es sich bei den Verantwortlichen, die in Wirtschaftsunternehmen für Sponsoring zuständig sind, meist ebenfalls um Männer handelt. Bei der Konstellation »Männer offerieren eine Leistung und fordern dafür Geld von Männern« handelt es sich um ein bekanntes soziales Muster; bei der Konstellation »Frauen offerieren eine Leistung und fordern dafür Geld von Männern« dagegen ist ein nach wie vor negativ belastetes soziales Muster. Die Erfahrungen aus den USA allerdings belegen, daß Frauen die besseren Fundraiserinnen sind (vgl. Teil III). Sie verfügen meist über mehr Einfühlungsvermögen als Männer und sind so eher in der Lage, die Interessenlage des Gegenüber aufzuspüren. Es kommt darauf an, dieses Potential auch für die Gewinnung von Sponsoren zu nutzen. Grundvoraussetzung ist, daß Frauen das mit dem Sponsoring verbundene »Klinkenputzen« oder »Sich Verkaufen« als etwas Normales empfinden, das zu diesem Vorgang dazu gehört. Frauen, die sich selbst als Bittstellerinnen definieren, strahlen dies auch nach außen aus. Es ist daher wichtig, sich selbstbewußt als potentielle Geschäftspartnerinnen von Sponsoren zu sehen.

Schlußbetrachtung

Der häufigste Einwand gegen die Erschließung privater Sponsoren lautet, daß damit dem Rückzug des Staates aus der Verantwortung für das Gemeinwohl Vorschub geleistet würde. Mir geht es nicht darum, dem Abbau sozialstaatlicher Errungenschaften das Wort zu reden und das »Modell USA« insgesamt als Vorbild darzustellen. Dennoch müssen sich gemeinnützige Organisationen damit auseinandersetzen, daß sich der bundesdeutsche Sozialstaat in einer Umbruchsituation befindet. Die öffentlichen Schuldenberge und die Notwendigkeit, Einsparungen vorzunehmen, sind Tatsachen, vor denen niemand die Augen verschließen kann. Die staatliche Finanzierung hat viele gemeinnützige Träger dazu verführt, nicht gerade verantwortlich mit den Finanzressourcen umzugehen. Die These vom »funktionalen Dilettantismus« (Seibel 1992) macht die Runde. Von vielen Angeboten profitieren Leute, die sich einen (höheren) eigenen finanziellen Beitrag leisten könnten. Die geringe Anzahl der NutzerInnen einer Dienstleistung steht oft in keinem Verhältnis zu den Kosten, die deren Erstellung verursacht.

Der frühere Bundespräsident Richard von Weizsäcker beklagte auf dem Evangelischen Kirchentag in Hamburg im Juni 1995 den Abstieg des Staates zur Dienstleistungsagentur und zum öffentlichen Warenhaus (*Frankfurter Rundschau* 1995a). Auch die grüne Bundestagsvizepräsidentin Antje Vollmer monierte, daß eine Staatskunden- und Staatsversorgten-Mentalität in Deutschland Einzug gehalten habe. Nonprofit-Organisationen spielen bei dieser Entwicklung eine große Rolle. Das Spektrum und das

Ausmaß öffentlicher Aufgaben, die Nonprofit-Organisationen mittels staatlicher Gelder erfüllen, hat sich mehr und mehr erweitert. Dies hat viele positive Seiten, denn darin spiegelt sich wider, daß sich die Gesellschaft nun auch um Probleme (wie die Diskriminierung von Frauen) oder Gruppierungen (wie Homosexuelle) kümmert, die früher keinen Zugang zum öffentlichen Diskurs hatten. Allerdings wird meist nicht gefragt, was die Angebote (und zwar alle, nicht nur die neueren) tatsächlich bewirken, ob die Kosten in einem angemessenen Verhältnis zum Ergebnis stehen oder ob Leistungen tatsächlich noch zeitgemäß sind.

Die Grenzen der staatlichen Finanzierungsmöglichkeiten erfordern ein Umdenken; ein »Weiter so« ist nicht möglich. Nonprofit-Organisationen müssen für ihre Leistungen und deren Finanzierung Marketing betreiben, denn auf dem Markt der Gemeinnützigkeit tummeln sich viele Wettbewerber. Sie kommen nicht umhin, kontinuierlich öffentlich Rechenschaft über ihre Arbeit abzulegen, diese für die Gesellschaft transparent zu machen und deren Notwendigkeit zu begründen. Im Gegensatz zu früher reicht es nicht mehr aus, an das schlechte Gewissen der Verantwortlichen zu appellieren. Vielmehr kommt es darauf an, die eigene Leistung gegenüber der Leistung derjenigen, die ebenfalls um die Ressourcen konkurrieren, zu profilieren.

Bei dem weit verbreiteten Lamento über die Kürzung öffentlicher Mittel ist die Tatsache in den Hintergrund gerückt, daß es Zeiten gab, in denen in Frauenprojekten und der alternativen Szene die Frage »Staatsknete – ja oder nein?« heftig diskutiert wurde. Noch immer läßt sich eine ganze Reihe von Nachteilen auflisten, welche die staatliche Förderung mit sich bringt: Die tatsächlichen Gegebenheiten in Nonprofit-Organisationen sind oft nur schwer mit den bürokratischen Zwängen staatlicher Haushaltsordnungen in Einklang zu bringen. Öffentliche Mittel wirken entpolitisierend, denn wer seine Geldgeber zu lautstark kritisiert, begibt sich in die Gefahr, diese zu verlieren. Die Realisierung von neuen, kontroversen Projektideen ist meist abhängig von den politischen Mehrheitsverhältnissen. Freiwillige Aktive neigen dazu, sich zurückzuziehen, wenn mittels staatlicher Förderung bezahlte Stellen geschaffen werden.

Die Verantwortung für die Finanzierung von öffentlichen Anliegen sollte, auch im Interesse der gemeinnützigen Organisationen selbst, nicht länger nahezu ausschließlich dem Staat zugeschoben werden. Untersuchungen aus den USA belegen, daß Nonprofit-Organisationen generell die Tendenz aufweisen, ihre Strukturen und Ziele an die Vorgaben ihrer GeldgeberInnen anzupassen. Diejenigen Organisationen mit der größten Vielfalt an GeldgeberInnen haben nicht nur die besten Überlebenschancen, sie besitzen auch bezüglich ihrer inhaltlichen Arbeit eine größere Manövrierfähigkeit als Organisationen, die sich auf nur einen oder wenige FördergeberInnen verlassen. Dennoch gibt es keine Faustregel für den idealen Finanzquellenmix. Jede Organisation muß diesen für sich selbst herausfinden. Staatliche Geldgeber werden darin auch künftig eine zentrale Rolle spielen. Bei den öffentlichen Finanziers kommt es ebenso darauf an, daß sich Organisationen möglichst nicht auf einen einzigen Fördertopf verlassen, sondern versuchen, unterschiedliche staatliche Förderprogramme und -ebenen (Kommune, Land, Bund, EG) »anzuzapfen«. Auch »öffentliche Spenden«, ob Bußgelder oder Lottomittel, sollten in Betracht gezogen werden, und selbst die Frage nach finanziellen Beiträgen der LeistungsempfängerInnen darf nicht tabuisiert werden.

Die Nutzung einer größeren Finanzquellenvielfalt sollte nicht nur unter dem Aspekt der Erweiterung der Handlungsspielräume von gemeinnützigen Organisationen betrachtet werden. Es geht um die Verankerung der Projekte nicht nur im staatlichen, sondern auch im zivilen Raum. Die Demokratie, so Richard von Weizsäcker, lebt vom Willen und der Kraft ihrer BürgerInnen zur persönlichen Mitverantwortung (*Frankfurter Rundschau* 1995a). Philanthropie ist Ausdruck der Mitverantwortung von privaten GeldgeberInnen für das Gemeinwohl. Wohltätigkeit sollte in Deutschland nicht mehr lediglich die Rolle des Lückenbüßers für das Schließen von Löchern staatlichen Handelns zugeschoben, sondern als positiver Wert begriffen werden.

Die vielen Einzelpersonen, die mit ihrer Spende an Greenpeace dazu beigetragen haben, daß die Ölbohrinsel Brent Spar nicht in der Nordsee versenkt wurde, haben damit demonstriert, daß es notwendig ist, sich in Umweltfragen nicht auf den Staat alleine zu verlassen. Gleichzeitig aber muß sich Greenpeace mittels seiner öffentlich wahrnehmbaren Leistungen und mittels Spendenaufrufen seiner Basis immer wieder rückversichern. Erhielte Greenpeace staatliche Fördermittel oder gar finanzielle Unterstützung von Unternehmen, so würde dies seine Handlungsmöglichkeiten einschränken.

Der Erfolg von Greenpeace wirft auch die Frage auf, warum es bei der Thematik *Diskriminierung von Frauen* an öffentlich wirksamen, bewußtseinsbildenden Aktionen fehlt. Frauenorganisationen haben es versäumt, die Verantwortung für die Herstellung der Gleichberechtigung von Frauen im privaten Raum zu verankern: Die Finanzierung von Frauenprojekten ist weitgehend an den Staat delegiert.

Das Beispiel Shell ist ein Indiz dafür, daß VerbraucherInnen in Deutschland nicht mehr bereit sind, sämtliche Verhaltensweisen von Unternehmen zu akzeptieren. Von der Wirtschaft wird ökologisch verantwortliches Verhalten gefordert, bei Nichteinhaltung droht ein VerbraucherInnenboykott. Unternehmen sind Teil der Gesellschaft; sie haben ein starkes Eigeninteresse daran, daß diese funktioniert. Daher sollte künftig ihre soziale und ökologische Verantwortung auch mittels Spenden stärker eingefordert werden. Daß es hierbei nicht nur um die Frage der Imagepflege geht, zeigt sich am Beispiel Shell. Der Konzern hatte immense Summen dafür investiert, sich ein umweltbewußtes Image zu geben, doch als die Brent Spar im Meer versenkt werden sollte, zeigte sich, daß zwischen Reden und Handeln eine große Lücke klaffte. Unternehmen, die Frauenprojekte mit Spenden unterstützen, könnten es sich nicht leisten, eine frauenfeindliche Personalpolitik oder Werbung zu betreiben. Es ist Aufgabe der VerbraucherInnen und gemeinnütziger Organisationen, die soziale Verantwortung von Unternehmen zu einem öffentlichen Thema zu machen, auch in Form von Spenden.

Stiftungen, neben Individuen und Unternehmen die dritte Säule philanthropischer Finanzierungsmöglichkeiten, können Motor von Innovationen sein und gesellschaftliche Entwicklungen durch ihr eigenständiges, modellhaftes Handeln beeinflussen.

Bislang nutzen die meisten Stiftungen in Deutschland ihre Chance jedoch nur halbherzig, ihre Aktivitäten orientieren sich oft am staatlichen Handeln.

Die Tatsache, daß Philanthropie und Fundraising in Deutschland (trotz kleiner Fortschritte) angesichts der vorherrschenden Staatsorientierung noch immer um ihre Legitimität kämpfen müssen, verhindert die Diskussion wichtiger Detailfragen. Solange darüber debattiert wird, ob mehr Philanthropie den Rückzug des Staates begünstigt, rücken die Fragen, für welche Aufgabenbereiche staatliche Mittel unabdingbar und welche Aufgabenbereiche besser durch Einzelpersonen, Stiftungen oder Unternehmen finanziert werden sollten, in den Hintergrund. Auch der legitimen Frage nach dem Einfluß der unterschiedlichen Geldgeber auf die Arbeit von Nonprofit-Organisationen wird bestenfalls mit ideologischen Argumenten, nicht jedoch auf der Grundlage von Faktenwissen begegnet. Solange Fundraising keine Anerkennung als Organisationsaufgabe findet, lassen sich nur schwer Vereinbarungen über ethische Grundsätze des Fundraising treffen und auch das Thema, bis zu welcher Höhe Mittelbeschaffungskosten vertretbar sind, kann nicht ausdiskutiert werden.

Anders als in den USA wird in Deutschland auch die Frage, welchen Zielen die philanthropische Mittel zugutekommen, nicht öffentlich diskutiert. Bislang profitieren weitgehend etablierte Träger, deren Selbstverständnis in der Tat darin besteht, Lücken im Sozialstaat zu stopfen, von den philanthropischen Finanzierungsmöglichkeiten. Daß Philanthropie auch die Möglichkeit beinhaltet, gesellschaftsverändernd zu wirken, zeigen die Fundraising- Erfolge von Greenpeace. Die SpenderIn der Zukunft will nicht ihr Gewissen beruhigen, sondern mitgestalten. Diese Chance gilt es auch für Frauenprojekte zu nutzen.

Literaturverzeichnis

AAFRC (American Association of Fund-Raising Counsel), *Giving USA '96: The Annual Report on Philanthropy for the Year 1995,* York 1996.

Achterholt, Gertrud, *Corporate Identity. In zehn Arbeitsschritten die eigene Identität finden und umsetzen,* Wiesbaden 1991.

Arbeitskreis Autonomer Frauenprojekte, Sigrid Betzelt und Barbara Coors (Hg.), *Die Finanzierung von Frauenprojekten oder Der Versuch, Stroh zu Gold zu spinnen,* Bonn 1994.

Arbeitskreis Autonomer Frauenprojekte, AG Schatzsucherinnen, *Mein Schatz – Wo ist die Knete? Finanzierungsbroschüre für Frauenprojekte,* Berlin 1991.

Assig, Dorothea (Hg.), *Zielgruppe Frauen – Erfolgreiche Konzepte für effektives Marketing,* Frankfurt/Main, New York 1994.

Bailey, Anne Lowrey und Kristin A. Goss, »More and More Often, Top Foundation Posts Are Going to Women«, *Chronicle of Philanthropy,* 8.11.1988.

Bailey, Anne Lowrey und Kristin A. Goss, »New Generation of Rockefellers seeks to Redefine its Philanthropic Efforts«, *Chronicle of Philanthropy,* 17.10.1989.

Bailey, Anne Lowrey und Kristin A. Goss, »A New Generation of Foundation Leaders. Many of them influenced by the social upheavals of the 1970s, want 'to make a difference' but distrust established institutions«, *Chronicle of Philanthropy,* 4.4.1994.

Bauer, Rudolph, »Voluntary welfare associations in Germany and the United States: theses on the historical development of intermediary systems«, *Voluntas* 1/1(1990), S. 97-100.

Bergan, Helen, *Where the Money Is. A Fund Raiser's Guide to the Rich,* Alexandria, VA 1992.

Birkigt, Klaus, Marinus Stadler und Hans Joachim Funck, *Corporate Identity. Grundlagen, Funktionen, Fallbeispiele,* Landsberg 1993.

Brocks, Christoph, *Basiskurs Fundraising. Strategien für die erfolgreiche*

Ressourcenbeschaffung gemeinnütziger Organisationen, Markgröningen 1994.
Brückner, Margrit, *Frauen und Sozialmanagement,* Freiburg im Breisgau 1992.
Bruhn, Manfred und Jörg Tilmes, *Social Marketing,* Stuttgart 1989.
Bruhn, Manfred, *Sozio- und Umweltsponsoring. Engagements von Unternehmen für soziale und ökologische Aufgaben,* München 1990.
Bruhn, Manfred, *Sponsoring: Unternehmen als Mäzene und Sponsoren,* Wiesbaden 1991.
Bruhn, Manfred und Rudolf Mehlinger, *Rechtliche Gestaltung des Sponsoring. Bd. 1: Vertragsrecht – Steuerrecht – Medienrecht – Wettbewerbsrecht,* München 1992; *Bd. 2: Spezieller Teil. Sport-, Kultur-, Sozial-, Umwelt- und Programmsponsoring,* München 1994.
Büchner, Karin, *Handbuch Frauen-Netzwerke,* Düsseldorf, Wien 1993.
Bundesverband Deutscher Stiftungen e.V. (Hg.), *Verzeichnis der Deutschen Stiftungen,* Darmstadt 1991.
Burens, Peter-Claus, *Die Kunst des Bettelns: Tips für erfolgreiches Fundraising,* München 1995.

Carson, Emmett, *A Hand Up: Black Philanthropy and Self- Help in America,* Washington, D.C. 1993.
cash coop (Hg.), *Vernetzungs- und Finanzierungswissen für Selbstorganisierte Initiativen,* Dokumentation der 1. cash coop Infobörse, Frankfurt/Main 1992.
cash coop Hessen und cash coop Initiativgruppe Berlin-Brandenburg (Hg.), *Kursbuch Fundraising: Mittelbeschaffung für Selbstorganisierte Initiativen,* Berlin 1994.
Chesler, Phyllis und Emily Jane Goodman, *Women, money and power,* New York 1976.
Chronicle of Philanthropy, »The Philanthropy 400«, 1.11.1994.
Commission on Private Philanthropy and Public Needs, *Giving in America: Report of the Commission on Private Philanthropy and Public Needs,* Washington, D.C., Department of Treasury 1975.
Council on Economic Priorities, *Shopping For A Better World,* New York 1992.
Council on Economic Priorities, *Rating America's Corporate Conscience,* New York 1986.
Craver, Roger, »Igniting A Political Revolution«, *Fund Raising Management* 20/2(1989), S. 88-92.
Cutlip, Scott, *Fund Raising in the United States: It's Role in America's Philanthropy,* New Brunswick 1990.

Daniels, Arlene Kaplan, »Gender, Class and Career in the Lives of Privileged Women«, Center for the Study of Philanthropy (Hg.), *Women and Philanthropy: Past, Present and Future,* New York 1987.

Daniels, Arlene Kaplan, *Women Philanthropists in The Community*, Working Papers, Evanston 1992.
Deml, Max und Michael Jungmeier, *Grünes Geld. Handbuch für umweltbewußte Anleger*, Wien 1990.
Deutscher Bundestag, *Humanitäres Spendenwesen in der Bundesrepublik Deutschland*, Drucksache 12/6704, 7.7.1994.
Deutscher Direktmarketing Verband e.V., *Direct Mail – der direkte Weg zum Kunden*, Wiesbaden 1994.
Dietz, Wolfgang, *Johnna Löwenherz. Eine Biographie*, Kreisverwaltung Neuwied 1987.
Dodson, David, »Corporate Support for Social Justice«, National Network of Grantmakers (Hg.), *The Grantseekers' Guide*, 3. Aufl., Mt.Kisco, NY 1989.
Domini, Amy L. u.a., *The Challenges of Wealth: Mastering The Personal and Financial Conflicts*, Homewood, IL 1988.
Dundjerski, Marina, »Paying Attention to Women«, *Chronicle of Philanthropy*, 23.2.1995a.
Dundjerski, Marina, »Focusing on Philanthropy. Ms. Foundation, which got people to take their daugthers to work, also tries to influence grant makers«, *Chronicle of Philanthropy*, 20.4.1995b.

Fäh, Bruno, Werner Ebersold und Robert Zaugg, *Geldsammeln im Dienste des Mitmenschen. Philosophie und Praxis des Fund Raising*, Bern/Stuttgart 1991.
Faust, Paula J. und H. Sargent Whittier, Jr., »Women as staff leaders and fundraisers«, Abbie J. von Schlegell und Joan M. Fisher (Hg.), *Women as Donors, Women as Philanthropists*, San Francisco 1993, S. 33-46.
Flanagan, Joan, *Successful Fundraising: A Complete Handbook for Volunteers and Professionals*, Chicago 1991.
Foote, Joseph, »Here come the activists: affinity groups are changing the face of philanthropy«, *Foundation News* (5) 1991, S. 40-44.
Ford Foundation, *Financial Support of Women's Programs in the 1970s*, New York 1979.
Ford Foundation, *Litigation on Behalf of Women*, New York 1980.
Ford Foundation, *Created Equal*, New York 1986.
Ford Foundation, *Annual Reports 1987-1993*, New York.
Foundation Center, *Grants for Women and Girls 1988 / 1989 / 1990 / 1991*, New York.
Foundation Center, *The Foundation Directory*, 12. Aufl., New York 1989.
Foundation Center, *Foundations Today. Current Facts and Figures on Private and Community Foundations*, 6. Aufl., New York 1989.
Foundation Center, *National Guide for Funding for Women & Girls*, New York 1991.
Foundation Center, *Foundation Giving. Yearbook of Facts and Figures on Private, Corporate and Community Foundations*, New York 1993.

Frankfurter Rundschau, »Evangelischer Kirchentag: Weizsäcker fordert mehr Einsatz für Gemeinwesen«, 17.6.1995a.
Frankfurter Rundschau, »Reiche kassieren größeres Stück vom Kuchen«, 22.6.1995b.
Frankfurter Rundschau, »Deutsche spenden weniger«, 18.5.1995c.
Frankfurter Rundschau, »Ranger auch für Naturschutzgebiete. Umweltstiftung WWF stellt neues Berufsbild vor. Spendenaufkommen steigt«, 31.5.1995d.
Frauenbüro der Stadt Kassel/Archiv der deutschen Frauenbewegung/Kulturamt der Stadt Kassel/Hessisches Ministerium für Frauen, Arbeit und Sozialordnung, *Mittel und Wege für Frauen und ihre Projekte. Ein Ratgeber durch den Finanzierungsdschungel in Kunst und Kultur,* Wiesbaden 1994.
Freeman, Keller Cushing, »For Women, a Time to Close Philanthropy's Gender Gap«. *Chronicle of Philanthropy,* 2.6.1992.

Galle, Ulrich und Thomas Leif (Hg.), *Social Sponsoring – Social Marketing: Das neue Produkt Mitgefühl,* Köln 1993.
Gelb, Joyce, *Feminism and Philanthropy in the United States and England,* Working Papers, Center for the Study of Philanthropy, New York 1990.
Goss, Kristin A., »Influx of Women into Fund Raising Poses Paradox: They're Effective, but Pay and Prestige Could Suffer«, *Chronicle of Philanthropy,* 3.3.1989.
Goss, Kristin A., »Once Reluctant Nuns Try Fund Raising«, *Chronicle of Philanthropy,* 21.3.1989.
Goss, Kristin A., »Dayton Hudson Foundation Changes Its Mind and Resumes Support of Planned Parenthood«, *Chronicle of Philanthropy,* 2.10.1990.
Goss, Kristin A., »Young Women Seen as Top Leaders and Backers of Social-Action Causes«, *Chronicle of Philanthropy,* 15.1.1991.
Goss, Kristin A., »The Burden of The Ford Foundation. The nation's largest grant maker is the focal point of debate about all that is right, and wrong with American philanthropy«, *Chronicle of Philanthropy,* 5.5.1992.
Goss, Kristin A., »Why Do Rich People Give to Charity?«, *Chronicle of Philanthropy,* 8.3.1994.
Grant, Jane, *Sisters Across the Atlantic: A Guide to Networking in the US,* London 1988.
Greene, Elizabeth, »Women's Groups Gain From Anger Following the Thomas Hearings«, *Chronicle of Philanthrophy,* 14.1.1992.
Greene, Elizabeth, Stephen G. Greene und Jennifer Moore, »A Generation Prepares to Transfer Its Trillions«, *Chronicle of Philanthropy,* 16.11.1993.
Gronbjerg, Kirsten A., *Understanding Nonprofit Funding. Managing Revenues in Social Services and Community Development Organizations,* San Francisco 1992.

Haibach, Marita, *Frauenbewegung in der Philanthropie: Frauen verändern die Stiftungswelt in den USA*, Dissertation FU Berlin 1994 (mikroverfilmt, einsehbar in Universitätsbibliotheken).
Hall, Holly, »Fund Raisers Found to be More Racially Diverse, but Blacks' Benefits and Women Salaries Lag«, *Chronicle of Philanthropy*, 24.3.1990a.
Hall, Holly, »Fund Raisers' Group Accused of Slighting Women«, *Chronicle of Philanthropy*, 24.3.1990b.
Hall, Holly, »Computers Aid Fund Raising on the Phone«, *Chronicle of Philanthropy*, 21.5.1991.
Hall, Holly, »Female Leaders Encourage Expanded Efforts to Increase Charitable Giving by Women«, *Chronicle of Philanthropy*, 3.1.1992a.
Hall, Holly, »Women's New Charity Clout«, *Chronicle of Philanthropy*, 16.6.1992b.
Hall, Holly, »Asking Women for Large Donations: It's not the Same as Asking Men«, *Chronicle of Philanthropy*, 16.6.1992c.
Hall, Holly, »Female Fund Raisers Start Their Own Group«, *Chronicle of Philanthropy*, 16.6.1992d.
Hall, Holly, »Telemarketing or Mail: How to Choose«, *Chronicle of Philanthropy*, 16.6.1992e.
Hans, Marie Francoise, *Frauen und Geld*, Hamburg 1990.
HMJFG – Hessisches Ministerium für Jugend, Familie und Gesundheit, *Handbuch zu Fragen der Finanzierung von Frauen-Projekten*, Wiesbaden 1994.
Huster, Ernst-Ulrich, *Reichtum in Deutschland. Der diskrete Charme der sozialen Distanz*, Frankfurt/New York 1993.

imug (Institut für Markt-Umwelt-Gesellschaft) u.a. (Hg.), *Der Unternehmenstester. Die Lebensmittelbranche. Ein Ratgeber für den verantwortlichen Einkauf*, Reinbek 1995.
Independent Sector, *Dimensions of the Independent Sector*, 3. Aufl., Washington, D.C. 1989.
Independent Sector, *Giving and Volunteering in the United States*. Washington, D.C. 1994.

Jenkins, J. Craig, »Foundation Funding of Progressive Social Movements (Revisited)«, National Network of Grantmakers (Hg.), *The Grantseekers' Guide*, Mt.Kisco, NY 1989.
Jenkins, J. Craig und Craig M. Eckert, »Channeling Black Insurgency: Elite Patronage and Professional Social Movement Organizations in the Development of the Black Movement«, *American Sociological Review* 51 (1986), S. 812-29.
Joseph, James A., *The Charitable Impulse: Wealth and social conscience in communities and cultures outside the United States*, New York 1989.

Karl, Barry D. und Stanley N. Katz, »The American Private Philanthropic Foundation and The Public Sphere 1890- 1930«, *Minerva* XIX, 2(1981), S. 236-270.
Karl, Barry D. und Stanley N. Katz, »Foundations and Ruling Class Elites«, *Daedalus* 116/2(1989), S. 1-40.
Katzenstein, Mary Fainsod und Carol McClurg Mueller (Hg.), *The Women's Movements of the United States and Western Europe: Consciousness, Political Opportunity, and Public Policy*, Philadelphia 1987.
Klein, Elizabeth, »Survey Finds Women Outnumber Men Among Fund Raisers«, *Chronicle of Philanthropy*, 11.11.1988.
Klein, Elizabeth, »Planned Parenthood loses all support from AT&T«, *Chronicle of Philanthropy*, 4.4.1990.
Klein, Elizabeth, »The Risk-Taking Grants of Levi Strauss«, *Chronicle of Philanthropy*, 2.10.1990.
Klein, Kim, *Fundraising for Social Change*, Inverness, CA, 1988.
Klein, Kim, »Confessions of a Feminist Fund-Raiser«, *Ms.*, 2/3(1991), S. 34-37.
Komitee für Grundrechte und Demokratie, *Informationen*, 2(1995).
Königswieser, Roswita u.a.. *Aschenputtels Portemonnaie: Frauen und Geld*, Frankfurt/Main, New York 1990.
Kotler, Philip und Eduardo Roberto, *Social Marketing*, Düsseldorf 1991.
Kotler, Philip und Friedhelm Bliemel, *Marketing-Management. Analyse Planung, Umsetzung und Steuerung*, Stuttgart 1991.
Kück, Marlene (Hg.), *Der unwiderstehliche Charme des Geldes: Vom Umgang mit Geld aus der Sicht von Frauen*, Reinbek 1988.

LAKO/Sozialforum Schweiz (Hg.), *Öffentlichkeitsarbeit im sozialen Bereich*, Zürich 1990.
LAKO/Sozialforum Schweiz (Hg.), *Beweggründe sozialen Handelns in Corporate Identity und Öffentlichkeit*, Zürich 1991.
Lang, Reinhard und Friedrich Haunert, *Sponsoring Konzepte im Sozialbereich. Eine kritische Untersuchung mit Handlungsleitfaden*, Berlin 1993.
Lang, Reinhard und Friedrich Haunert, *Sponsoring – Positionen zum Sozialsponsoring. Eine aktuelle Standortbestimmung*, Berlin 1994.
Lang, Reinhard und Friedrich Haunert, *Handbuch Sozial-Sponsoring. Grundlagen, Praxisbeispiele, Handlungsempfehlungen*, Weinheim, Basel 1995.
Lederer, Laura, »Funding Strategies for the '90s«, *Ms.* 2/3(1991) S. 38-42.
Liebermann, Annette und Vicki Lindner, *Unbalanced Accounts: How Women Can Overcome Their Fear of Money*, New York, London 1987.
Liedtke, Rüdiger, *Wem gehört die Republik? Die Konzerne und ihre Verflechtungen. Namen, Zahlen, Fakten '95*, Frankfurt/Main 1994.
Lotmar, Paula und Edmond Tondeur, *Führen in sozialen Organisationen*, Bern/Stuttgart 1991.

Maecenata Management GmbH, *Maecenata Stiftungsführer. 1111 Förderstiftungen*, Donauwörth 1994.
Maelicke, Bernd (Hg.), *Beratung und Entwicklung sozialer Organisationen*, Baden Baden 1994.
Mauerer, Stefan, *So finden Sie den richtigen Sponsor*, München 1992.
McCarthy, Kathleen D. (Hg.), *Lady Bountiful Revisited: Women, Philanthropy, and Power*, New Brunswick, London 1990.
Millar, Bruce, »In College Fund-Raising, Women Hold 57% of Jobs, Get Lower Pay«, *Chronicle of Philanthropy*, 4.9.1990.
Moore, Jennifer, »Fund Raising by Computer: the Next Frontier?«, *Chronicle of Philanthropy*, 6.1.1995.
Murningham, Marcy, »Women and Philanthropy: New Voices, New Visions«, *New England Journal of Public Policy* 2(1990), S. 1-20.

National Network of Grantmakers, *Grant Seekers Guide*, 2. überarb. und erw. Aufl., Mt. Kisco, NY 1985.
National Network of Grantmakers, *Grant Seekers Guide*. 3. überarb. und erw. Aufl., Mt. Kisco, NY 1989.
NCRP (National Committee for Responsive Philanthropy), *Charity in the Workplace 1994*, Washington, D.C. 1994.
Nelson, Candice J., »Women's PACs in the Year of the Woman«, Elizabeth Adell Cook, Sue Thomas und Clyde Wilcox (Hg.), *The Year of the Woman: Myths & Realities*, Boulder 1994.
Neuhoff, Klaus, *Amerikanische Stiftungen: Organisation, Kapitalverhältnisse und Arbeitsweise*, Baden-Baden 1968.
Neuhoff, Klaus, *Neuere Entwicklungen im amerikanischen Stiftungsrecht: Ein Beitrag zur Reform des Stiftungsrechts*, Essen 1975.
Nielsen, Waldemar A., *The Big Foundations*, New York, London 1972.

O'Connell, Brian (Hg.), *America's Voluntary Spirit: A Book of Readings*, New York 1983.
O'Connell, Brian, *The Board Member's Book*, 2. Aufl., New York 1993.
Odendahl, Teresa (Hg.), *America's Wealthy and the Future of Foundations*, New York 1987.
Odendahl, Teresa, *Charity Begins At Home: Generosity and Self-Interest among the Philanthropic Elite*, New York 1990.
Odendahl, Teresa, Elizabeth Trocolli Boris und Arlene Kaplan Daniels, *Working in Foundations: Career Patterns of Women and Men*, New York 1985.
Odendahl, Teresa und Michael O'Neill (Hg.), *Women & Power in the Nonprofit Sector*, San Francisco 1994.
Ostrander, Susan A., *Women of the Upper Class*, Philadelphia 1984.
Ostrander, Susan A. und Paul G. Schervish. »Giving and Getting: Philanthropy as a Social Relation.« John Van Til and Associates (Hg.), *Critical*

Issues in American Philanthropy: Strengthening Theory and Practice, San Francisco 1990.

Powell, Walter W. (Hg.), *The Nonprofit Sector,* New Haven, London 1987.

Rabinowitz, Alan, *Social Change Philanthropy in America,* New York 1990.

Roelofs, Joan, »Foundations and The Supreme Court«, *Telos* 62(1984) S. 59-87.

Roelofs, Joan, »Foundations and Social Change Organizations: The Mask of Pluralism«, *The Insurgent Sociologist* 3(1987), S. 31-72.

Rose, Marsha Shapiro, »Philanthropy in a Different Voice: The Women's Funds«, Beitrag bei der Annual Conference, ARNOVA, Yale University 1992.

Salamon, Lester, *America's Nonprofit-Sector: A Primer,* New York 1992.

Salamon, Lester und Helmut K. Anheier, *The Emerging Sector. An Overview,* Baltimore 1994.

Schervish, Paul G. und Andrew Herman, *The Study of Wealth and Philanthropy: Final Report,* Chestnut Hill, MA 1988.

Schiewe, Kirstin, *Sozial-Sponsoring: Ein Ratgeber,* Freiburg im Breisgau 1994.

Schlegell, Abbie J. von und Joan M. Fisher, *Women as Donors, Women as Philanthropists,* San Francisco 1993.

Schmacke, Ernst (Hg.), *Die großen 500 auf einen Blick. Deutschlands Top-Unternehmen mit Anschriften, Umsätzen und Management,* Neuwied 1992.

Schöffmann, Dieter, *Fund Raising für Initiativen,* Bonn 1993.

Schwarz, Peter, *Management in Nonprofit-Organisationen,* Bern, Stuttgart, Wien 1992.

Schwarz, Peter, Robert Purtschert und Charles Giroud, *Das Freiburger Management-Modell für Nonprofit- Organisationen (NPO),* Bern, Stuttgart, Wien 1995.

Seibel, Wolfgang, *Funktionaler Dilettantismus: Erfolgreich scheiternde Organisationen im »Dritten Sektor« zwischen Markt und Staat,* Baden Baden 1992.

Seltzer, Michael, *Securing Your Organizations Future. A Complete Guide to Fundraising Strategies,* New York 1987.

Shaw, Sondra C. und Martha A. Taylor, Reinventing Fundraising. Realizing the Potential of Women's Philanthropy, San Francisco 1995.

Smith, Craig, »Der neue Hang zu wohltätigem Handeln«, *Harvard Business Manager* 4(1994), S. 104-115.

Social Management, »Durchschnittsvermögen West: 56.000 Mark«, 1(1995).

Steinem, Gloria, »The Trouble With Rich Women«, *Ms. Magazine* 6(1986), S. 41-44/78-80.

Stemmle, Dieter (Hg.), *Marketing im Gesundheits- und Sozialbereich. Einführung und Grundlagen für die Praxis,* Bern, Stuttgart, Wien 1992.
Stiftung Mitarbeit (Hg.), *Finanzierungsengpässe – Überwindung individuell oder gesellschaftlich? Streitgespräch zwischen Marita Haibach und Axel Bust-Bartels,* Bonn 1992.
Stiftungszentrum im Stifterverband für die Deutsche Wissenschaft, *Stiftungshandbuch,* Baden-Baden 1989.
Graf Strachwitz, Rupert, *Stiftungen – nutzen, führen und errichten: ein Handbuch,* Frankfurt/Main, New York 1994.
Strahlendorf, Peter (Hg.), *Jahrbuch Sponsoring* 1994/95, Düsseldorf 1994.

Tocqueville, Alexis de, »Of The Use Which the Americans Make of Public Associations«, Alexis de Tocqueville, *Democracy in America,* New York [1835] 1976.

Useem, Michael, »Corporate Philanthropy«, Walter W. Powell (Hg.), *The Nonprofit Sector,* New Haven, London 1987.

Vanguard Public Foundation, *Robin Hood Was Right. A Guide to Giving Your money for Social Change,* San Francisco 1977.
Van Til, Jon and Associates (Hg.), *Critical Issues in American Philanthropy: Strengthening Theory and Practice,* San Francisco 1990.
VEEMB – Verband evangelischer Einrichtungen für Menschen mit geistiger und seelischer Behinderung e.V. (Hg.), *Social-Sponsoring« – Zauberwort der 90er Jahre? Impulse und Beiträge zum Gespräch in diakonischen Einrichtungen,* Reutlingen 1993.

Wedler, Uwe, »Greenpeace: Lieber groß und mächtig als klein und fein«, *Social Management* 1(1995), S. 10-12.
Witschnig, Herbert, *Fundraising per Direct-Mail. Erfolgreiche Strategien zur Spendenwerbung mit Brief und Zahlschein,* Wien 1988.
Wolch, Jennifer R., *The Shadow State: Government and Voluntary Sector in Transition,* New York 1990.

Zimmer, Annette, *Grundformen organisierter Interessen: Vereine,* Fernuniversität Hagen 1993.
Zimmer, Annette, »Amerikanische Stiftungen – Funding Intermediaries des Dritten Sektors«, *Zeitschrift für öffentliche und gemeinwirtschaftliche Unternehmen* 1(1994), S. 60-86.
Zimmer, Annette und Martina Scholz, »Der Dritte Sektor zwischen Markt und Staat: ökonomische und politologische Theorieansätze«, *Forschungsjournal Neue Soziale Bewegungen* 4(1992), S. 21-40.

Anschriften

Deutschland

Bundesarbeitsgemeinschaft Sozialmarketing – Deutscher
Fundraising Verband e.V. (BSM)
Bachstr. 10
63785 Obernburg
Berufsverband von FundraiserInnen

Bundesverband Deutscher Stiftungen e.V.
Adenauerallee 15
53111 Bonn
Interessenvertretung von Stiftungen

cash coop
Baumweg 10
60316 Frankfurt/Main
*Vernetzung, Beratung und Fortbildung selbstorganisierter
Initiativen im Jugendbereich in Hessen*

cash coop Thüringen
Zeitzgrund 6
07646 Stadtroda
*Vernetzung, Beratung und Fortbildung selbstorganisierter
Initiativen im Jugendbereich in Thüringen*

Deutscher Spendenrat
Simrockallee 27
53173 Bonn
Entwicklung von Standards für die Spendenwerbung

Deutsches Spendeninstitut Krefeld (DSK)
Dießemer Bruch 150
47805 Krefeld
Veröffentlichung des Deutschen Spendenbarometers, Organisation des Deutschen Fundraising-Kongresses

Deutsches Zentralinstitut für soziale Fragen (DZI)
Bernadottestr. 94
14195 Berlin
Vergabe eines Spendensiegels für überregional tätige humanitär-karitative Organisationen

Fundraiserinnen-Netzwerk in der BSM
c/o Dr. Marita Haibach
Mosbacher Str. 3
65187 Wiesbaden
Vernetzung von im Fundraising tätigen Frauen, Organisation des Fundraisinnen-Tags

GOLDRAUSCH Frauennetzwerk e.V.
Potsdamer Str. 139
10783 Berlin
Finanzierungsnetzwerk für Frauenprojekte in Berlin

Dr. Marita Haibach
Fundraising – Organisationsentwicklung
Mosbacher Str. 3
65187 Wiesbaden
Vorträge, Fortbildungsangebote und Beratungen

Maecenta GmbH
Barer Str. 44
80799 München
Dokumentationszentrum für das deutsche Stiftungswesen, Beratung bei der Errichtung von Stiftungen

Neues Handeln GmbH
Theodor-Heuss-Ring 52
50668 Köln
Agentur für Sozialsponsoring

Sozialsponsoring e.V.
Brabantstr. 73
52070 Aachen
Vernetzung von Vereinen zwecks Einwerbung von Sponsoren

SPI Servicegesellschaft
Arbeitsbereich Fundraising und Sozial-Sponsoring
Boppstr. 10
10967 Berlin
Unterstützung kleiner Initiativen bei der Entwicklung von Fundraising-Aktivitäten

Stifterverband für die Deutsche Wissenschaft e.V.
Barkhovenallee 1
45239 Essen
Beratung bei der Errichtung von Stiftungen, Treuhänder für Stiftungen

Unternehmen Partner der Jugend (UPJ)
c/o Doris Elfert
Bildungswerk BLITZ e.V.
Zeitzgrund 6
07646 Stadtroda
Initiierung von Partnerschaften zwischen Wirtschaftsverbänden und Jugendorganisationen; bundesweite Koordination der UPJ-Servicebüros

Zonta International
Adolfstr. 40
38102 Braunschweig
Dachverband der deutschen Zonta-Clubs

USA

American Association of Fund-Raising Counsel (AAFRC)
25 West 43rd Street, Suite 820
New York, NY 10036
Zusammenschluß großer Fundraising-Beratungsfirmen, Herausgabe von Giving USA

Council on Foundations
1828 L Street, N.W.
Washington, DC 20036
Dachorganisation von Stiftungen

Ford Foundation
320 East 43rd Street
New York, NY 10017
bedeutsamste Stiftung für Frauenorganisationen

Foundation Center
79 Fifth Avenue
New York, NY 10003-3076
Informationszentrum, Veröffentlichung von Nachschlagewerken über Stiftungen und Unternehmensspenden

Funding Exchange
666 Broadway, Suite 500
New York, NY 10012
Dachorganisation von alternativen Stiftungen

Global Fund for Women
2480 Sand Hill Road, Suite 100
Menlo Park, CA 94025-6941
international agierende Frauenstiftung

Independent Sector
1828 L Street, N.W.
Washington, DC 20036
Interessenverband für die Förderung von Spendenwesen, Freiwilligenarbeit und Nonprofit-Aktivitäten

National Charities Information Bureau
19 Union Square West
New York, NY 10003-3395
Watchdog-Organisation für den Nonprofit-Bereich

National Committee for Responsive Philanthropy (NCRP)
2001 S Street, N.W., Suite 620
Washington, DC 20009
Interessengruppe für die Förderung einer fortschrittlichen, sozial und politisch engagierten Philanthropie, Initiator von zahlreichen nontraditional funds

National Society of Fund Raising Executives (NSFRE)
1101 King Street, Suite 3000
Alexandria, VA 22314
größter Berufsverband von FundraiserInnen

Ms. Foundation for Women
120 Wall Street, 33rd Floor
New York, NY 10005
bundesweit agierende Frauenstiftung

Resourceful Women
3543 18th Street, Box 9
San Francisco, CA 94110
von Tracy DuVivier Gary geleitetes Informationszentrum von und für reiche Frauen

Women and Philanthropy
322 Eighth Avenue, Rm. 702
New York, NY 10001
Interessengruppe für die Berücksichtigung der Bedürfnisse von Frauen und Mädchen in der Stiftungswelt und bei Unternehmensspenden

Women in Development of Greater Boston
170 Linden Street, Suite 1C
Wellesley, MA 02181
Berufsverband für Fundraiserinnen in der Gegend von Boston

Women in Financial Development
1562 First Avenue, Suite 305
New York, NY 10028
Berufsverband für Fundraiserinnen in New York

Women's Funding Network
1821 University Avenue West
Suite 409 North
St. Paul, MN 55104-2803
Dachverband der women's funds, alte Bezeichnung: National Network of Women's Funds

Aus unserem Programm

Rupert Graf Strachwitz
Stiftungen
– nutzen, führen und errichten: ein Handbuch
1994, 224 Seiten, gebunden
ISBN 3-539-35071-8

»Tue Gutes, aber rede nicht darüber!« Stiftungen, traditionell verschwiegen, genießen kaum eine breite Öffentlichkeit. Sie gehören aber zu den ältesten Instrumenten bürgerlichen Handelns, die wir in der Geschichte kennen.

Dieses äußerst nützliche Handbuch faßt nun sämtliche nötigen Grundlageninformationen zum Thema Stiftungen zusammen. Es analysiert die Stiftung im internationalen Umfeld des gemeinnützigen Sektors und vergleicht sie mit alternativen Organisationsformen. Erstmals werden Ergebnisse der Datenerhebung, die im Auftrag des Bundesverbandes deutscher Stiftungen 1990/91 bei allen Stiftungen durchgeführt wurde, veröffentlicht. Rupert Graf Strachwitz zeigt, weshalb Stiftungen nicht zuletzt aus steuerlichen Gründen die ideale Lösung für Nachfolgeprobleme in Unternehmen und für Erbrechtsfragen sind.

Insgesamt ein wichtiges Nachschlagewerk gleichermaßen für den Vermögensinhaber, der die Errichtung einer Stiftung plant, wie für den Projektträger, der wegen Fördermitteln anfragen möchte.

Campus Verlag · Frankfurt/New York